Eyewitnessing

The Uses of Images As Historical Evidence

歷史的目擊者

以圖像作為
歷史證據的運用
與誤用

彼得・柏克———著
Peter Burke

郭書瑄———譯

目次

序言

　　自從二〇〇一年《歷史的目擊者》第一版發行以來，已過了將近二十年，二〇〇一年也是世貿大樓恐攻的畫面，把恐懼帶入世界各地觀眾家中的一年。從那時起，對於圖像作為政治、法庭上，以及歷史研究證據，人們的興趣大為增加。例如，《衛報》（*The Guardian*）在二〇〇五年以跨頁篇幅刊載題為《目擊》（*Eyewitness*）的多張圖片，二〇一〇年更建立同名應用程式。

　　有些刊出的照片和影片是政治震撼彈。例如，二〇〇八年，法國總統馬克宏的隨扈亞歷山卓・貝納拉（Alexandre Benalla）在五一勞動節抗議示威期間攻擊一名參與者的畫面引起瘋傳，馬克宏的名聲也因此受損。同年稍後，在索爾茲伯里（Salisbury）企圖暗殺謝爾蓋・斯克里帕爾（Sergei Skripal）的俄羅斯人阿納托里・切皮加上校（Anatoliy Chepiga）和亞歷山大・米什金醫生（Dr Alexander Mishkin），兩人的身份也是透過照片比對而確認。

　　在這樣的時代，許多圖像幾乎立即就在臉書和其他社交媒體上散

播全球，並且常是斷章取義，有時還經過數位操作，人們對於「假新聞」散播的擔憂因此不僅針對文章，也延伸到圖片上。假為真，真為假。有兩則相反的新聞內容說明這些問題。在加泰隆尼亞獨立的非官方公投期間，警方攻擊示威者的影片原來是先前事件的真實影像，只是在二〇一七年十月又被放上網路流傳，為的是刻意誤導觀者。相反地，二〇一八年，德國聯邦憲法保護局局長漢斯－喬治・馬森（Hans-Georg Maassen）在一場訪談中聲稱，先前右翼幫派欺凌肯尼茲（Chemnitz）移民的影像片段可能是偽造的，之後他便被迫辭職。

　　因此，將圖像當作歷史證據的學術研究愈發增多，這也就不足為奇了，這些研究包括了法文、德文、義大利文、葡萄牙文與瑞典文的出版品，它們多半集中在攝影與電影方面，但有時也會延伸到其他媒材上。[1]這些作者格外清楚，他們當中有些人稱之為圖像「後製」史所造成的問題，這個詞聽來可能像是「操縱」的委婉說法，但它也包括將素描進一步製作為油畫、為照片進行修整，更不用說那惡名昭彰的

1　照年代順序排列，這些著作包括David King, *The Commissar Vanishes: The Falsification of Photographs and Art in Stalin's Russia* (New York, 1997); Boris Kossoy, *Realidades e Ficções na trama fotográfica* (São Paulo, 1999); Laurent Gervereau, *Une Siècle de manipulations par l'image* (Paris, 2000); Lars M. Andersson, Lars Berggren and Ulf Zander, eds, *Mer än tuisen ord. Bilden och de historiska vetenskaperna* (Lund, 2001); Jules D. Prown, *Art as Evidence* (New Haven, CT, 2001); Adolfo Mignemi, *Lo sguardo e l'immagine: la fotografia come documento storico* (Turin, 2003); Christian Delage, *La vérité par l'image: de Nuremberg au procès Milošević* (Paris, 2006); Gabriele Wimböck, Karin Leonhard, Markus Friedrich, eds, *Evidentia: Reichweiten visuellen Wahrnehmung in der Frühen Neuzeit* (Berlin, 2007).

移除做法：在史達林之前的同事於政治舞台上消失後，他們的身影也用「噴槍」從照片上移除。關於圖像詮釋與「視覺文化」史的書籍文章中，這些研究只是其中的冰山一角。就像「視覺素養」（visual literacy）一樣，視覺文化這個詞已愈來愈常被使用，而「視覺研究」系所也出現在大學內，連帶還有許多界定及描述這一領域的教科書，再加上一部創始於二〇〇一年的期刊《視覺文化期刊》（*Journal of Visual Culture*）。[2]

　　有些歷史學者對這些發展感到遺憾，但包括漢斯·貝爾廷（Hans Belting）和柏磊（Horst Bredekamp）在內的其他學者，則承繼了艾比·瓦堡（Aby Warburg，1866–1929，詳見下述）傳統，自稱為「圖像歷史學者」（*Bildhistoriker*）。[3]在上個世代，有些藝術史學者轉向社會學，把藝術視為社會的一種反映。今日，貝爾廷和柏磊則轉向文化人類學，將圖像視為一種媒介，一種對於相信其力量的人們具有掌控力的物件。[4]同時，一般的或廣義的歷史學者也沒閒著，他們或是獨立作業、或與其他藝術史學者合作，例如近期一系列關於宗教改革時

2　James Elkins, *Visual Studies: A Sceptical Introduction* (New York, 2001); Richard Howells, *Visual Culture* (Cambridge, 2003).

3　Hans Belting, *An Anthropology of Images* (2001: English translation, Princeton, NJ, 2011); Horst Bredekamp, 'Art History as Bildwissenschaft', *Critical Inquiry*, 29 (2003), pp. 418–28.

4　比較 Alfred Gell, *Art and Agency: Towards a New Anthropological Theory* (Oxford, 1998)和 Bredekamp, *Theorie des Bildakts* (Frankfurt, 2010), 以及 'The Picture Act: Tradition, Horizon, Philosophy', in *Bildakt at the Warburg Institute*, ed. Sabine Marienberg and Jürgen Trabant (London, 2014), pp. 3–32.

期藝術地位的研究。[5]

　　就我所知，這個領域上最令人印象深刻的成果，是為研究法國大革命所做的雕版版畫線上數位版的共同研究。這個研究團隊由傑克・康瑟爾（Jack Censer）和林恩・亨特（Lynn Hunt）主持，但也包含了一些藝術史學者，他們的重點放在「法國大革命群眾的描繪」上，也對暴力的再現，明確著重在數千幅現存圖像中的其中四十二幅。這個團隊極為清楚圖像閱讀的問題，但正如編輯所言，這些版畫提供了「關於人、動作甚至物理空間的再現，是印刷文字無法同日而語的」，並且「使我們得以一瞥當時的意識狀態，沒有更好的方式能夠呈現這點」。至於兩名德國歷史學者侯夫・賴夏特（Rolf Reichardt）和胡伯圖斯・寇勒（Hubertus Kohle）的著作，則是關於法國大革命圖像更全面的研究。[6]

　　簡言之，這場辯論不再是關於是否要使用圖像作為證據，而是關於如何使用。學者們已在反思研究方法的問題，並逐步建立起某種「來源批判」（source criticism），這點在十七到十九世紀的書寫文本

5　Bridget Heal and Joseph L. Koerner, eds, *Art and Religious Reform in Early Modern Europe*, special issue of *Art History*, 40 (2018). 關於這兩門學科間的關聯，見Peter Burke, 'Art and History, 1969–2019', in *Journal of Interdisciplinary History,* 50 (2019).

6　Jack Censer and Lynn Hunt, 'Imaging the French Revolution: Depictions of the French Revolutionary Crowd', *American Historical Review*, 110 (2005), pp. 38–45; Censer and Hunt, eds, I*maging the French Revolution*, chnm.gmu.edu/revolution/imaging/essays.html; Rolf Reichardt and Hubertus Kohle, *Visualizing the Revolution: Politics and the Pictorial Arts in Late Eighteenth-century France.*

中，以及在二十世紀的口頭敘述中都有所闡述。至此為止的結論，可能會採取類似十誡的形式，或是一種行動計畫，為的既是概述本書訊息，也是鼓勵讀者繼續朝這樣的方向前進。[7]

1. 判斷一幅既有的圖像是出自於直接的觀察，還是源自於另一幅圖像。
2. 把圖像置放在文化傳統中，包括在某個既定時間地點中所流通的再現慣例或符號。
3. 注意細節，找出的細節越深入背景中，它就越加可靠，因為藝術家並不是為了證明什麼而使用這樣的細節。
4. 研究圖像的「後製」、接受度和再利用，用以揭示出圖像過去的功能。
5. 要意識到操縱的可能性，包括數位操縱。
6. 要意識到中介者（們）的存在。誰製作這些圖像？他或她所處的位置是否足以好好觀察被再現的對象？
7. 可能的話，比較關於相同物件或事件的不同圖像，因為兩個或更多的見證人總比一個好。

7　我曾用較長的篇幅表達這段概述，見 'Cómo interrogar a los testimonios visuales', in Joan Lluís Palos and Diana Carrió-Invernizzi, eds, *La historia imaginada: construcciones visuales del passado en la Edad Moderna* (Barcelona, ceeh, 2008), pp. 29–40, English version 'Interrogating the Eyewitness', Cultural and Social History, 7 (2010), pp. 435–44.

8. 留意圖像脈絡，或更正確地說，是複數形式的脈絡（物質的、社會的，或政治的脈絡）。

9. 要意識到圖像的作用對外界的影響。

10. 最後一條規則就是沒有規則，由於圖像本身的多樣性，還有歷史學者打算提問的問題也充滿多樣性。

好評推薦

「徹底引人入勝的解釋，告訴讀者如何將美術、圖像、照片、電影與其他媒材，運用於理解其他時代的生活方式。」

——《泰特雜誌》（*Tate Magazine*）

「知識淵博、見地公正、發人深省。」

——邁克爾·巴克桑德爾（Michael Baxandall），
《英國歷史評論》（*English Historical Review*）

「《歷史的目擊者》完全不是在講圖像的價值，而是在講文字的首要性。在許多脈絡中，圖像若少了文本的輔助就不具意義。透過不斷引用這些脈絡，本書對於保存以文本為主的舊式風格歷史，提供持續的論證支持。」

——尼可拉斯·海利（Nicholas Hiley），
《泰晤士報文學增刊》（*Times Literary Supplement*）

「柏克描述且評估了傳統上藝術史學者用於分析圖像的方法,指出不足之處以表述視覺圖像的複雜度。」

——《圖書消息》(*Book News*)

「柏克研究的是圖像作為歷史證據的來源,因此寫出一本好書。眾所周知,作者感興趣的是找出語言、文化與時代之間;方法學和學科之間的連結。本書是廣泛智慧運作的實例,是歷史、文化、美術、人類學與電影學子的必讀書目。」

——《選擇》(*Choice*)

「以圖像作為歷史研究的諸多範例,清楚總結關鍵概念與理論,本書別具價值。《歷史的目擊者》強烈推薦給歷史學者以及藝術史學者。」

——妮娜‧史蒂芬森(Nina K. Stephenson),
新墨西哥大學,《藝術文獻》(*Art Documentation*)

「任何一名嚴謹的歷史學者讀到這本書時,光想到圖像用作證據都會如履薄冰。柏克在研究歷史學者可能使用的這類圖像時,同時詳述了這些陷阱。總而言之,針對這項棘手主題,這是一部令人振奮的引介。」

——《維吉尼亞評論季刊》(*Virginia Quarterly Review*)

「一如彼得·柏克在《歷史的目擊者》中所闡明的，圖像有扭曲事實的悠久傳統。那麼，圖像對於歷史學者來說有何作用呢？它提供的是何種類型的歷史證據？柏克著手回答這些問題。本著作企圖既鼓勵又指導讀者在歷史編纂上使用圖像，而本書在兩方面都相當成功。透過一系列令人印象深刻的案例研究，柏克向歷史學者展現出圖像的價值，同時在用途上提出有益的警告。對新接觸圖像研究的人而言，《歷史的目擊者》為視覺文化用於歷史編纂，提供容易入門的實用介紹。而對於已致力於視覺現象研究的藝術史家與學者，本著作也有力地提醒圖像與歷史之間的複雜關係。」

——莎朗·科爾溫（Sharon Corwin），
加利福尼亞大學柏克萊分校，《科技與文化》（ *Technology and Culture* ）

導讀

新文化史研究脈絡中的圖像與歷史

蔣竹山
（中央大學歷史所副教授兼所長）

英國著名史家彼得・柏克（Peter Burke）的作品，台灣學界應該不陌生，從麥田歷史與文化叢書一九九七的《法國史學革命：年鑑學派，1929–89》、《製作路易十四》到二〇〇二年《歷史學與社會理論》及二〇〇三《知識社會史：從古騰堡到狄德羅》的出版，台灣對新文化史感興趣的讀者從中學習到相當多的研究方法與實作範例。但這之後，台灣就不見再有這位新文化史大師的作品引進。相隔二十年，這次馬可孛羅將第二版的《歷史的目擊者》翻譯出版，的確有其特別意義。這書原作最早是二〇〇一出版，二〇〇八年有了簡體版譯本《圖像證史》（北京大學出版社），翻譯者為楊豫，是位相當知名的新文化史研究者。本次新譯本用的是他二〇一九年的第二版，換了家出版社，有個新版序言。

　　出版社找我寫這書的推薦序，我並非圖像史專家，僅能從新文化史的視角談談這位作者的文化史研究特色。彼得・柏克是位產量極大的新文化史家，我們的翻譯速度趕不上他的新書出版。在他的上一本作品翻譯為中文之後，這之間已經有好幾本新作問世。馬可字羅會選擇《歷史的目擊者》出版，我有點意外。若讓我選擇，同樣是介紹研究方法與趨勢的書，我可能會挑柏克另外一本影響力更大的經典《什麼是文化史》（北京大學出版社，2020）。

　　他的著作一直是我們觀察西方新文化史發展趨勢的一個重要指標。在過去二、三十年來，他有如新文化史的趨勢大師，透過著書及演講，提供歷史社群最新的文化史研究概況。像是《什麼是文化史》就是其中最好的一本研究指南。柏克這位兼顧史學理論與實踐的文化史家在二〇〇四年寫了一本淺顯易懂的新文化史著作，清楚地將新文化史的發展做了簡明扼要的描述。此書出版後，二〇〇八年有第二版，又於二〇一九年出第三版，備受學界好評。新舊版本的最主要差別在於第二版的書末多了一篇後記〈二十一世紀的文化史〉以及二〇〇三年之後的新文化史著作參考書目，這兩部分補充說明了二十一世紀新文化史的最新進展。

　　或許柏克被視為是新文化史研究的代言人緣故，樹大招風，常成為一些社會史研究者批評挪揄的對象。例如英國劍橋大學現代史教授理察・埃文斯（Richard J. Evans）就曾在《為史學辯護》（*In Defense of History*）公開批評柏克的《法國史學革命：年鑑學派，1929–89》

「是一部令人失望的粗淺而專事敘述的作品，它幾乎全然無視於其書所論列的那一段時間內，法國廣泛的思想史之發展」，用語相當不客氣。對於柏克編的另一本書《歷史寫作新方向》（*New Perspectives on Historical Writing*，1991），埃文斯也評說：「也是一本令人失望的書，隨意湊合各種品質雜駁的文章，有些還極端地令人不知所云。」對於喬伊絲　艾坡比等學者合著的《歷史的真相》（*Telling the Truth about History*），埃文斯更評論說：「就令人滿失望的。這本書主要專注於科學史專門領域，它無法提出足以令人信服，足以駁倒文化相對主義的說法。」

　　埃文斯《為史學辯護》這本書的立場相當明確，基本上就是一本反後現代史學的書，然而，新文化史的某些觀點也成為他們批判的箭靶。已有修正主義傾向的文化史家帕特里克‧喬伊斯（Patrick Joyce）對《為史學辯護》的評論頗中肯且一針見血，他說：「這種對後現代主義的很多抵制，在九〇年代以《為史學辯護》的旗幟所出版和發表的一些論著中得到了表達，客觀性的觀點依然在這些舊式的學術語言下獲得捍衛。事實上，後現代主義並未對歷史構成多大的威脅，僅僅是把重新思考什麼是客觀性置於首要地位而提供材料。理察‧埃文斯的《為史學辯護》就是一個沒有利用這一機會，依然守舊的絕好例子。」

　　除了上述的攻擊外，新文化史在二〇〇〇年前後所受到的反彈是「社會史的反撲」。這是柏克於二〇〇四年觀察到的三個新文化史未

來走向的其中一個。這樣的觀點不僅代表了文化史內部社群重量級學者的意見，也點出了新文化史受到社會史挑戰的情勢愈演愈烈。自新文化史在史學界成為寵兒以來，這個王國就不斷地開疆闢土，許多以往政治史及社會史的信徒都臣服其下。然而，這樣的場景並非一成不變，以往「『文化的社會史』到『社會的文化史』」轉向的概念並未能完全說服每個人。依柏克的觀察，新文化史招致的批評中較嚴重的不外乎是：文化的定義、文本的解讀方法、斷裂的危險，以及社會建構論問題。

　　文化的定義目前似乎變得無所不包。文化與社會之間的關係是當前較為嚴重的問題。在英國，「社會文化史」（socio-cultural history）這個名稱已經更為普遍。「社會」這個字眼已經重新予以定義，其涵義也包含了對文化的興趣。不管我們把這種現象視為是社會史併吞的文化史或者相反，我們已經可以見到一種既強調文化也重視社會的混種類型史學實踐。

　　由於《歷史的目擊者》出現於二○○一年，我們必須對當時前後史學界正在掀起的討論有基本認識，在閱讀這本書的重點時才較能進入「像史家一樣閱讀」的情境。簡單來說，柏克在寫這書時，正是歐美學界「新文化史」當道的時代。事隔二十年，史學界已經不再標舉這個大旗，反而紛紛搬出「全球史」的招牌。這既有時代的背景，也有史學的「內在理路」，有點像是余英時所說的思想的內在理路發展。就如同思想史學者艾爾曼所說的，史家有時在某個空間待久了，

就會搬到另外一個房子去，全球史就是目前的新居。

　　簡單來說，柏克寫作這本《歷史的目擊者》的主旨在鼓勵歷史研究者多利用圖像資料當作歷史證據。在以往，除了藝術史學者外，較少人使用圖像當作歷史資料。一般史家還是倚靠文獻及口述資料為主。本書不僅提醒研究者圖像使用的重要性，更透過不同主題，舉例點出圖像使用可能會犯下的錯誤。就柏克而言，他的上一個世代在研究歷史課題時，對圖像的使用已經逐漸擴大，例如政治事件、經濟潮流及社會結構。在這個階段，儘管已有學者使用，但還是當作單純的插圖處理。到了二〇〇〇年左右，受新文化史影響，許多新的課題，如心態史、日常生活史、物質文化史、身體史，才大量開始使用圖像當作研究對象及歷史證據。

　　除了嚴格定義所謂的「證據」之外，柏克也提醒我們，圖像對歷史想像也極有幫助。像是繪畫、版畫、雕塑等素材，都能夠使我們認識到過往文化中的非語言經驗與知識。相較於文字的重要性，對於過往宗教與政治生活的視覺再現，圖像提供了更好的指引。換句話說，這些圖像讓我們成為歷史的「見證者」，或是本書標題所說的「目擊者」。

　　從第一版到第二版內容基本上沒有差異，但以柏克出書的習慣，還是會加入一些新的訊息，畢竟從二〇〇一到二〇一九也經過近二十年，史學界肯定有很大的轉變。透過第二版的新序言，作者就將最新的訊息一一傳達給我們。但相較於《什麼是文化史》第二版所做的

增修，《歷史的目擊者》比較像是更明確地指出這方面的學術研究暴增，感興趣的人口大增，已經擴展到攝影及電影方面，甚至已作為政治與法庭上的證據。

全書十一章的主題，涵蓋了：「照片與肖像」、「圖像誌與圖像學」、「神聖與超自然」（宗教）、「力量與抗議」（思想）、「圖像中的物質文化」、「社會景象」（社會史）、「他者的刻板印象」、「視覺敘述」（政治、戰爭）、「從見證者到歷史學者」、「超越圖像學」（精神分析、符號學）、「圖像的文化史」（藝術社會史）。我自己最喜歡的還是屬於第五章物質文化之後的部分，比較偏向我熟悉的新文化史研究範疇。

透過這十一章內容，柏克不希望讀者單純把這本書當作是圖像研究的操作手冊。相反地，他認為圖像運用在歷史研究上的方法應該是多樣性的，有時明確，有時模糊多義，並沒有單一的解答。

如果讀者想要在這多樣性的研究方法中找到捷徑，也不是沒有辦法。或許是因為這二十年的研究成果較為豐富的關係，在第二版的新序言，柏克就展示了比較肯定的十種準則，他稱之為十誡。有了這些指引，台灣讀者應該可以更清楚怎麼把圖像當作歷史研究的證據。

導論

圖像的見證

一畫勝千言。

(*Ein Bild sagt mehr als 1000 Worte.*)

庫爾特・圖霍爾斯基(Kurt Tucholsky)

　　本書主要討論的是使用圖像作為歷史證據。之所以寫作這本書，不僅是為了鼓勵使用這類證據，同時也是為了提醒潛在使用者可能犯下的錯誤。大約在上個世代時，歷史學者們的興趣大幅擴展，範圍不僅包括政治事件、經濟潮流和社會結構，還包括了心態史、日常史、物質文化史、身體史等。若他們自限於傳統資料，例如由行政當局製作並存檔的官方文件，那麼他們就不可能在這些相對新興的領域內進行研究。

　　基於這樣的理由，學者們越來越常使用更大範圍的證據，而在文獻和口述見證之外，圖像也在其中佔有一席之地。就以身體史為例，圖片指出關於疾病與健康方面的觀點不斷在改變，而在同樣不斷改變的審美標準，或是男女對個人外貌的關注，圖片甚至可能更加重要。同樣，若沒有圖像的見證，第五章將討論的物質文化史實際上不可能辦到。而正如第六與第七章試圖闡明的，圖像的見證對心態史也具有重要貢獻。

視覺的不可見性？

　　歷史學者很有可能還不夠認真對待圖像證據，因此一九九八年的一場討論提到了「視覺的不可見性」。正如一名藝術史學者所言：「歷史學者……偏好處理文本和政治經濟方面的事實，而不是圖像所探究的更深層經驗」，而另一名學者則指出其中意指的「對圖像的高傲態

度」。[1]

　　若和根據書寫及繕打文獻進行研究的歷史學者相比，以照片檔案進行研究的歷史學者則相對少數。附有插圖的歷史期刊同樣相對少數，即使有，也是相對少數的作者會利用這個機會。若歷史學者真的使用了圖像，通常只把它們當作單純的插圖處理，複製在書裡，不做任何評論。即使文本中討論到這些圖像，這項證據通常也是用來闡明作者藉由其他方式所達成的結論，而不是用來提出新的答案或問題。

　　為何會有這種狀況呢？已故的拉斐爾・塞繆爾（Raphael Samuel）在一篇文章裡，描述他在維多利亞時期照片中的發現，他把自己和其他同時代的社會史學者們形容為「視覺文盲」。他是一九四〇年代的孩子，套一句他自己的話說，他從前和現在都是「完全屬於電視普及以前」的孩子。他在學校和大學裡受的教育，都是關於閱讀文本的訓練。[2]

　　儘管如此，此時已有一小群重要的歷史學者們開始利用圖像證據，尤其當他們的專長領域是在書寫文件極少或根本不存在的時期。

1　Gordon Fyfe and John Law, 'On the Invisibility of the Visual', in *Picturing Power*, ed. Fyfe and Law (London, 1988), pp. 1–14; Roy Porter, 'Seeing the Past', *Past and Present*, cxviii (1988), pp. 186–205; Hans Belting, *Likeness and Presence* (1990: English trans. London, 1994), p. 3; Ivan Gaskell, 'Visual History', in *New Perspectives on Historical Writing*, ed. Peter Burke (1991: 2nd edn Cambridge, 2000), pp. 187–217; Paul Binski, *Medieval Death: Ritual and Representation* (London, 1996), p. 7.

2　Raphael Samuel, 'The Eye of History', in his *Theatres of Memory*, vol. I (London, 1994), pp. 315–36.

例如，若沒有阿爾塔米拉（Altamira）或拉斯科（Lascaux）洞穴壁畫
的證據，要撰寫關於歐洲史前歷史的確相當困難，而若沒有墓室繪畫
的證明，古埃及的歷史有多貧乏會變得難以量化。在這兩個例子中，
圖像實際上提供了社會活動的唯一證據，比如狩獵。有些研究較後期
歷史的學者也認真對待圖像。例如，研究政治態度、公眾意見或政治
宣傳的歷史學者，長期以來都使用版畫證據。以及，傑出的中世紀專
家大衛・道格拉斯（David Douglas）在半個多世紀以前，便已主張
貝葉掛毯（Bayeux Tapestry，圖1）是「英國史的第一手資料」，並且
「值得和《盎格魯－撒克遜編年史》（*Anglo-Saxon Chronicle*）及普瓦
提埃的威廉（William of Poitiers）的紀錄一併研究」。

【圖1】黑斯廷斯之戰中哈羅德國王死亡場景的細部，出自貝葉掛毯，約1100年。貝葉掛
毯博物館（Musée de la Tapisserie, Bayeux）。

　　這些由少數歷史學者進行的圖像運用可以回溯到更早以前。如同法蘭西斯・哈斯基爾（Francis Haskell，1928–2000）在《歷史與其圖像》（*History and its Images*）中所指出的，十七世紀時人們研究羅馬地下墓穴中的繪畫，作為早期基督教歷史的證據（以及在十九世紀時作為社會史的證據）。[3] 在十八世紀初，貝葉掛毯已被學者們視為歷史資料而認真看待。在十八世紀中葉，一名評論家對克勞德－約瑟夫・韋爾內（Claude-Joseph Vernet，1714–1789）的一系列法國海港繪畫表示讚賞，他評論道，若有更多畫家追隨韋爾內的範例，那麼他們的作品會對後代更為有用，因為「在他們的繪畫中，將有可能讀到關於風俗、藝術與國家歷史」。[4]

　　文化史學者雅克伯・布克哈特（Jacob Burckhardt，1818–1897）與約翰・赫伊津哈（Johan Huizinga，1872–1945）本身也是業餘藝術家，他們分別在撰寫關於「文藝復興」與「中世紀之秋」時，除了當時的文本以外，也利用拉斐爾及范艾克等藝術家畫作，建立起對義大利及荷蘭文化的描述與詮釋。布克哈特在進入文藝復興大眾文化的討論之前，先描寫了義大利的藝術，他將圖像與紀念像形容為「過去階

3　David C. Douglas and G. W. Greenaway, eds, *English Historical Documents*, 1042–1189 (London, 1953), p. 247.

4　Francis Haskell, *History and its Images* (New Haven, CT, 1993), pp. 123–4, 138–44; 該評論家被引用於 Léon Lagrange, *Les Vernet et la peinture au 18e siècle* (2nd edn Paris, 1864), p. 77.

段的人類精神發展見證」，透過這些物件，「有可能讀出某段時間關於思想與再現的架構」。

　　至於赫伊津哈，一九〇五年他在格羅寧根大學（University of Groningen）發表的就職演說〈歷史思想中的美學要素〉中，將歷史理解比喻為「意象」或「知覺」（包括直接與歷史接觸的感覺），並主張「歷史研究與藝術創作的共同點，在於形塑圖像的模式」。之後，他把文化史的研究方法用視覺術語形容為「馬賽克法」（the mosaic method）。赫伊津哈在他的自傳中坦承，他對歷史的興趣是在童年收集硬幣時被啟發，之所以受中世紀吸引，是因為他想像那個時期是「滿是戴著羽飾頭盔的驍勇騎士」；他的研究從東方歷史轉向荷蘭歷史，則是受到一九〇二年在布魯日的一場法蘭德斯繪畫展所啟發。赫伊津哈也是歷史博物館的強力倡導者。[5]

　　赫伊津哈同時代的另一名學者瓦堡，一開始是個布克哈特風格的藝術史學者，最後他的專業則在著眼嘗試建立起一套以圖像和文字兩者為基礎的文化史。由瓦堡圖書館發展出的瓦堡研究所（Warburg Institute），在希特勒崛起之後從漢堡遷到倫敦，自此便一直不斷鼓勵著這樣的研究方法。因此，一九三〇年代起開始頻繁造訪瓦堡研究所

5　Haskell, *History*, pp. 9, 309, 335–46, 475, 482–94; 布克哈特的話被引用在Lionel Gossman, *Basel in the Age of Burckhardt* (Chicago, il, 2000), pp. 361–2; 赫伊津哈方面，比較Christoph Strupp, *Johan Huizinga: Geschichtswissenschaft als Kulturgeschichte* (Göttingen, 1999), 尤其是pp. 67–74, 116, 226.

的文藝復興歷史學者法蘭西絲・葉茨（Frances Yates，1899–1981）便形容自己是「承襲瓦堡的技術，以視覺證據作為歷史證據」。[6]

在一九三〇年代，來自巴西的社會史學者吉爾貝托・弗雷雷（Gilberto Freyre，1900–1987）也運用了圖片與照片的證據，他將自己形容為提香（Titian，約1485–1576）風格的歷史畫家，並以「印象主義」的形式研究社會史，因為「試圖在動作中為生命帶來驚奇」。另一名研究巴西的美國歷史學者羅伯特・萊文（Robert Levine）也追隨弗雷雷的路線，發表了一系列關於十九世紀末及二十世紀初的拉丁美洲生活照片，他所附加的評註不僅將這些照片置放在其脈絡下，同時也討論了基於使用這類證據所引發的重大問題。[7]

對於自稱為「週日歷史學者」的菲利浦・阿利埃斯（Philippe Ariès，1914–1982）而言，圖像是他兩項重要研究的起點：童年史與死亡史。視覺資料在這兩項研究中都作為「感性與生命的證據」，和「檔案庫中的文學和文獻」是一樣的基準。阿利埃斯的著作在稍後章節會再詳細討論。一九七〇年代，一些主要的法國歷史學者仿效他的研究方法，其中包括研究法國大革命及革命前舊政權的米歇爾・沃維爾（Michel Vovelle），以及專長十九世紀法國的墨西斯・阿古隆

6　Frances A. Yates, *Shakespeare's Last Plays* (London, 1975), p. 4; cf. Yates, *Ideas and Ideals in the North European Renaissance* (London, 1984), pp. 312–15, 321.

7　Robert M. Levine, *Images of History: 19th and Early 20th Century Latin American Photographs as Documents* (Durham, NC, 1989).

（Maurice Agulhon）。[8]

　　美國評論家米謝爾（W. J. T. Mitchell）所稱的「圖像轉向」（pictorial turn），於英語世界中同樣可見。[9]如他所承認的，在一九六〇年代中期，塞繆爾和一些同時期的人開始意識到照片的價值，作為十九世紀社會史的證據，照片幫助他們建立起一部著重在一般人日常生活和經驗的「人民史觀」（history from below）。然而，若以深具影響力的期刊《今昔》（*Past and Present*）作為英語世界中歷史書寫的新潮流代表，卻令人訝異地發現，從一九五二到一九七五年之間，沒有一篇刊登的文章附有插圖。一九七〇年代，期刊上刊載了兩篇配有插圖的文章。另一方面，到了一九八〇年代，這樣的文章數目增加到十四篇。

　　就這點看來，一九八〇年代是個轉捩點，一九八五年所舉辦的一場美國歷史學者研討會紀錄也意味著這點，這場會議是關於「藝術的證據」。會議的論文集發表在《跨學科史學期刊》（*Journal of Interdisciplinary History*）的特刊上，由於受到許多關注，因此這部論文集很快便重新發行為書籍形式。[10]從那時起，其中一名論文作者西

8　Philippe Ariès, *Un historien de dimanche* (Paris, 1980), p. 122; cf. Michel Vovelle, ed., *Iconographie et histoire des mentalités* (Aix, 1979); Maurice Agulhon, *Marianne into Battle: Republican Imagery and Symbolism in France, 1789–1880* (1979: English trans. Cambridge, 1981).

9　William J. T. Mitchell, ed., *Art and the Public Sphere* (Chicago, il, 1992), introduction.

10　Robert I. Rotberg and Theodore K. Rabb, eds, *Art and History: Images and their Meanings* (Cambridge, 1988).

蒙‧沙瑪（Simon Schama），尤其因為在研究中使用視覺證據而為人所知，包括從《財主的尷尬》（*The Embarrassment of Riches*，1987）探討十七世紀荷蘭文化，到數世紀來西方對風景畫態度的研究《風景與記憶》（*Landscape and Memory*，1995）。

　　一九九五年開始發行的「描繪歷史」（Picturing History）系列本身，包括你正在閱讀的這本書在內，也是這種新潮流進一步的證據。而新一代的歷史學家一直接觸著電腦和電視，他們實際上從出生起便始終居住在一個被圖像滲透的世界，在接下來的幾年，觀察他們將如何處理過去的視覺證據，這會是件很有趣的事。

資料來源和軌跡

　　傳統上，歷史學者把他們的文獻稱為「資料來源」，彷彿他們正從「事實」的溪流中盛滿一桶水，而隨著越靠近源頭，他們的故事就變得越來越純粹。這個譬喻很鮮明，但也可能有點誤導，因為它暗示著一種可能性，也就是一段關於過去的敘述可以不受中介物所污染。當然，研究歷史不可能沒有一整串中介物的輔助，其中不僅包括早期的歷史學者，還有那些整理文獻的檔案管理員、書寫文獻的抄寫員，以及對話被記錄下來的見證者。一如荷蘭歷史學家胡斯塔夫‧雷尼爾（Gustaaf Renier，1892–1962）在半個世紀以前所建議的，若用現為常用的「軌跡」一詞，取代「文獻來源」的概念，這或許會有幫

助。[11]「軌跡」一詞可以指涉手抄本、印刷書、建築物、傢俱、風景（經過人類開採而改變），以及各式各樣的圖像：繪畫、雕塑、版畫、照片等。

　　歷史學者對圖像的使用，不僅不能，也不該侷限於「證據」一詞的嚴謹意義（如在第五、六、七章特別詳細討論的）。哈斯基爾所謂「圖像對歷史想像的影響」也應留有空間。繪畫、雕塑、版畫……使後代能夠分享過去文化中非語言的經驗或知識（例如下面第三章所討論的宗教經驗）。它們將我們先前已知但並未認真對待的部分，開門見山地呈現。簡言之，圖像使我們能夠更加鮮明地「想像」過去。正如評論家斯蒂芬・班恩（Stephen Bann）所言，我們和圖像面對面的位置，也將我們帶往「與歷史面對面」。不同時期如何使用圖像，例如作為虔敬的對象、勸說的手段、傳遞資訊，或帶來愉悅，都使它們得以成為過去宗教、知識、信念、娛樂等形式的見證者。雖然文字也提供寶貴的線索，但對於過去文化中宗教與政治生活的視覺再現，圖像本身是最好的指引。[12]

　　因此，本書將探究不同類型的圖像使用，如同律師們就不同歷史類型所稱的「可接受證據」（admissible evidence），用法律類比是有道理的。畢竟，在過去幾年中，銀行搶匪、足球流氓和暴力警察都因

11　Gustaaf J. Renier, *History, its Purpose and Method* (London, 1950).

12　Haskell, *History*, p. 7; Stephen Bann, 'Face-to-face with History', *New Literary History*, XXIX (1998), pp. 235–46.

為錄影證據而遭受判決。犯罪現場的警方照片經常被視為證據使用。在一八五〇年代，紐約警局製作「罪犯照片集」（Rogue's Gallery）以供指認竊賊。[13]確實，在一八〇〇年以前，法國的警方紀錄已經在重大嫌犯的個人檔案中納入肖像畫。

　　本書的基本命題在於，試圖支持並說明圖像就像文字與口述見證一樣，是歷史證據的一種重要形式。記錄下目擊的動作。這不是什麼新的概念，倫敦國家藝廊的一幅知名圖像正說明了這點，也就是人稱「阿諾菲尼肖像」（Arnolfini portrait）的夫妻肖像。這幅肖像上題著「范艾克曾在此」（*Jan van Eyck fuit hic*），彷彿畫家當時是這對新人的婚禮見證人。恩斯特・貢布里希（Ernst Gombrich）曾寫過「目擊原則」（the eyewitness principle），換句話說，就是自古希臘開始，某些文化中的藝術家一直遵循的規則，用以再現一名目擊者在特定的某時某地所能見到的事物──也只再現這件事物。[14]

　　類似的情況還有，在一份關於維托雷・卡帕齊奧（Vittore Carpaccio）及一些同時期威尼斯畫家的畫作研究中，也引入了「目擊風格」（the eyewitness style）一詞，指稱這些繪畫中展示出對細節的

13　John Tagg, *The Burden of Representation: Essays on Photographies and Histories* (Amherst, 1988), pp. 66–102; Alan Trachtenberg, *Reading American Photographs: Images as History, Mathew Brady to Walker Evans* (New York, 1989), pp. 28–9.

14　Erwin Panofsky, *Early Netherlandish Painting* (2 vols, Cambridge, MA, 1953); cf. Linda Seidel, *Jan van Eyck's Arnolfini Portrait: Stories of an Icon* (Cambridge, 1993); Ernst H. Gombrich, *The Image and the Eye* (London, 1982), p. 253.

熱愛，以及藝術家與贊助者渴望看到「根據證據的普遍標準，看起來盡可能忠實的畫作」。[15]文字有時更加強我們的印象，認為藝術家關心的就是提供準確的見證。例如，美國畫家伊士曼·約翰遜（Eastman Johnson，1824–1906）在《為自由奔馳》（*Ride for Liberty*，1862）中，呈現三名馬背上的奴隸，男人、女人和孩子，在這幅畫作背後的題詞，他將自己的畫作形容為「內戰中一場真實事件紀錄，是我親眼所見」。「紀實」（documentary）或「民族誌」風格等詞語，也用來描述之後類似圖像的特色。

　　不用說，圖像證據的使用引發了許多糟糕的問題。圖像是無聲的證人，很難把它們的見證轉譯成文字。它們的目的可能是傳達自身訊息，但歷史學者們反而經常忽視，因為他們企圖讀出圖畫中「字裡行間」的意義，或學到藝術家們並不知道自己正在傳授的內容。這樣的過程中有著明顯的危險。若要安全地使用圖像的證據（先別說有效地使用了）就有必要了解其中的缺點──就和其他類型的資料來源一樣。書寫文獻的來源批判（source criticism）早已成為訓練歷史學者的基本門檻。相較之下，對於視覺證據的批判仍未發展成形，雖然圖像的見證就像文字見證一樣，會引發關於脈絡、功能、修辭、回憶（無論是事件發生不久或是很久以後），以及第二手見證等問題。因

---

15 Patricia F. Brown, *Venetian Narrative Painting in the Age of Carpaccio* (New Haven, CT, 1988), pp. 5, 125.

此，有些圖像會比其他圖像提供更可靠的證據。例如直接寫生的草圖
（圖2、3），由於不受「宏大風格」（grand style，於下面第八章討論）
的限制，它們作為證據時，比事後在藝術家工作室裡加工的繪畫更加
可信。在歐仁・德拉克羅瓦（Eugène Delacroix，1798–1863）的例子
中，他的草圖《兩名坐著的婦人》（*Two Seated Women*）和他的繪畫
《阿爾及爾的女人》（*The Women of Algiers*）之間的對比或許正說明了
這點，後者看起來較為戲劇化，並且指涉著其他的圖像，和原始草圖

【圖2】德拉克羅瓦，《阿爾及爾的女人》（*The Women of Algiers*）草圖，約1832年，有
炭筆痕跡之水彩。巴黎羅浮宮。

【圖3】蓋斯，蘇丹前往清真寺之水彩草圖，1854年。私人收藏。

並不相同。

　　圖像會以什麼樣的方式提供關於過去的可靠證據，又能提供到什麼程度呢？對這樣的問題，若企圖得到一個簡單廣泛的答案，顯然是件愚蠢的事。一幅十六世紀的聖母瑪利亞聖像和一幅二十世紀的史達林海報，兩者都會告訴歷史學者一些關於俄國文化的事，但儘管有些引人入勝的相似度，這當中還是有著明顯的巨大差異。這些差異，既在於這兩幅圖像告訴我們的事，也在於它們所忽略的事。我們冒著風險，忽略了圖像的多樣性、藝術性、圖像用途，以及在不同歷史時期中對圖像的態度。

圖像的多樣性

　　本文是關於「圖像」而不是「藝術」，西方世界直到文藝復興的進程才開始使用這個詞，尤其是從十八世紀開始，因為至少在菁英階層中，圖像的美學功能開始主導這些物件的許多其他用途。若不論美學品質的話，任何圖像都可能作為歷史證據所用。地圖、帶有裝飾的盤子、奉獻物（圖4）、時尚玩偶，以及早期中國皇帝陵寢裡埋葬的兵

【圖4】為一名屠夫之子所做的還願圖像（Ex-voto），1853年3月14日，畫布油畫。伊埃雷聖母神慰教堂（Notre-Dame de Consolation, Hyères）。

馬俑等，全都有話要對歷史學子訴說。

更複雜的是，我們還必須考量到出現在特定時間地點的這類圖像變化，尤其是在關於圖像製作的兩次革命時期，第一次是十五與十六世紀印刷圖像興起（木刻、雕版、蝕刻……），第二次是十九與二十世紀攝影圖像興起（包括電影電視在內）。若要詳細分析這兩場革命的影響，會需要一本大部頭著作，但幾項一般性的觀察可能也同樣有用。

例如，圖像的外觀改變了。在木刻和攝影的早期，都是黑白影像取代彩色畫作。稍微推測一下，就像從口述訊息轉變到印刷訊息的情況一樣，有人可能會認為，套句麥克魯漢的名言來說，和更具幻覺效果的彩色圖像相比，黑白圖像是種更「酷」的溝通形式，能夠使觀者產生更大的疏離感。同樣地，就像晚近時期照片的功能一樣，印刷圖像比繪畫更快速地製作與傳播，因此當前事件的圖像能夠在事件為人所記憶猶新時便傳到觀眾眼前，這點將在第八章繼續發展。

在這兩場革命的例子中，應該記住的另一個重點是，它們都使一般人能夠接觸到的圖像數量獲得飛躍性增進。確實，如今已難以想像，中世紀時一般流通的圖像有多稀少，因為我們如今在博物館或複製本中所熟悉的手抄本，當時都在私人手中，只有祭壇畫或教堂壁畫能讓一般大眾看見。這兩次大躍進造成了怎樣的文化影響？

在印刷的影響上，人們經常討論其中永久形式的字體標準化及固定化，而印刷圖像可能也有類似的要點。小威廉‧艾文斯（William

M. Ivins Jr，1881–1961）是紐約的一名版畫策展人，他提出了十六世紀版畫的重要性，認為它們是「完全可重製的圖像陳述」。艾文斯指出，以古希臘人為例，他們放棄了替植物學專著製作插圖的做法，因為要在同一部著作的不同抄本中，為同一株植物製作相同的圖像是不可能的。另一方面，自從十五世紀後期起，人們便開始固定以木刻版畫製作藥草的插圖，而從一四七二年開始印製的地圖則是另一個例子。這種和印刷相關的可複製性，在此加速圖像帶來的資訊傳遞。[16]

根據德國馬克思主義評論家瓦特・班雅明（Walter Benjamin，1892–1940）在一九三〇年代一篇知名文章中的看法，在攝影時代，藝術品改變了它的性質。機械「以大量複製取代了獨一存在」，並且將圖像的「崇拜價值」（cult value）轉換為「展示價值」（exhibition value）。「在機械複製時代，衰退的是藝術品的靈光（aura）。」人們可能會對這篇文表示懷疑，實際上也已有人提出。舉例而言，一幅木刻的主人可能會認真把它視為一幅個別圖像，而不是許多幅當中的一件複製品。有些視覺證據，例如在十七世紀荷蘭民房與旅館的繪畫中，便顯示木刻與雕版版畫就像畫作一樣展示在牆上。如同邁克爾・

---

16 在文字方面，見 Marshall McLuhan, *The Gutenberg Galaxy* (Toronto, 1962); 比較 Elizabeth Eisenstein, *The Printing Press as an Agent of Change* (2 vols, Cambridge, 1979). 在圖像方面，見 William H. Ivins, Jr, *Prints and Visual Communication* (Cambridge, MA, 1953); 比較 David Landau and Peter Parshall, *The Renaissance Print, 1470–1550* (New Haven, CT, 1994), p. 239.

卡米兒（Michael Camille）所主張的，在較近期的攝影時代中，圖像的複製實際上可能正加強其靈光——正如重複的照片增添了電影明星的丰采，而不是從中奪取。若說我們不像前人那樣認真地對待個別的圖像（儘管這點仍需證明），即使真是如此，這很可能並非複製本身的結果，而是由於越來越多圖像在我們的經驗世界中造成飽和。[17]

　　「開始研究事實前，先研究歷史學者，」知名教科書《歷史是什麼？》（*What is History*）的作者如此告訴讀者。[18]類似的情況，我們也可以建議，任何人若打算使用圖像的見證，就先研究其製造者的不同目的。舉例來說，主要用以做記錄的作品就相對可靠，比如用來記錄古羅馬遺跡，或是異國文化外觀或風俗的作品。例如，伊莉莎白女王一世時代的藝術家喬恩‧懷特（John White，活躍於 1584–93），筆下的維吉尼亞印地安人圖像（圖 5）就是現場寫生的，一如那些跟隨庫克船長和其他探險家的製圖者，所繪的夏威夷與大溪地居民的圖像，正是為了記錄他們的發現。被送到戰場上的「戰爭藝術家」，是為了描繪戰爭與士兵的生活（第八章），他們活躍的歷程從查理五世皇帝遠征突尼斯起，直到美國干預越南的時期（如果沒有更晚的話）。比

17　Walter Benjamin, 'The Work of Art in the Age of Mechanical Reproduction' (1936: English trans. in *Illuminations* [London, 1968], pp. 219–44; 比較 Michael Camille, 'The *Très Riches Heures*: An Illuminated Manuscript in the Age of Mechanical Reproduction', *Critical Inquiry*, XVII (1990–91), pp. 72–107.

18　Edward H. Carr. *What is History?* (Cambridge, 1961), p. 17.

【圖5】喬恩‧懷特，維吉尼亞塞科坦（Secoton）村速寫，約1585–7年。倫敦大英博物館。

起完全閉門工作的同行，他們通常是更為可靠的見證者，尤其在細節方面。我們可將此段所列的作品形容為「紀實藝術」。

儘管如此，若認為這些藝術家記者擁有「純真之眼」，意即完全客觀、不帶任何類型的期待或偏見目光，這就不夠明智了。就字面意義和譬喻意義兩者而言，這些草圖與繪畫都記錄了「觀點」。在懷特的例子中，我們必須銘記他個人和維吉尼亞的殖民化有關，於是他可能會試著使人對這個地方有好的印象，例如忽略赤身露體、活人獻祭，以及任何可能會嚇到潛在移民者的景象。使用這類文獻的歷史學者絕不能夠忽略其中可能有宣傳性意味（第四章）、對於「他者」的刻板觀念（第七章），或是忘記在特定文化、特定類型中，例如戰爭畫作（第八章），人們習以為常的視覺慣例所具有的重要性。

為了支持這種對純真之眼的批判，我們不妨舉出幾個相對清楚直接（或至少看來是如此）的圖像歷史見證作為範例：照片與肖像。

1

照片與肖像

照片可能不會騙人，但騙子可能會拍照。

路易斯・海因（Lewis Hine）

　　關於寫實的誘惑，更確切地說，是把圖像視為現實的誘惑，在照片與肖像的例子中又格外誘人。基於這個理由，此處將對這類圖像進行詳細分析。

寫實主義

　　從攝影史的早期開始，人們就把這項新媒介當作歷史的輔助來討論。例如，在一八八八年發表的一場講座中，喬治‧法蘭西斯（George Francis）便鼓勵系統性照片收藏，認為「可能是對我們的土地、建築與生活方式最佳描繪」。而歷史學者的問題則在於，我們是否能信任這些照片，以及可以信任到什麼程度。人們常說「相機不會說謊」。快照文化中，許多人都用影像記錄家人和假期，這當中存在著引誘，也就是誘使人把繪畫視同為照片的誘惑，期望歷史學者和藝術家們同樣提供寫實再現。

　　確實，攝影有可能已轉變我們對歷史知識的判斷。如同法國作家保羅‧瓦勒里（Paul Valéry，1871-1945）曾提出，我們對歷史真實的標準已必須包括這個問題：「這些敘述的事實有照片佐證嗎？」報紙已有很長的時間使用照片作為真實性的證據。就像電視影像，這些照片帶來了有力的貢獻，也就是評論家羅蘭‧巴特（Roland Barthes，1915-1980）所謂的「真實效果」（reality effect）。比方說，在城市老照片的例子中，尤其當它們被放大到牆面大小時，觀者很可能會有種

身歷其境的感受，彷彿他或她能夠進入照片，漫步在其中的街道上。[1]

　　瓦勒里的提問有個問題，意味著在主觀敘述與「客觀」或「紀實」攝影之間的對比。這樣的觀點廣受認同，或者至少從前是如此。早期攝影師提出客觀性的概念，支持這種概念的論點在於，物件本身會在曝光過程中於相紙上留下痕跡，因此圖像成品並非出自人手，而是出自「自然之筆」。至於「紀實攝影」一詞，是一九三〇年代在美國開始使用（就在「紀錄片」一詞出現不久後），指的是取自普通人日常生活的景象，尤其是貧民，例如透過雅各布・里斯（Jacob Riis，1849–1914）、多蘿西・蘭格（Dorothea Lange，1895–1965）以及路易斯・海因（1874–1940）等人的鏡頭所看見的景象，海因更在哥倫比亞大學攻讀社會學，將他的作品稱為「社會攝影」（Social Photography）。[2]

　　然而，這些「紀錄」（例如圖6）需要放在脈絡下檢視，這並不容易，因為模特兒和攝影師的身分通常不明，而照片本身原本只是系

1　Francis quoted in James Borchert, *Alley Life in Washington: Family, Community, Religion and Folklife in an American City* (Urbana, IL, 1980), p. 271; Roland Barthes, 'The Reality Effect' (1968: English trans. in *The Rustle of Language*, Oxford, 1986, pp. 141–8).

2　Roy E. Stryker and Paul H. Johnstone, 'Documentary Photographs', in Caroline Ware, ed., *The Cultural Approach to History* (New York, 1940), pp. 324–30; F. J. Hurley, *Portrait of a Decade: Roy Stryker and the Development of Documentary Photography* (London, 1972); Maren Stange, *Symbols of Social Life: Social Documentary Photography in America, 1890–1950* (Cambridge, 1989); Alan Trachtenberg, *Reading American Photographs: Images as History, Mathew Brady to Walker Evans* (New York, 1989), pp. 190–92.

【圖6】蘭格，《加州的貧困摘豆者。七個孩子的母親。三十二歲》（*Destitute pea pickers in California. Mother of seven children. Age thirty-two*）。加州尼波莫（Nipomo）。1936年2月。

列中的一部分，至少在許多案例中是如此，它們從原本陳列的企劃或
集結中被取出，最後來到檔案庫或博物館裡。然而，像里斯、蘭格和
海因等人所製作於「紀錄」這類知名的例子中，還是可以討論一些關
於照片的社會政治脈絡。它們是為了社會改革的運動所做的宣傳，
並且是為某些機構服務，例如慈善組織會社（Charity Organization
Society）、國家童工委員會（National Child Labour Committee）及加
州緊急救濟管理局（California State Emergency Relief Administration）
等。因此，它們的焦點會放在如童工、工作意外和貧民窟生活等（在
英國的貧民窟拆除運動中，照片也達到了類似貢獻。這些照片通常是
為了吸引觀者的同情而安排。

　　無論如何，早期攝影題材甚或姿勢（被攝者）選擇，經常依循著
繪畫、木刻和雕版版畫中的選擇，而較近期的攝影又引用或指涉著早
期的攝影。照片的質地也傳達出某種訊息。若借用莎拉·格雷厄姆－
布朗（Sarah Graham-Brown）所舉的例子：「柔和的深褐色照片能夠
產生『往事般』的平靜光暈」，而黑白影像可能「傳遞嚴酷的『現實』
感受」。[3]

　　電影史學者齊格弗里德·科拉考爾（Siegfried Kracauer，1889–
1966）曾經將客觀史的長期代表利奧波德·馮·蘭克（Leopold von

3　John Tagg, *The Burden of Representation: Essays on Photographies and Histories* (Amherst,
　　MA, 1988), pp. 117–52; Stange, *Symbols*, pp. 2, 10, 14–15, 18–19; Sarah Graham-Brown,
　　Palestinians and their Society, 1880–1946: A Photographic Essay (London, 1980), p. 2.

Ranke，1795–1886）類比為大致同時代的路易・達蓋爾（Louis Daguerre，1787–1851），為的是強調歷史學者就像攝影師一樣，會選擇真實世界的某些面向加以描繪。「所有的偉大攝影師都根據個人感性，自由選擇主題、框架、鏡頭、濾鏡、感光劑和紋理。這和蘭克有什麼不同？」一九四〇年，攝影師羅伊・斯特雷克（Roy Stryker）也指出同樣的要點。「攝影師選擇題材的那一刻，」他寫道，「就是在偏見的基礎上工作，這和歷史學者表達的偏見是類似的。」4

　　有時，攝影師所做的遠不只是選擇而已。在一八八〇年代以前，在那腳架相機和20秒曝光的時代，攝影師會安排場景構圖，告訴被攝者該站哪裡、如何表現（就像至今依然如此的團體照），無論地點是在工作室或是戶外攝影。他們有時也根據風俗畫的慣例，建構起他們的社會生活場景，尤其是那些關於酒館、農民、市集……荷蘭畫場景（第六章）。在回顧英國社會史學者於一九六〇年代所發現的照片時，塞繆爾有些遺憾地評論道「我們對於維多利亞時期的攝影詭計相當無知」，並指出，「許多我們殷切複製並詳細註解（如同我們所相信的）的照片都是假的——它們在起源和意圖上都屬於繪畫性質，即使採取的是紀實形式。」例如，為了創作出奧斯卡・雷蘭德（O. G. Rejlander）那幅知名的瑟縮街童圖像，攝影師「付給一名伍爾弗漢普

4　Siegfried Kracauer, *History: The Last Things before the Last* (New York, 1969), pp. 51–2; cf. Dagmar Barnouw, *Critical Realism: History, Photography and the Work of Siegfried Kracauer* (Baltimore, md, 1994); Stryker and Johnstone, 'Photographs'.

頓（Wolverhampton）的男孩五先令，讓他擺好姿勢，給他穿上破爛的衣服，並用適量煤灰弄髒他的臉」。[5]

　　有些攝影師在物件和人物的安排上干預得更多。例如，瑪格麗特‧布林克－懷特受雇於（Margaret Bourke-White，1904–1971）《財星》（Fortune）和《生活》（Life）雜誌，在她拍攝的美國貧瘠鄉間圖像中，干涉主義比蘭格更加強烈。類似的情況還有，我們在美國內戰的照片（圖7）中所見到的一些「屍體」，顯然是一些被要求在相機前擺姿勢的活人士兵。而關於西班牙內戰最出名的照片，羅伯特‧卡帕（Robert Capa）的《士兵之死》（Death of a Soldier），在一九三六年首次刊登於法國雜誌上時（圖8），也基於類似的原因受到質疑。出於上述和其他理由，有人主張「照片從來不是歷史的證據，它們本身就是歷史。」[6]這顯然是太過負面的判斷了，就像其他的證據形式一樣，照片兩者皆是。

　　例如，在作為過去物質文化的證據時，它們格外有價值（第五章）。在愛德華時代照片的例子上，例如，關於複製品的一部著作在歷史導論裡所指出的：「我們可以看到富人們的穿著、姿態、舉止、

5　Raphael Samuel, 'The Eye of History', in his *Theatres of Memory*, vol. I (London, 1994), pp. 315–36, at p. 319.

6　Trachtenberg, *Reading*, pp. 71–118, 164–230; Caroline Brothers, *War and Photography: A Cultural History* (London, 1997), pp. 178–85; Michael Griffin, 'The Great War Photographs', in B. Brennen and H. Hardt, eds, *Picturing the Past* (Urbana, IL, 1999), pp. 122–57, at pp. 137–8; Tagg, *The Burden*, p. 65.

【圖7】提摩西‧奧沙利文（Timothy O'Sullivan，負片）及亞歷山大‧
加德納（Alexander Gardner，正片），《死亡收割，一八六三年七月蓋
茨堡》（*A Harvest of Death, Gettysburg, July, 1863*），出自加德納《戰
爭攝影速寫簿》之圖版36，雙冊（華盛頓特區，1865-6）。

【圖8】卡帕，《士兵之死》（*Death of a Soldier*），1936年，攝影。

愛德華時代服飾對女性的限制，以及在這樣的文化下精巧的物質主義。此時人們相信財富、地位與資產應該公開展示。」一九二〇年代新創的「坦誠相機」（candid camera，指偷拍用的隱藏相機）一詞，正表達了真切的觀點，即使這只相機必須由某人掌握，而有些攝影師又比其他人來得坦誠。

　　來源批判是基本功課。正如約翰・羅斯金（John Ruskin，1819–1900）敏銳觀察到，照片證據「極為有用，若你知道如何交叉檢驗的話」。這類交叉檢驗的典範，便是歷史學者對空拍照片的使用（最初是作為一戰及二戰中的偵察手段而研發），特別是研究中世紀農業與修道院制度的歷史學者。這些空拍照片「結合了照片和平面圖的數據」，記錄下從地面上無法觀察到的地表變化，例如不同家庭的條狀耕地排列、廢棄村莊的位置，以及修道院的格局，這讓考察過去成為可能。[7]

肖像、鏡像或象徵形式？

　　就像照片的例子一樣，我們許多人都有股強烈的衝動，想把肖像

7　Paul Thompson and Gina Harkell, *The Edwardians in Photographs* (London, 1979), p. 12; John Ruskin, *The Cestus of Aglaia* (1865–6: 重新收錄在他的 *Works*, vol. xix [London, 1905], p. 150); M. D. Knowles, 'Air Photography and History', in *The Uses of Air Photography*, ed. J.K.S. St Joseph (Cambridge, 1966), pp. 127–37.

畫看作是某個特定模特兒，在某個特定時刻的真實再現、快照或鏡像。基於幾個理由，我們需要抗拒這種衝動。首先，肖像畫是種藝術類型，就像其他畫種一樣，是根據一連串隨時間慢慢變化的慣例系統所組成。模特兒的姿態與手勢，以及他們身旁呈現的配件或物品，都是依循某種特定模式，通常也具有象徵性意義。某種意義上，肖像畫是一種象徵形式。[8]

　　其次，這類畫種慣例有目的性，會用特定方式呈現模特兒，並且通常是他們所偏愛的方式——不過我們也不應忘記法蘭西斯科・德・哥雅（Francisco de Goya，1746–1828）知名的《查理四世與家人》（*Charles IV and Family*，1800）是在諷刺模特兒們的可能性。在一場比武大會上失去一隻眼睛的十五世紀烏比諾公爵費德里科・達・蒙特費爾特羅（Federico da Montefeltre），永遠是以側面示人。查理五世那突出的下巴，只有透過外國使節未加奉承的回報才得見於後代，因為畫家們（包括提香在內）都會掩飾缺陷。模特兒們通常會穿上最好的衣服入畫，以致歷史學者若把肖像畫當作日常服飾的證據，就是欠缺考慮了。

　　至於手勢，或說是模特兒在容許畫家將自己描繪成擺出手勢的模

8　David Smith, 'Courtesy and its Discontents', *Oud-Holland*, C (1986), pp. 2–34; Peter Burke, 'The Presentation of Self in the Renaissance Portrait', in Burke, *Historical Anthropology of Early Modern Italy* (Cambridge, 1987), pp. 150–67; Richard Brilliant, *Portraiture* (London, 1991).

樣這方面，也可能是展現出最好的儀態，通常較平常時候更為優雅，尤其是在一九〇〇年以前的肖像畫。因此，肖像畫並不真的是繪畫版本的「坦誠相機」，而較是社會學者厄文・高夫曼（Erving Goffman）所形容的「自我表現」，通常是藝術家與模特兒共識的過程。這種自我表現的慣例多少是非正式意味，取決於模特兒本身，或實際上取決於時代背景。例如，在十八世紀後半，英國有段時間或許可以稱之為「風格化不拘小節」，這或許可以用布魯克・布斯比爵士（Sir Brooke Boothby）帶著書躺在森林地上的一幅畫來說明（圖9）。然而，不拘小節還是有限度，根斯博羅在西克納斯夫人的肖像畫中，她在裙下雙腿交叉（圖10），而同時代人對此所產生的震驚反應正顯示出限度。一名女士評論道：「若我所愛的任何人以這種姿態示人，我會感到非常遺憾」。相反地，二十世紀後半時，布萊恩・奧爾根（Bryan Organ）創作了知名的黛安娜王妃肖像，此時畫中所擺出的同樣姿勢就可以平心看待。

　　和模特兒一同呈現的各種配件，通常也強調出他們的自我表現。我們或許可以將這些配件視為有戲劇意義的「道具」。古典柱式代表古羅馬的榮耀，而王座般的椅子則賦予模特兒王室般的尊嚴。特定象徵物件意味著特定的社會角色，如果不從這種觀點來看，雷諾斯所繪的一幅肖像就像是幻覺主義的作品，畫中模特兒手持的巨大鑰匙是為了表示他是直布羅托的總督（圖11）。肖像畫中也可能出現生命體。例如，在義大利文藝復興藝術時期，男性肖像中的大狗通常和狩獵有

【圖9】賴特,《布魯克·布斯比爵士閱讀盧梭》(*Sir Brooke Boothby Reading Rousseau*),1781年,畫布油畫。倫敦泰德美術館(Tate Britain)。

【圖10】根斯博羅,《菲利普·西克納斯夫人,娘家本名安妮·福特》(*Mrs Philip Thicknesse, née Anne Ford*),1760年,畫布油畫。辛辛那提美術館。

【圖11】雷諾斯,《希斯菲爾德勳爵,直布羅托總督》(*Lord Heathfield, Governor of Gibraltar*),1787年,畫布油畫。倫敦國家藝廊。

關，因此也可代表貴族男子氣概，而在女性或新婚夫妻肖像中的小狗，很可能象徵著忠貞（意味著妻子對丈夫就像小狗對人類一樣）。[9]

　　有些類似慣例留存至今，並且從十九世紀中葉起，在攝影工作室肖像的時期中，變得民主化了。攝影師為了掩飾社會階級的差異，於是提供客戶們所謂的「暫時現實豁免權」。[10]無論是在畫中或照片中，肖像所記錄的不完全是社會寫實而是社會幻覺，不是日常生活而是特別演出。但也正由於這個原因，若任何人對於不斷變化的希望、價值觀或心態史感興趣的話，它們正提供了無價的證據。

　　尤其，在可能要研究長期的一系列肖像時，這樣的證據格外具啟發性，可以讓人留意到再現同類型人物的方式如何產生變化，例如描繪國王肖像。以西敏寺理查二世大幅肖像為例，雖然尺寸不尋常，但在中世紀的錢幣和印章上，國王頭戴冠冕坐在王座上，一手持權杖，另一手持王權寶球的正面像是很常見的。而亞森特・里戈（Hyacinthe Rigaud，1659–1743）所繪的路易十四身穿加冕王袍的知名肖像，儘管今日看來可能顯得僵硬，但是他把王冠置放在座墊上而不是國王頭上，並且呈現出把權杖當做手杖般斜倚的模樣，卻是刻意安排的「不拘小節」。如此一來，里戈的這幅肖像畫成了破例轉變成慣例的典

9　Erving Goffman, *The Presentation of Self in Everyday Life* (New York, 1958); 英國的例子則出自 Desmond Shawe-Taylor, *The Georgians: Eighteenth-century Portraiture and Society* (London, 1990).

10　Julia Hirsch, *Family Photographs: Content, Meaning and Effect* (New York, 1981), p. 70.

範。於是，一整個系列的法國國家肖像畫都讓人聯想到里戈的路易十四形象，路易十五、路易十六（圖12）和查理十世全都以同樣的姿勢斜倚在權杖上，這或許是為了強調王朝延續，也或許是意味著之後的統治者，全都配稱為路易「大帝」的繼承者。

　　另一方面，在一八三○年革命之後，君主立憲取代專制，新的統

【圖12】約瑟夫‧杜普萊西斯（Joseph-Siffred Duplessis），《穿加冕袍的路易十六》（*Louis xvi in Coronation Robes*），約1770年代，畫布油畫。巴黎卡納瓦雷博物館（Musée Carnavalet）。

治者路易－菲利普則是刻意降卑，他穿的是國民自衛軍制服而不是王
袍，也比早先的慣例更接近觀者的視線水平，雖然國王仍站在高台
上，傳統王座和厚重簾幕依舊（圖13）。[11]藝術家、模特兒和不少觀者
都意識到這一系列肖像畫的前作，這個事實更加強一點：即使只是與
傳統範例的微小差距，也具有相當的重要性。

【圖13】弗朗索瓦・傑哈
（François Girard），仿赫森的路
易－菲利普國家肖像（原作於
1831年展出，1848年遭破壞）。
巴黎法國國家圖書館。

11　Michael Marrinan, *Painting Politics for Louis Philippe* (New Haven, CT, 1988), p. 3.

　　到了二十世紀，國家肖像有了轉變，暫且不論那些刻意營造的時代錯置感，像是把希特勒畫成中世紀騎士的肖像（圖14）。例如，費多爾・舒爾平（Fyodor Shurpin）為史達林所做的肖像《祖國的早晨》（*The Morning of the Motherland*，1946–8）便把這名獨裁者和現代性加以連結，用日出、背景中的曳引機和高壓線鐵塔作為象徵物。同時，

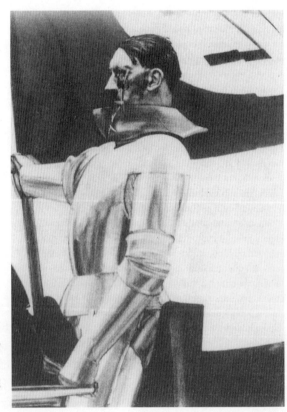

【圖14】休伯特・蘭辛格（Hubert Lanzinger），《掌旗者希特勒》（*Hitler as Flag Bearer*），1930年代，畫布油畫。華盛頓特區美軍藝術收藏（US Army Art Collection）。

在這段官方簽名照和螢幕流動影像的時期,「國家肖像」某方面來說變得越來越與過去相關,於是這樣的類型已被事件本身取代。

反映之反思

　　繪畫常被比喻為窗戶和鏡子,而圖像則不斷被形容為「反映」出可見的(或屬於社會的)世界。有人可能會說,它們就像攝影一樣,但正如我們已見的,即使攝影也不單純是現實的反映。那麼,圖像要如何作為歷史證據呢?本書將繼續闡述這個問題的答案,在此可以歸納成三個要點。

1. 對於歷史學者來說,好消息是藝術可以提供文本所忽略的社會現實層面,至少就某些時空而言是如此,例如序言提到古埃及狩獵的例子。

2. 壞消息是,再現的藝術通常不如表面上看來那麼寫實,與其是反映社會現實,其實更是扭曲現實,因此歷史學者們若不考慮到畫家或攝影師(更別說背後的贊助者和委託人了)的各種意圖,很可能會受到嚴重的誤導。

3. 然而,回到好消息來說,整個扭曲的過程,本身也證明著許多歷史學者試圖研究的現象:心態、意識形態與認同。物質的、或說字面意義上的圖像,正是自我、他者心理,以及隱喻「圖像」的絕佳證明。

第一點非常明顯，但第二及第三點可能需要多一點探討。矛盾的是，歷史學者在圖像轉向上出現爭論的時代，當時，關於「現實」與再現（無論文或圖）關係的普遍假設受到挑戰，「現實」一詞越來越常被放在引號裡使用。在這場辯論中，挑戰者以犧牲「寫實主義者」或「實證主義者」為代價，提出一些重要觀點。例如，他們強調出藝術慣例的重要性，並說明即使稱為「寫實主義」的藝術風格也擁有自身的修辭法。他們指出攝影和繪畫中「觀點」的重要性，無論是這個詞的字面或隱喻意義皆然，不僅指向藝術家物理上的立足點，同時也指向「心理立場」（mental standpoint）。

因此，在某個層面上，圖像是不可靠的來源，是扭曲的鏡像。但在另一個層面上，它們藉由提供好的證據，彌補了這項缺點，於是歷史學者可以把負債轉變成資產。例如，對於心態史學者而言，圖像是既必要又危險的來源，因為它們牽涉的不只是未言說的假設，同時也是有意識的態度。圖像之所以危險，是因為藝術有自身慣例，因為它既依循內在的發展曲線，也對外在世界作出反應。另一方面，圖像的見證對心態史學者又是必要的，因為在文字或許可以輕易迴避的議題上，圖像則必須明確表現。圖像可以證明文字並未言傳的範圍。從再現過程中被發現的扭曲，正是當時的觀點或「凝視」的證據（第七章）。例如，中世紀的世界地圖便是中世紀世界觀的重要證據，比如將耶路撒冷呈現為世界中心的著名赫里福德（Hereford）地圖。即使是雅各布・德巴爾巴里（Jacopo Barbari）知名的十六世紀早期威尼斯

木刻版畫，儘管有著明顯的寫實性，但也可能被解讀為象徵圖像，一種「道德化地誌」的範例，實際上，它也這麼被解讀了。[12]

　　十九世紀的歐洲後宮圖像（例如安格爾所繪），可能幾乎無法讓我們認識伊斯蘭的居家世界，但卻能訴說出相當多關於歐洲人的想像世界，他們創作、購買這些圖像，在展覽上或書本裡觀看它們（第七章）。[13]再一次說明，圖像或許有助於後人適應過去時代中的集體感性。例如，十九世紀早期歐洲失敗領袖的圖像，象徵著失敗的高貴或浪漫精神，這也是那個時代自我觀看的方式之一，或更正確地說，是某些傑出群體自我觀看的方式之一。

　　就如最後關於群體的這句話所意味，若把藝術視為單純的「時代精神」（Zeitgeist）表現的話，很可能會大錯特錯。文化史學者常會忍不住將某些圖像視為該創作時期的代表，尤其是知名的藝術作品。我們不必一直抵擋，但類比也有缺點，會讓人假設歷史時期的均質就是這樣，以致可以用單一畫作予以再現。文化差異與文化衝突，肯定在任何時期都可想見。

　　若要把重點放在這些衝突上當然是可能的，就像匈牙利的馬克思

---

12 J. Brian Harley, 'Deconstructing the Map' (1989: reprinted in T. J. Barnes and James Duncan, eds, *Writing Worlds* [London, 1992], pp. 231–47); cf. Jürgen Schulz, 'Jacopo Barbari's View of Venice: Map Making, City Views and Moralized Geography', *Art Bulletin*, LX (1978), pp. 425–74.

13 Ruth B. Yeazell, *Harems of the Mind: Passages of Western Art and Literature* (New Haven, CT, 2000).

主義學者阿諾德‧豪澤爾（Arnold Hauser，1892–1978）在他1951年
初版的《藝術社會史》（*Social History of Art*）中所做的。豪澤爾把繪
畫視為社會衝突的多樣反映或表現，例如貴族與布爾喬亞間的衝突，
或是布爾喬亞與無產階級的衝突。正如貢布里希在他對豪澤爾著作的
評論中所指出，這種方式即使不說是粗糙又簡化，也仍是太過單一。
無論如何，這種方式較適用於解釋藝術製作的普遍傾向，而不是作為
特定圖像的解讀。14

　　然而，若要討論圖像與製作時期的文化（或是許多文化，甚或次
文化）之間的可能關係，還是有替代的方法。就和許多其他例子一
樣，圖像見證最能讓人信賴的時候，就是當見證者訴說的，是他們並
未意識到的事，這類例子中的見證者，就是藝術家。凱思‧托馬斯
（Keith Thomas）在他的知名著作中，討論了關於早期的英國現代社
會中動物的地位，他評論道「在大衛‧洛根（David Loggan）關於十
七世紀末劍橋的雕版版畫中，到處都有狗……總數多達35隻。」當時
的雕刻師與觀者視為習以為常的事，如今卻成為文化史學者關注的對
象。15

14　Jan Bia ostocki, 'The Image of the Defeated Leader in Romantic Art' (1983: reprinted in his
　　The Message of Images (Vienna, 1988), pp. 219–33; Arnold Hauser, *The Social History of Art*
　　(2 vols, London 1951); 比較以下批判 Ernest H. Gombrich, 'The Social History of Art' (1953:
　　reprinted in *Meditations on a Hobby Horse* [London 1963], pp. 86–94).

15　Keith Thomas, *Man and the Natural World* (London, 1983), p. 102.

莫雷利之耳

上面最後這個例子，說明了另一項和歷史學者與偵探們都有關的重點，也就是留意小細節的重要性。福爾摩斯曾說過，他破案是靠留意微小線索，就如醫生透過留意微不足道的症狀而判斷疾病（這也提醒了讀者，福爾摩斯的創造者亞瑟・柯南・道爾〔Arthur Conan Doyle〕曾是醫學院學生）。義大利歷史學者卡洛・金茲堡（Carlo Ginzburg）在一篇著名論文中，比較了福爾摩斯與西格蒙德・佛洛伊德（Sigmund Freud）在《日常生活的精神病理學》（Psychopathology of Everyday Life）中的方法，他把對微小線索的追求形容為一種認識論的典範，一種對推理的直覺替代。金茲堡在波隆納大學的前同事安伯托・艾可（Umberto Eco）在他的小說《玫瑰的名字》（*The Name of the Rose*，1980）中介紹修士偵探巴斯克維爾的威廉（William of Baskerville）時，描述他追蹤動物足跡的舉動，指涉的似乎就是這篇論文。荷蘭歷史學者雷尼爾的「軌跡」說法（導論）也表達了類似的概念。16

而如金茲堡所指出，另一位重要細節的觀察者是義大利鑑賞家喬瓦尼・莫雷利（Giovanni Morelli，1816–1891）。莫雷利受過醫學訓

---

16 Carlo Ginzburg, 'Clues: Roots of an Evidential Paradigm' (1978: reprinted in his *Myths, Emblems, Clues* [London 1990], pp. 96–125).

練，似乎深受古生物學者啟發，他們試圖從殘存的骨頭碎片重建起整頭動物，使經典諺語「從爪到獅」（ex ungue leonem）得以成真。類似的情況還有，莫雷利發展出一套他稱之為「實驗性」的方法，用在有爭議的歸屬情況中，識別出某一特定作品的創作者。

　　莫雷利形容這套方法為「形式的語言」，是細心檢驗微小的細節，例如手和耳朵的形狀等，而這也是每位藝術家——無論有意無意——都會以不同方式呈現。這讓莫雷利能夠識別出他所謂的「基本形式」（Grundform），例如波提切利或貝利尼所畫的手或耳朵。這些形式可說是作者身份的表徵，莫雷利認為這是比書寫文獻更加可靠的證據。柯南・道爾可能知道莫雷利的想法，而文化史學者布克哈特亦認為他的方法令人讚嘆。

　　瓦堡那篇談論波提切利的一篇知名論文中，有關再現頭髮與織品的動態，並未提到莫雷利，但可以看作是為了文化史目的而採用了他的方法，而從本章題詞中引用莫雷利的名言看來，他也會贊成這樣的運用。這也是我在本書中盡力嘗試依循的範例。[17]

　　科拉考爾也循著類似的路線進行思考，例如，他主張德國電影的研究可以顯示一些其他資料無法呈現的德國生活。「日常生活的整

---

17 'Ivan Lermolieff ' (Giovanni Morelli), *Kunstkritische Studien über italienische Malerei* (3 vols, Leipzig 1890–3), 尤其 vol. I, pp. 95–9; 比較 Hauser, *Social History*, pp. 109–10, 以及 Ginzburg, 'Clues', pp. 101–2; Aby Warburg, *The Renewal of Pagan Antiquity* (1932: English trans. Los Angeles, ca, 1999).

個面向，連同其中極微小的運動與多樣的動作轉換，除了在銀幕上，沒有其他地方可以顯露……電影照亮了瑣事的範疇，微小事件的範疇。」[18]

透過細節分析所做的圖像詮釋，如今稱為「圖像誌」（iconography）。下一章將會檢驗圖像誌研究的成果與問題。

---

18 Siegfried Kracauer, 'History of the German Film' (1942: reprinted in his *Briefwechsel*, ed. V. Breidecker [Berlin 1996], pp. 15–18).

2

圖像誌與圖像學

一個澳洲叢林人無法解讀「最後晚餐」的主題；
對他來說，這只表達出一場歡樂晚宴的概念。

歐文・潘諾夫斯基（Erwin Panofsky）

在試圖讀出圖像中「字裡行間」的意義，並且把它們當作歷史證據之前，為了審慎起見，我們就先從圖像意義著手。不過，意義是否能被轉譯為文字？讀者們應已留意到，前一章形容圖像正在對我們「訴說」。在某層意義上的確如此，圖像是用來溝通的；但在另一層意義上，它們什麼也沒對我們訴說。圖像是無聲的，無法改變。正如米歇爾·傅柯（Michel Foucault）所言：「我們所見的，永不在我們所言傳的」。

就像其他形式的證據一樣，圖像被創作出來的時候，絕大多數都沒有考量到未來的歷史學者。它們的創作者有自身的關注、自身的訊息。關於這些訊息的詮釋被稱作「圖像誌」或「圖像學」（iconology），這兩個詞有時作為同義詞使用，但有時又區分開來，正如我們下面將看到的。

圖像誌概念

「圖像誌」和「圖像學」這兩個術語，在一九二〇和三〇年代間出現在藝術史界。更確切地說，應該是重新出現——切薩雷·里帕（Cesare Ripa）在一五九三年出版的一部著名文藝復興圖像筆記中，已使用《圖像學》（*Iconologia*）作為標題，而「圖像誌」一詞則是在十九世紀初期開始使用。到了一九三〇年代，這些術語的使用變成關乎反動，亦即反對當時佔主導地位的畫作形式分析，這樣的形式分析

著重於構圖或色彩等層面，卻犧牲了主題。在「快照文化」中，圖像誌的操作也意味著對於攝影寫實主義假設進行批判。為了方便，我們把這些藝術史學者稱為「圖像誌學者」（iconographer），他們強調的是藝術品的智性內容、隱涵的哲學或神學。其中有些最著名也最具爭議性的主張，出現在十五至十八世紀間的相關荷蘭繪畫。例如，有人認為范艾克或彼得・德・霍赫（Pieter de Hooch，圖15）等人備受稱讚的寫實主義只是種表象，他們藉由呈現日常物件「偽裝的象徵」，在其中隱藏宗教或道德上的訊息。[1]

　　有人會說，對於圖像誌學者而言，繪畫不單是用來看的：是要用「讀」的。今日，這樣的概念已成為常識。有部電影研究的著名導論便以《如何讀電影》（*How to Read a Film*）作為標題，而評論家羅蘭・巴特亦曾表示：「我閱讀文本、圖像、城市、臉孔、手勢、場景⋯⋯」閱讀圖像這個概念，其實可以回溯到很久以前。在基督教的傳統中，教會神父也體現了這樣的概念，最知名的就是教宗聖額我略一世（Pope Gregory the Great，第三章）。法國藝術家尼古拉・普桑（Nicolas Poussin，1594–1665）談論他一幅關於以色列人收集

1　Erwin Panofsky, *Early Netherlandish Painting* (2 vols, Cambridge, MA, 1953); Eddy de Jongh. 'Realism and Seeming Realism in Seventeenth-century Dutch Painting' (1971: English trans. in Wayne Franits, ed., *Looking at Seventeenth-century Dutch Art: Realism Reconsidered* [Cambridge, 1997], pp. 21–56); de Jongh, 'The Iconological Approach to Seventeenth-century Dutch Painting', in *The Golden Age of Dutch Painting in Historical Perspective*, ed. Franz Grijzenhout and Henk van Veen (1992: English trans. Cambridge, 1999), pp. 200–223.

【圖15】彼得‧德‧霍赫，《台夫特房屋庭院》，1658年，畫布油畫。倫敦國家藝廊。

嗎哪的畫作時寫道：「閱讀這個故事和這幅畫」（*lisez l'histoire et le tableau*）。類似的情況還有，法國藝術史家埃米爾·馬勒（Emile Mâle，1862–1954）也寫過「閱讀」大教堂。

瓦堡學派

在希特勒掌權的前幾年，漢堡出現了最著名的圖像誌學者團體。這個團體中包括瓦堡、弗里茲·撒克爾（Fritz Saxl，1890–1948）、潘諾夫斯基（1892–1968）與埃德加·溫德（Edgar Wind，1900–1971），他們全都是具有良好古典教育的學者，對於文學、歷史與哲學涉獵廣泛。哲學家恩斯特·卡西勒（Ernst Cassirer，1874–1975）是這個漢堡圈子的另一名成員，和他們一樣對象徵形式感興趣。一九三三年之後，潘諾夫斯基移民美國，而撒克爾、溫德甚至整個瓦堡研究所都到英國避難，正如我們先前看到的，他們於是將圖像誌方法的知識傳播得更遠。

這個漢堡團體處理圖像的方法，總結在潘諾夫斯基1939年發表的一篇著名文章裡，文中區分出三種詮釋層次，對應著作品本身的三層意義。[2]第一個層次是前圖像（pre-iconographical）描述，這裡關注的是「自然意義」，包括識別物件（例如樹木、建築、動物和人）以

2　Erwin Panofsky, *Studies in Iconology* (New York, 1939), pp. 3–31.

及事件（用餐、戰役、遊行等）。第二個層次是嚴格意義的圖像誌分析，關注的是「慣例意義」（識別出一頓晚宴場景屬於「最後晚餐」或是一場戰役，例如屬於「滑鐵盧之役」）。

　　第三個也是最終極的層次在於圖像學詮釋，和圖像誌不同，因為這裡關注的是「內在意義」，換句話說，是「那些根本的原則，揭示出某個國家、時代、階級、宗教或哲學信念的基本態度」。也就是在這個層次上，圖像為文化史學者提供了有用的證據。確實，這是不可或缺的。潘諾夫斯基在他的著作《哥特建築與經院哲學》（*Gothic Architecture and Scholasticism*，1951）中格外關注圖像學詮釋的層次，他在文中探討的是十二與十三世紀哲學與建築系統間的同質性。

　　有關潘諾夫斯基的圖示層次，對應的是古典學者弗里德里希·阿斯特（Friedrich Ast，1778–1841）所區分的三個文學層次，阿斯特是詮釋文本藝術（詮釋學）的先驅：文字或文法層次、歷史層次（關於意義），以及文化層次，關注的是掌握古代或其他時期的「精神」（*Geist*）。換句話說，潘諾夫斯基及其同事們是將詮釋文本的獨特德國傳統，運用或改編到圖像之上。

　　讀者應該留意一點，之後接管了「圖像學」一詞的藝術史學者，有時會以不同於潘諾夫斯基的方式使用它。例如，對於貢布里希而言，這個詞指涉對繪畫計畫的重建，大幅縮窄企劃範圍，這牽涉到貢布里希對潘諾夫斯基圖像學的質疑，他認為後者只是試圖將圖像解讀為「時代精神」表現的另一種說法。而對於荷蘭學者艾迪·德·約恩

（Eddy de Jongh）來說，圖像學是「試圖在歷史脈絡下，解釋再現作品與其他文化現象的關聯」。[3]

　　至於潘諾夫斯基則堅持圖像是整個文化的一部分，不了解這個文化就無法理解圖像，因此，引用他說過的一個生動例子：一名澳洲的叢林人「無法解讀出最後晚餐的主題；對他來說，這只表達出一場歡樂晚宴的概念。」在面對印度教或佛教的宗教圖像時，大多數讀者很可能也會落入類似的情況（第三章）。若要解讀其中訊息，勢必要熟悉文化符碼。

　　若缺乏古典文化的適當知識，我們便無法閱讀許多西方繪畫，無法認出其中指涉的希臘神話或羅馬歷史事件。比方說，若我們不知道在波提切利的《春》（*Primavera*，圖16）裡那名穿戴著涼鞋與尖帽的年輕人是信使神赫密士（Hermes，或墨丘利Mercury）；或是不知道那三名跳舞的女孩是美惠三女神（the Three Graces）的話，我們可能就無法理解這幅畫的意義（即使具備了這樣的知識，可能還是有各樣的問題）。同樣地，若我們不明白在提香所繪的強暴場景中（The *Rape of Lucretia*，圖17），主角是塔克文（Tarquin）和羅馬貴婦盧克麗霞（Lucretia）的話，我們也會抓不到故事的重點：羅馬歷史學者李維（Livy）筆下的故事是為了展現盧克麗霞的美德（她因不甘受辱而自

3　Ernest H. Gombrich, 'Aims and Limits of Iconology', in his *Symbolic Images* (London, 1972), pp. 1–25, at p. 6; de Jongh, 'Approach'; cf. Robert Klein, 'Consid.rations sur les fondements de l'iconographie' (1963: reprinted in *La Forme et l'intelligible* [Paris 1970], pp. 353–74).

【圖16】有赫密士和美惠三女神的細部特寫，取自波提切利的《春》（*Primavera*），約1482年，木板蛋彩。佛羅倫斯烏菲茲美術館。

【圖17】提香，《強暴盧克麗霞》（*The Rape of Lucretia*），1571年，畫布油畫。劍橋菲茨威廉博物館（Fitzwilliam Museum）。

盡），並說明羅馬人為何會驅逐國王並建立起共和國。

圖像學方法的例證

　　瓦堡學派一些最重要的成就是關於義大利文藝復興繪畫的詮釋。
就以提香的《神聖和世俗之愛》（*Sacred and Profane Love*，圖18）為
例。在前述有關圖像描述的層次上，我們看見兩名女子（一名裸體、
一名穿衣）、一個嬰孩和一座當作水池之用的陵墓，這些全座落在自
然風景的背景中。若轉向圖像誌的分析，熟悉文藝復興藝術的人可能
會說，認出畫中嬰孩是丘比特相當輕而易舉，但要解碼這幅畫的其餘
部分則不那麼容易了。柏拉圖對話《會飲篇》（*Symposium*）中的一
段，提供了這兩名女子身份的重要線索：保薩尼亞斯（Pausanias）的

【圖18】提香，《神聖和世俗之愛》（*Sacred and Profane Love*），1514年，畫布油畫。羅
馬博爾蓋塞美術館（Galleria Borghese）。

演說中談到「神聖」和「粗俗」的愛神，而人文學者馬爾西利奧·費奇諾（Marsilio Ficino）將其解讀為精神與物質的象徵，知性之愛與肉體慾望。

而在更深層的圖像學層次，這幅畫絕佳地展現出在義大利文藝復興所謂的「新柏拉圖」運動時期，人們對於柏拉圖及其弟子所抱持的熱忱。在圖像學進程裡，提香所處的十六世紀早期義大利北方氛圍下，為這個運動的重要性提供關鍵證據。而人們對這幅畫的接受度，也能告訴我們關於裸露身體的態度史，尤其是從讚頌到存疑的轉變。在十六世紀早期的義大利（就像柏拉圖時代的希臘），把神聖的愛和裸體女子連結起來是很自然的事，因為當時是以正面的角度看待裸體。在十九世紀，對於裸體的設想轉變了，尤其是女性裸體，於是對觀者來說──必須說這是簡單的常識──穿衣的維納斯明顯代表的是神聖的愛，而裸體，如今則和世俗連結在一起。義大利文藝復興時裸體圖像的頻繁程度，若和中世紀時的稀少程度相比，又提供了另一項重要線索，說明在數世紀中人們認知身體的方式產生轉變。

姑且不論詮釋的部分，只集中在所演示的研究方法上的話，可以凸顯出三個重點。第一，在試圖重建所謂圖像誌「計畫」時，學者常將事件所打散的圖像拼湊起來，將那些原本應一併閱讀，但如今四散在世界各地博物館及藝廊的繪畫結合起來。

第二點是，圖像誌學者需要有關注細節的眼光，不僅是像莫雷利說的指認藝術家而已（第一章），還要能識別文化上的意義。莫雷利

也意識到這點，並且在一篇對話中解釋方法，他創造了一個有智慧的
老佛羅倫斯人角色，老人告訴主角說，人們在肖像中的臉孔反映出關
於他們的時代歷史，「如果知道怎麼讀的話」。同樣地，在《神聖和世
俗之愛》中，潘諾夫斯基留意到背景中的兔子，解釋牠們是生育力的
象徵，而溫德則專注在裝飾水池的浮雕上，浮雕上刻著一名被鞭打的
男子和一匹未上轡頭的馬，溫德解釋他們指的是「異教之愛的起始儀
式」。[4]

　　第三點是，圖像誌學者一般進行的方式，是把文字和其他圖像並
置在他們想要詮釋的圖像旁。有些文字是在圖像本身上找到的，以
標籤或銘刻形式出現，成為藝術史學者彼得・魏格納（Peter Wagner）
所謂的「圖像文本」（iconotext），觀者可以就字面及譬喻意義上「閱
讀」。其餘的文字是由歷史學者挑選出的，目的是為了釐清圖像的意
義。例如，瓦堡在對《春》的研究方法中，便提到羅馬哲學家塞內卡
（Seneca）曾將墨丘利和美惠三女神聯繫起來，文藝復興人文學者萊
昂・巴蒂斯塔・阿伯提（Leon Battista Alberti）則曾建議畫家們將三
美神呈現為手牽手的樣子，另外，在波提切利的時代還有許多顯示三
美神的徽章在佛羅倫斯城內流通。[5]

4　Panofsky, *Iconology*, pp. 150–55; Edgar Wind, *Pagan Mysteries in the Renaissance* (1958: 2nd edn Oxford, 1980), pp. 121–8.

5　Aby Warburg, *The Renewal of Pagan Antiquity* (1932: English trans. Los Angeles, ca, 1999), pp. 112–15.

　　我們如何能夠肯定這些並置是恰當的？比方說，文藝復興藝術家都了解古典神話嗎？波提切利和提香都沒受過正式學校教育，不太可能讀過柏拉圖。為了回應這項反駁，瓦堡和潘諾夫斯基成立一套關於人文學者顧問的假設，這名顧問會設計出複雜圖像的圖像誌計畫，再交由藝術家執行。而關於這類計畫的文獻證據則相對稀少。另一方面，義大利文藝復興的畫家們常有機會和人文學者交談，在波提切利的例子中是和費奇諾交談；在提香的例子則是和皮耶特羅・班波（Pietro Bembo）。因此，若說在他們的作品中可以找到各種關於古希臘羅馬文化的典故，也並非不合理。

圖像學方法的批評

　　圖像誌研究方法常被批評為過於直覺、過於推斷，因此不足以採信。圖像誌計畫偶爾會記錄在現存的文獻中，但一般來說，它們需要從圖像本身推斷，在這樣的情況下，若說，這是類似於把拼圖的不同碎片拼湊起來，雖然很傳神，但多少有點主觀。正如對《春》的新詮釋成了永無止盡的傳說一般，這說明了識別畫中元素，要比推敲出這些元素背後結合的邏輯容易得多。圖像學詮釋仍然較屬於推測性質，並且圖像學者也面對另一個風險，就是他們在圖像中所發現的，正是他們早已知道會出現的：時代精神。

　　圖像誌研究方法的缺失，可能也由於缺乏社會面向，對於社會脈

絡的無視。眾所周知，潘諾夫斯基對於社會藝術史即使不算敵視，也相當漠不關心，他的目標是發掘圖像的「真正」意義，而不去問「對誰有意義？」。但藝術家、委託作品的贊助者，以及其他同時代的觀者，可能不會以同樣的角度觀看既定的同幅圖像。我們無法假定，他們全對人文學者和圖像誌學者的想法感興趣。例如，西班牙國王費利佩二世（Philip II of Spain）委託提香製作古典神話的場景。有人認為，費利佩對於新柏拉圖式的寓言或特定神話再現的興趣，還比不上對美女圖畫的興趣，這點似乎有理。提香在寫給國王的信中，將自己的畫作形容為「詩」，並未提及任何哲學概念。[6]

確實，若假設身為人文學者的潘諾夫斯基，如此熱衷辨識古典典故也能獲得十五及十六世紀多數觀者的欣賞，這未免不太明智。文字有時提供我們寶貴證據——誤解，例如當代觀者把一名神祇或女神當成另一名，或是一名熟悉基督教勝過古典傳統的觀眾把帶翅的勝利女神當成天使。正如宣教士有時會不自在地發現，改信基督教的人仍會傾向維持自身傳統來看待基督教圖像，例如將聖母瑪利亞視為佛教的觀音娘娘或墨西哥的女神托南特辛（Tonantzin），或是把聖喬治視為西非戰神奧貢（Ogum）的版本之一。

圖像誌研究方法的另一個問題是，操作者經常不夠留意圖像的多

6　Charles Hope, 'Artists, Patrons and Advisers in the Italian Renaissance', in *Patronage in the Renaissance*, ed. Guy F. Lytle and Stephen Orgel (Princeton, NJ, 1981), pp. 293–343.

樣性。潘諾夫斯基和溫德對於繪畫的寓言有敏銳眼光，但圖像並不總是寓言性。正如我們會在後面章節談論的，一幅知名的十七世紀荷蘭日常生活場景是否帶有隱涵意義，這點仍有待爭議（第五章）。惠斯勒便挑戰這樣的圖像誌研究方法，他將自己的一幅利物浦船主肖像稱作「黑色配置」，彷彿他的目標並非再現，而是純粹的美學。同樣地，在處理超現實主義的畫作時，圖像誌研究的方法可能需要調整，因為像薩爾瓦多・達利（Salvador Dalí，1904–1989）這樣的畫家正是拒斥連貫計畫的想法，而是試圖傳達潛意識的關聯。我們或許可以將惠斯勒、達利和莫內（Claude Monet，1840–1926，如下述）這類藝術家們，形容為「抗拒圖像誌研究」的詮釋。

　　關於抗拒，導致對這套方法的最後一項批評，是假定圖像在闡述想法，並且視內容大過形式、人文學者顧問大過真正的畫家或雕刻家。這就顯得太過文學性或邏輯中心主義。這樣的假定問題在於：第一，形式絕對是訊息的一部分。第二，圖像也常喚起情緒，就像傳達嚴謹意義上的訊息一樣。

　　至於圖像學詮釋，在假定圖像會傳達「時代精神」這方面，許多人已指出當中的危險，尤其如貢布里希對豪澤爾、赫伊津哈以及潘諾夫斯基的批評。若假定一個時代具有文化上的同質性，這樣做並不明智。在赫伊津哈的例子上，他從中世紀末法蘭德斯的文學和繪畫中，推論出當時存在著與病態或死亡相關的感性，但漢斯・梅姆林（Hans Memling，約1435–1494）則是一名反例，這位畫家在十五世紀「廣

受讚賞」，但卻欠缺了當時同行的「病態專注」。[7]

簡言之，二十世紀早期發展的這種圖像詮釋的特定方法，可能在某些方面會被批評為太精確狹隘，另一方面則是太模糊。若是籠統地討論，就會冒著低估圖像多樣性的風險，更別提那些圖像可能有助各樣歷史問題。例如，科技史學者和心態史學者來到圖像前，抱持的是不同的需求和期待。因此，接下來的幾章將集中在宗教、權力、社會結構與事件等不同領域上。若這一章可以歸納出一個廣泛結論的話，那可能就是歷史學者需要圖像誌研究，但也需要超越它。他們需要以更系統化的方式操作圖像學，可能會涉及使用精神分析、結構主義，特別是接收理論（reception theory），這些方法將不時被引用，並且在本書最後一章中會更加完整明確地進行討論。

風景

潘諾夫斯基提出的第二與第三層次，很可能看來和風景沒有太大關聯，但正因如此，風景讓我們能夠格外清楚看見圖像誌研究和圖像學詮釋方法的強項和弱點。我刻意模糊「風景」一詞，不僅用它來指涉繪畫和素描中的風景畫，同時也指風景的土地本身，因為土地也已

7　Ernest H. Gombrich, *In Search of Cultural History* (Oxford, 1969); K. Bruce McFarlane, *Hans Memling* (Oxford, 1971).

受到「風景園藝」及其他人工介入而轉變。

　　圖像誌研究方法的其中一個強項是，它同時啟發地理學者和藝術史學者，並以新的方式解讀自然風景。在花園和公園的例子上，土地本身的圖像誌格外明顯。還有些典型或象徵性的風景，它們以具有特色的植被象徵國家，從橡樹到松樹、從橄欖樹到尤加利樹。例如，當英國林業委員會在傳統英國落葉林生長的地方種植松樹時，便激起了人們的憤怒，我們可藉此衡量出這類象徵意義的重要性。8

　　如果自然風景是一幅可以閱讀的圖像，那麼所繪的風景就是圖像中的圖像。在風景畫的例子上，圖像誌研究方法的弱點可能相當明顯。若說風景畫家只是要為觀者帶來美學上的愉悅，而不是傳達某項訊息，這似乎不過是種常識。有些如莫內這樣的風景畫家，更是拒斥意義，完全專注在視覺感知上。當他在一八七二年畫下勒阿弗爾（Le Havre）的一幅景象時，只把它稱為《印象：日出》（*Impression: Sunrise*）。同樣地，在一個既定的文化中，什麼才是「常識」，這需要歷史學者和人類學者將其視作文化體系的一部分共同進行分析。在風景的例子中，樹木和田野、岩石和河流，都應該強調會為觀者帶來有意識或無意識的聯想，9這裡指的是來自特定時期與特定地方的觀者。在某些文化中，人們並不喜愛或甚至懼怕野生自然，而在另一些文化

8　Ronald Paulson, *Emblem and Expression* (London, 1975); Denis Cosgrove and Stephen Daniels, eds, *The Iconography of Landscape* (Cambridge, 1988).

9　Simon Schama, *Landscape and Memory* (London, 1995).

中卻是人們敬拜的對象。繪畫顯示，包括無知、自由和崇高等各樣價值，全都投射在大地之上。

例如，「田園風景」（pastoral landscape）一詞的產生，是用來形容喬久內（Giorgione，約1478–1510）、克勞德‧勞倫（Claude Lorrain，1600–1682）等人的繪畫。因為他們表現出鄉間生活的理想化版本，尤其是牧羊男女的生活，類似於忒奧克里托斯（Theocritus）和維吉爾（Virgil）以降的西方田園詩傳統。這些風景畫似乎影響人們對真實風景的感受。在十八世紀晚期的英國，「觀光客」們（詩人華茲渥斯，便是最早用這個詞稱呼他們的人之一）手持旅遊指南，來到湖畔等地時，就像看到勞倫的一系列畫作般，將眼前景象形容為「如畫」（picturesque）風景。這種如畫的概念說明了一點，也就是圖像影響著我們對世界的感知。自從一九〇〇年以來，普羅旺斯的觀光客前往觀看當地風景，彷彿那是塞尚創作的一樣。宗教經驗也有部分是由圖像所形塑的，我們往下即將看見（第三章）。

考量到對田園的聯想，莫內那幅有著冒煙工廠煙囪風景的《火車》（*The Train*，1872），很可能震驚早先的一群觀者，因為即使是在一些十九世紀美國風景畫中遠方的渺小火車，也可能會令人挑起眉頭。而更難回答的問題是，藝術家們之所以引入這些火車，是否因為他們崇尚進步，就像墨西哥壁畫畫家迪亞哥‧里維拉（Diego Rivera，1886–1957）那樣，他在一九二六年的壁畫中所頌讚的正是牽

引機和農業機械化。[10]

　　最後這點暗示著風景也能喚起政治聯想，或甚至傳達某種意識形態，例如國家主義。一九〇〇年左右，瑞典的尤金王子（Prince Eugen）和其他一些畫家，選擇描繪所謂的「北歐自然，有著純淨空氣、剛毅輪廓和強烈色彩」。我們可以說，此時的大自然被國家化，轉變成祖國的象徵物。[11]在十二世紀的英國，土地聯繫著英國性（Britain）和公民身份，也聯繫著受到現代性、工業與城市所威脅的「有機社會」村莊。[12]

　　同樣地，有人敏銳地觀察到，十八世紀的英國風景畫家並未考慮農業革新，並且忽略近日封閉的田地，他們更喜愛將土地展現成過往美好日子的模樣。[13]約翰‧康斯特勃（John Constable，1776–1837）的風景畫也是類似意味，他的畫作繪製於工業革命期間，常被解讀為反工業態度的表現，因為畫中省略了工廠。工廠當然不是康斯特勃筆下的埃塞克斯或威爾特郡風光的一部分，但在風景畫和英國工廠兩者的

---

10 Barbara Novak, *Nature and Culture: American Landscape and Painting, 1825–1875* (1980: rev. edn New York, 1995).

11 R. Etlin, ed., *Nationalism in the Visual Arts* (London, 1991); Jonas Frykman and Orvar Löfgren, *Culture Builders: A Historical Anthropology of Middle-class Life* (1979: English trans. New Brunswick, NJ, 1987), pp. 57–8; Albert Boime, *The Unveiling of the National Icons* (Cambridge, 1994).

12 David Matless, *Landscape and Englishness* (London, 1998).

13 Hugh Prince, 'Art and Agrarian Change, 1710–1815', in Cosgrove and Daniels, *Iconography*, pp. 98–118.

興起之間，時間上的巧合仍令人感到既有趣又不安。

　　在同一時期，人們也顯現對野生自然的嶄新熱忱，尤其是尋訪山林的行程越來越受歡迎，並且也有整部關於這類主題的書籍出版，例如作家威廉·吉爾平（William Gilpin，1724–1804）的《關於如畫之美的觀察》（*Observations Relative to Picturesque Beauty*，1786）。似乎，對自然的破壞，或者至少威脅到它，是欣賞自然美學的必要條件。英國鄉間已具有失樂園的意味。[14]

　　更廣泛來說，至少在西方，自然經常象徵著政權。保守主義的思想家埃德蒙·伯克（Edmund Burke，1729–1797）曾形容英國貴族制度為「大橡樹」，並將如樹木般自然成長的英國憲法，對比著法國革命後的「幾何」人為憲法。另一方面，對自由派而言，自然代表著自由，對比於君主專制相關的秩序與約束，凡爾賽宮及其諸多模仿物的對稱花園，正是這種政權的代表。森林以及居住其中的法外之徒，例如著名的羅賓漢，則是自由的古老象徵。

　　帝國的風景引發了另一項主題，例如剝奪。有人認為，人物在美國風景中缺席，「比在歐洲承載了更多的意義」。在紐西蘭的例子中，也有人提出「空無一人的風景所喚起的……不能僅僅視為圖示或美學上的宣言」（圖19）。無論有意無意，藝術家抹除了原住民，彷彿闡

14　Keith Thomas, *Man and the Natural World* (London, 1983); Ann Bermingham, *Landscape and Ideology: The English Rustic Tradition, 1740–1860* (London, 1986)

【圖19】麥卡洪,《塔卡卡－夜與日》(*Takaka – Night and Day*),1948年,木板上畫布油畫。紐西蘭奧克蘭美術館(Auckland Art Gallery Toi o Tāmaki)。

明著「處女地」的想法,或是紐西蘭是塊「無人之地」的法律原則,就像澳洲和北美洲一樣。藉由這樣的方式,白人殖民者便獲得了合法位置。繪畫所記錄的,可能也就是所謂的「殖民凝視」(第七章)。[15]

　　即使在風景的例子中,圖像誌研究和圖像學詮釋方法仍佔有一席之地,協助歷史學者重建過往的感性。而在宗教圖像的例子中,它們的功能更加明顯,下一章將繼續討論。

---

15 Novak, *Nature*, p. 189; Nicholas Thomas, *Possessions: Indigenous Art and Colonial Culture* (London, 1999), pp. 20–23.

3

神聖與超自然

用可見之物表現不可見者，便不致犯錯。

（*Ab re non facimus, si per visibilia invisibilia demonstramus.*）

聖額我略一世

藝術不是複製可見，而是使物可見。

（*Kunst gibt nicht das sichtbar wieder, aber macht sichtbar.*）

保羅・克利（Paul Klee）

在許多宗教裡，圖像在創造神聖經驗方面扮演關鍵角色，[1]表達且形塑（並記錄）不同時代與文化中對超自然所抱持的不同觀點：對於神祇與惡魔、聖人與罪人、天堂與地獄等的觀點。至少可以說，我們發現在西方文化中，鬼魂的圖像在十四世紀之前是很少見的，而魔鬼的圖像在十二世紀之前也很少見。不過從第九世紀開始偶爾可以找到一些，這點很有趣。魔鬼多毛、長角、帶有爪子和尾巴、翅膀像蝙蝠，並且手持一支乾草叉，這樣的形象已發展了很長一段時間。[2]

對宗教史學者來說，描繪單一主題的圖像在一段時序中的發展系列，是格外有價值的資料來源。例如在一九六〇年代，法國歷史學者米歇爾·沃維爾（Michel Vovelle）和妻子研究了一系列出自普羅旺斯的祭壇畫，畫中再現的是煉獄中的靈魂，他們將其視為心態史、情感史以及獻身史的來源，並形容「隨著長久以來人類對於死亡態度的改變，圖像成了最重要的紀錄之一」。

在這份研究中，沃維爾夫婦就這些圖像分析年表、地誌與社會學，指出在一六一〇到一八五〇年之間圖像的製作，數量維持不變，這意味著法國大革命在普羅旺斯人的心態方面並不是個轉捩點。他們

---

1 Jean Wirth, *L'image médiévale: Naissance et développement* (Paris, 1989); Françoise Dunand, Jean-Michel Spieser and Jean Wirth, eds, *L'image et la production du sacré* (Paris, 1991).

2 Jean-Claude Schmitt, *Ghosts in the Middle Ages* (1994: English trans. Chicago, il, 1998), p. 241; Luther Link, *The Devil: A Mask without a Face* (London, 1995); Robert Muchembled, *Une histoire du diable (12e–20e siècles)* (Paris, 2000).

也做了圖像的主題分析，留意到聖徒作為中介者的形象變少了，而十七世紀強調的受難靈魂，轉變成十八世紀著重釋放的圖像。沃維爾夫婦也指出，這些改變似乎是由宗教命令所發起，並且在傳入世俗之前，先由宗教團體所接受。他們以這樣的方式，為反宗教改革的當地歷史做出貢獻。[3]

　　圖像經常作為教化方式、教派物件、冥想刺激與爭議武器。因此，它們也是歷史學者重建過去宗教經驗的方式，當然，這是說如果他們能夠解讀其中圖像誌的話。在接下來的篇幅，上述四種功能將受到逐一討論。

圖像與教化

　　對大多數西方人而言，在面對其他宗教傳統圖像時，顯然需要先具備某種知識，作為理解這些宗教圖像意義的先決條件。例如，解讀佛陀手勢的意義時，佛陀右手觸地是呼喚大地作為他已開悟的見證，這就需要佛教經卷的知識。類似的情況還有，人們也必須具備一些印度教教義的知識，才能識別某些作為神祇的蛇；或是認出有顆象頭的形體是象神葛內舍（Ganesha）；又或是與牛奶女工嬉戲的藍色青年是

3　Gaby Vovelle and Michel Vovelle, *Vision de la mort et de l'au-delà en Provence* (Paris, 1970), p. 61.

黑天神克里希那（Krishna），更不用說是解讀他對那些女孩施行法術的宗教意涵了。在十六世紀，前往印度參觀的歐洲人有時把印度神明的圖像理解成惡魔。有著許多手臂或動物頭顱的「怪物」打破了西方再現神聖之物的規則，這類事實，於是加強人們將非基督宗教視為惡魔的傾向。

同樣地，當西方觀者面對跳舞的濕婆神（Shiva）圖像——一種稱為濕婆「舞蹈之王」納塔羅闍（*Nataraja*）的形態。他們可能無法了解這是一種宇宙之舞，象徵著創造或是毀滅世界的動作（雖然通常表現在這個神明周圍的火焰，已提供箇中象徵的線索）。他們甚至更不可能解讀濕婆的手勢或密印（*mudra*），比方可能翻譯為「無畏」的護法印。[4]

不過，對局外人來說，基督教傳統也同樣難以理解，如同潘諾夫斯基在最後晚餐的例子中所指出（第二章）。若不清楚圖像學的慣例或聖徒的言傳，就不可能分辨出在地獄和在煉獄中焚燒的靈魂，或是分辨把自己雙眼放在盤子上的女人（聖路濟亞）和把自己胸部放在盤子上的女人（聖亞加大）。

這時，圖像誌研究很重要，因為圖像是「教化」的一種方法，就這個詞最原始的意義來說，是宗教教義的溝通。教宗聖額我略一世

4　Heinrich Zimmer, *Myths and Symbols in Indian Art and Civilisation* (1946: 2nd edn New York, 1962), pp. 151–5; Partha Mitter, *Much Maligned Monsters: History of European Reactions to Indian Art* (Oxford, 1977).

（約540–604）就這個主題的評論，數世紀以來一再被引述：「把圖畫放在教堂，好讓那些無法從文的人能夠藉由觀看牆上的畫來『閱讀』」（*in parietibus videndo legant quae legere in codicibus non valent*）。[5]

把畫視為文盲聖經的觀點已遭到批評，理由是許多教堂牆上的圖像太過複雜，一般人難以理解。不過，神職人員可能已經在口頭上解釋過圖像內容和所闡釋的教義，圖像本身是作為口頭信息提醒和強化，而不是獨立資訊來源。回到證據問題，在圖像所訴說的故事和聖經所訴說的故事之間，兩者差異格外有意思，可視為一般人民如何看待基督教的線索。因此，馬太福音中簡短提及的觀星學者和他們獻上的禮物，以及馬可福音中提到的基督降生馬槽，在無數幅描繪牛驢和三位智者加斯帕（Gaspar）、巴爾大撒（Baltasar）和墨爾基（Melchior）的繪畫中，這些都變得更加詳細生動，尤其十四世紀以後更是如此。

在圖像學的層次上，宗教圖像風格的變化同樣為歷史學者提供寶貴的證據。用來激發情感的圖畫，無疑可以作為這類情感史的文獻。例如，這些圖畫暗示著在中世紀後期，人們特別關注痛苦。有段時間，對釘子、長矛等受難（Passion）物件的膜拜達到高峰。也是在這個時候，扭曲可悲的受苦基督取代了傳統十架上莊嚴尊貴的基督君王

5　Lawrence G. Duggan, 'Was Art really the "Book of the Illiterate"?', *Word and Image*, V (1989), pp. 227–51; Danièle Alexandre-Bidon, 'Images et objets de faire croire', *Annales: Histoire, sciences sociales*, LIII (1998), pp. 1155–90.

形象，如同人們在中世紀時說的「從樹上統治」。十一世紀丹麥一只被稱為「亞比十架」（Aaby Crucifix）的十架受難像，和十四世紀德國一只如今收藏於科隆的十架受難像（圖20、21），兩者之間的確是個戲劇化的對比。

另一方面，在十七世紀，人們似乎更加關注狂喜的形象，其中最著名的表現便是吉安‧洛倫佐‧貝尼尼（Gian Lorenzo Bernini）體現《聖德蘭的狂喜》（Ecstasy of St Teresa，1651）的雕塑。[6]

聖像膜拜

圖像遠不只是傳播宗教知識的方式而已，它們本身就是媒介，人們將神蹟歸功於它們，也將它們當作膜拜的對象。例如，在東方基督教國家，聖像在過往（至今依然）擁有相當特殊的地位，無論是單獨陳列或是在聖幛上並排陳列，所謂的聖幛，就是在宗教儀式進行時，將祭壇從平信徒眼前隱藏起來的屏障。聖像依循不同於攝影寫實主義的慣例，以格外清晰的方式展示出宗教圖像的力量。基督、聖母或聖

---

6 Emile Mâle, *L'art religieux de la fin du Moyen Age en France* (Paris, 1908); Mâle, *L'art religieux de la fin du seizième siècle: Etude sur l'iconographie après le concile de Trente* (Paris, 1932); Richard W. Southern, *The Making of the Middle Ages* (London, 1954); Mitchell B. Merback, *The Thief, the Cross and the Wheel: Pain and the Spectacle of Punishment in Medieval and Renaissance Europe* (London, 1999).

【圖20】亞比十架，十一世紀後半，銅包木雕祭壇屏風。丹麥國立博物館。

【圖21】十架受難像，1304年，木雕。科隆卡比托利歐聖瑪利亞教堂（S. Maria im Kapitol）。

徒的姿勢通常是正面的，直視著觀者，因此也鼓勵觀者將眼前的物件當人看待。那些關於聖像落入海中但又自行上岸的傳說，又更加強了這些圖像具有自治力量的印象。

　　圖像膜拜也出現在西方基督教國家，從墨西哥的瓜達露佩聖母（Virgin of Guadalupe）到波蘭的琴斯霍托瓦黑色聖母（Black Madonna of Cz stochowa），或是位於佛羅倫斯附近一座教堂內的因普魯內塔聖母（Santa Maria dell'Impruneta）圖像。一六二〇年洛林（Lorraine）藝術家雅克・卡洛（Jacques Callot，約1592–1635年）的一幅蝕刻版畫展示因普魯內塔市集的景象，這座市集正是由於這幅圖像的朝聖者眾多而蓬勃發展。威尼斯共和國也是設在另一幅名為聖路加聖母（St Luke's Madonna）的聖母像保護之下，這幅圖像稍晚在十三世紀時遭康士坦丁堡掠奪。從中世紀晚期開始，向特定圖像祈禱的人會得到赦免，換句話說，就是在煉獄的時間被豁免。這些圖像中也包括「韋洛尼加面紗」（Veronica），也就是展示在羅馬聖彼得教堂裡的基督「真正面容」。

　　敬拜者為了見到圖像，進行漫長的朝聖之旅，他們在圖像座前鞠躬屈膝、親吻它們：尋求幫助。例如，因普魯內塔聖母的圖像經常被帶上遊行，用來祈雨或是保護佛羅倫斯人免於政治威脅。[7]委託製作圖

7　Richard Trexler, 'Florentine Religious Experience: The Sacred Image', *Studies in the Renaissance*, XIX (1972), pp. 7–41.

像，是表達蒙福感恩的方式，例如逃過災難或是疾病康復。今日仍可
看到許多這種「還願圖像」，例如在義大利或是普羅旺斯的一些聖壇
內，這是為了履行對某位聖徒的誓願（圖4，p35）。它們記錄了一般
人的期望和恐懼，並且見證奉獻者和聖徒之間的緊密關係。[8]

　　還願圖像不是基督徒獨有，在日本寺院中也會看到，透露出人們
同樣在意疾病與災難，在基督教之前已經出現。在西西里島的阿格里
真托（Agrigento），有間教堂塞滿了還願物，銀製的（較近期的則是
塑膠製的）手、腿與眼。不遠處，有間古典文物的博物館收藏陶土做
的類似物件，日期回溯到基督年代之前。這些圖像證明著異教與基督
教之間的重要聯繫。可能沒有留下太多文字紀錄，但對於宗教史學者
來說卻具有高度的重要性。

圖像與靈修

　　自從中世紀晚期以來，圖像似乎在宗教生活中扮演著越來越重要
的角色。在一四六〇年代，一系列描繪聖經故事的圖畫開始流通印
刷，這些私人擁有的繪畫越來越有助於個人靈修——對那些支付得起
畫作的人而言。這些繪畫在形式和功能上都不同於上述的聖像，它們

8　Bernard Cousin, *Le Miracle et le Quotidien: Les ex-voto provençaux images d'une société* (Aix, 1983); David Freedberg, *The Power of Images* (Chicago, IL, 1989), pp. 136–60.

強調所謂的「戲劇特寫」，專注於某個神聖故事中的特定時刻。[9]在那些由真人尺寸的彩色人物所示演的新約場景中，甚至以更戲劇化的方式體現類似效果，例如聖瓦拉洛山（Sacro Monte of Varallo），義大利北方朝聖者經常造訪的一座聖山，裡面滿是十六世紀晚期的雕塑。當這類圖像在場時，很難不覺得自己真的站在基督時代的聖地。[10]

　　安慰生病、垂死，以及即將被處決的人，靈修圖像也扮演重要的角色。例如，在十六世紀的羅馬，陪同罪犯前往處決地點是聖若翰洗者斬首公會（Archconfraternity of San Giovanni Decollato）雜役修士的責任，他們向罪犯展示十架釘刑或卸下十架的小張圖片（圖22）。這種做法被形容為「一種視覺麻醉，用來麻痺死刑犯在前往絞刑台的恐怖路途上，所感到的恐懼與痛苦」。值得強調的一點是，這些圖像鼓勵受刑人對基督的受難感同身受。[11]

　　這種聖像的新形式也和某些宗教冥想實踐的傳播有關。十三世紀作者佚名的《基督生平默想》（*Meditations on the Life of Christ*，傳為聖方濟修士聖文德〔St Bonaventure〕所著）是關於藉由專注在微小細節上，使神聖事件獲得強烈具象化。例如，在基督降生的例子上，文中鼓勵讀者想像牛和驢，以及跪在自己兒子前的聖母。在最後晚餐的

9　Sixten Ringbom, *From Icon to Narrative* (Åbo, 1965); Hans Belting, *Likeness and Presence* (1990: English trans. 1994), pp. 409–57.

10　Freedberg, *Power*, pp. 192–201; cf. Merback, *Thief*, pp. 41–6.

11　Samuel Y. Edgerton, *Pictures and Punishment: Art and Criminal Prosecution during the Florentine Renaissance* (Ithaca, ny, 1985).

【圖22】《卸下十架》，十六世紀，畫板。羅馬聖若翰洗者斬首堂。

例子上，他解釋道：「你必須知道，根據古代習俗，桌子是接近地面的，而他們都坐在地上。」十五世紀一位義大利傳教士說明了這種操作的理由：「所見比所聽易感」。[12]

　　類似的情況還有，在聖文德之後三百年，由聖依納爵‧羅耀

---

12 Mâle, *Moyen âge*, pp. 28–34; Michael Baxandall, *Painting and Experience in Fifteenth-century Italy* (Oxford, 1972), p. 41.

拉（St Ignatius Loyola）所著，一五四八年出版的靈修手冊《靈性操練》（*Spiritual Exercises*），也告訴讀者或聽眾要在心靈的眼中看見地獄、聖地和其他地方，羅耀拉將這種實踐形容為「地點構成」。羅耀拉鼓勵人們製造出「想像地獄長、寬、深的鮮明描繪」、「烈火」和「身體著火」的靈魂。羅耀拉的文字最初並未配上插圖，但在十七世紀另一位西班牙耶穌會會士塞巴斯提亞諾・伊斯奎爾多（Sebastiano Izquierdo，1601–1681）的註釋中則加上了版畫圖片，任務是幫助讀者具象化。[13]

　　從對聖像有意識的冥想，到顯然是「顯靈」的宗教異象之間，並不是很遠的距離。無論如何，宗教異象經常反映出物質圖像。指控聖女貞德（約1412–31年）的異端與巫術審判顯示，英國審問者相信她看見的聖米迦勒（St Michael）和其他天使的異象，是從圖畫來的靈感，儘管貞德否認這點。關於中世紀晚期聖徒聖加大利納（Catherine of Siena）和彼濟達（Bridget of Sweden）的研究，也顯示出類似說法。[14]亞維拉的聖德蘭（St Teresa of Avila，1515–1582）靈性豐富的一生也是深獲圖像滋養──目前已知有幅特定的基督受難圖像帶給她特別強烈的印象。我們不禁懷疑，有關她被天使用箭刺穿的知名狂喜經驗，是否因為受到圖像的啟發，而貝尼尼接著又以圖像再現這段經

13　Mâle, *Trente*; Freedberg, *Power*.

14　Millard Meiss, *Painting in Florence and Siena after the Black Death* (Princeton, NJ, 1951), pp. 117, 121; Frederick P. Pickering, *Literature and Art in the Middle Ages* (1970), p. 280.

驗。[15]同樣，十七世紀的俄國，在尼孔（Nikon）牧首的異象中所出現的基督，與聖像中的模樣一致。[16]

天堂中聖人的正面形象，有著與之對應的地獄及魔鬼反面形象，這也同樣值得研究。今日，例如希耶羅尼米斯・波希（Hieronymus Bosch，約1450–1516）的地獄圖像，對我們多數人來說可能比月球甚至火星的圖像更為陌生。我們需要用心理解，當時的人們相信他們有天可能會見到波希所意指的地方，而藝術家並不只單靠自己的想像，也是靠流行的異象文獻而作畫。埃米爾・馬勒曾將中世紀的怪誕形容為「來自人們意識的深處」。這類圖像提供歷史學者寶貴的線索，用以了解不同文化中個人與群體的不安感──只要他們能解讀的話。[17]

例如，地獄與惡魔的圖像變化，可能幫助歷史學者建構與恐懼有關的歷史，有些學者已涉獵研究，其中，如知名的法國學者尚・德呂茂（Jean Delumeau）。[18]正如我們先前提到的，惡魔的圖像在十二世紀之前相當少見。它們為何在此時變得普及起來？新的慣例規定哪些東西能（或應該）在視覺上呈現，而我們可以在這些慣例中找到問題的答案嗎？或者，惡魔圖像的興起，是否告訴我們關於宗教上或甚至集

---

15 Mâle, *Trente*, pp. 151–5, 161–2.

16 James Billington, *The Icon and the Axe* (New York, 1966), p. 158.

17 Walter Abell, *The Collective Dream in Art* (Cambridge, MA, 1957); Link, *Devil*, p. 180.

18 Abell, Dream, pp. 121, 127, 130, 194; Jean Delumeau, *La peur en occident* (Paris, 1978); W. G. Naphy and P. Roberts, eds, *Fear in Early Modern Society* (Manchester, 1997).

體情緒上的改變呢？在十六和十七世紀，女巫安息日（第七章）圖像的興起，結合了節慶主題和看似地獄的場景，也提供我們線索，好了解造成這段時期女巫審判興起，是因為潛在的不安。

　　若歷史學者在傳統場景的體現方式上，分析的不是從無到有的轉變，而是漸進或快速的變化，這在某種程度上稍微安全一點。例如，在十七世紀，羅耀拉《靈性操練》的插圖顯示了相當鮮明的地獄折磨，但就像插圖的文字本身一樣，它們省略了怪物的形貌，而這正是讓波希畫作受歡迎的部分。這項特定的改變，是某種更大改變的線索嗎？

爭議圖像

　　圖像的靈修用途並未讓每個人都滿意，由於疑慮人們會崇拜圖像本身，而不是圖像所代表的意義，導致在不同時間地點發生的聖像破壞運動。[19] 前面引用的聖額我略一世關於為何在教堂內放置圖畫的評論，是針對馬賽發生的聖像破壞事件新聞而寫。在拜占庭，八世紀時也爆發過大型的聖像破壞。在西歐，一五二〇和一五六〇年代出現了聖像破壞潮。過去幾十年間，歷史學者對這些運動越來越感興趣，這

---

19 Freedberg, *Power*; Serge Gruzinski, *La guerre des images* (Paris, 1990); Olivier Christin, *Une révolution symbolique: L'iconoclasme huguenot et la reconstruction catholique* (Paris, 1991).

和「人民史觀」的興起有關。一般人的意見並沒有留下書寫證據，而這種集體破壞行動有助於重新找到他們的態度。這類觀者反應的證據會在本書最後一章詳細討論。

有種替代策略適用於聖像膜拜和聖像毀壞兩者，也就是用視覺媒材作為宗教爭議的武器。在德意志宗教改革前幾年，新教徒竭盡所能地使用圖像——特別是低造價易於流通的木刻。這是刻意的嘗試，為的是觸及大多數文盲或半文盲人口。正如馬丁‧路德（Martin Luther）所說，圖像是「為了兒童和普通人」製作，「比起單純使用文字或教義，用繪畫和圖像回想聖經歷史更容易讓他們感動」。[20] 因此，這些視覺資料從一般人的視角記錄了宗教改革，而它們所提供的觀點，在識字菁英份子所製作的印刷資料中極少見到。新教的版畫師傅根據大量且豐富的傳統通俗幽默製作圖像，他們把天主教會當作笑柄，力道足以將之毀滅。這些作品生動地說明了俄國評論家米哈伊爾‧巴赫金（Mikhail Bakhtin）有關笑聲顛覆力量的理論。[21]

路德的藝術家朋友老盧卡斯‧克拉納赫（Lucas Cranach，1472–1553）及其威登堡（Wittenberg）的工作坊製作許多爭議的版畫，像是知名的《受難基督與敵基督》（*Passional Christi und Antichristi*）中將基督的簡樸生活對照著「基督代理人」（Vicar）——教宗，他的奢

---

20 Robert W. Scribner, *For the Sake of Simple Folk* (1981: 2nd edn Oxford, 1995), p. 244.

21 Mikhail Bakhtin, *The World of Rabelais* (1965: English trans. Cambridge, MA, 1968); Scribner, *Folk*, pp. 62, 81.

【圖23】老克拉納赫,《受難基督與敵基督》（*Passional Christi und Antichristi*）中的成對木刻畫（威登堡,1521）。

華與驕傲。因此,其中一組木刻版畫顯示基督因為猶太人想封他為王而逃離他們,另一方面,教宗則用劍捍衛著他所宣稱的教宗國世俗統治權（顯然是指一五一三年逝世的好戰教宗儒略二世〔Pope Julius II〕）。同樣地,基督頭戴荊棘冠冕,而教宗戴的是三重冕。基督為門徒洗腳,而教宗讓基督徒們親吻他的腳。基督步行奔波,而教宗則是被抬在轎上,諸如此類（圖23）。22

22　Scribner, *Folk*, pp. 149–63.

【圖24】格里恩，「有光環和鴿子的路德僧侶像」，木刻插圖細部，取自《行為與成就》（*Acta et res gestae … in comitis principum Wormaciae*，史特拉斯堡，1521）。倫敦大英圖書館。

於是，教宗的圖像總是在視覺上，體現對金錢的貪欲、權勢的驕傲、性邪有關。另一方面，一如已故的鮑勃·斯克里布納（Bob Scribner）所指出的，路德被塑造為一名英雄甚至是聖徒，頂著光環，有鴿子伴隨，以顯示他像福音書作者們一樣是受聖靈啟發（圖24）。[23] 這種使用木刻來廣泛傳播信息的做法，為一些宗教改革者

---

23 同前揭書，pp. 18–22.

們帶來未曾預料的結果。到了一五二〇年代，這位針對聖徒膜拜的
批評者，本身也正成為一個類似的受拜對象。若說是新教「民俗化」
（folklorization）可能也不無道理，新教已被同化到文盲人的想像世
界。在識字有限的文化中，圖像遠比文字更能證明這項過程。

圖像危機

　　有些歷史學者提出，例如貝爾廷，宗教改革是「圖像危機」的時
刻，是從我們可能稱為「圖像文化」到「文字文化」的轉變。[24]十六世
紀時歐洲興起聖像破壞，支持了這樣的詮釋。在某些地方，尤其是十
六世紀歐洲喀爾文教派地區，不光只有聖像破壞時刻的證據，還有所
謂的「聖像恐懼」（iconophobia），意味對「所有圖像全盤拒斥」。[25]

　　不過，如果把貝爾廷的論文延伸到包含當時的整個歐洲人口，那
就不太明智了。聖像破壞者和聖像恐懼者可能只是少數人口。其他如
大衛・弗里德伯格（David Freedberg）的歷史學者則認為，聖像在歐
洲的新教和天主教都維持著相當力量。這樣的說法也有事實支持，即
使在一五二〇年代之後，也就是德國視覺爭議的光輝十年之後，宗教
圖像仍持續在路德教派文化中佔有一席之地。在十六和十七世紀德意

---

24 Belting, *Likeness*, pp. 14, 458–90; Patrick Collinson, *From Iconoclasm to Iconophobia: The
　　Cultural Impact of the Second Reformation* (Reading, 1986).

25 Collinson, *Iconoclasm*, p. 8.

志及北歐教堂中，仍可見到出自新約場景的繪畫。

圖像在新教世界的存留還有更鮮明見證，這部分來自於異象。一六二〇年代，一名德意志路德派信徒約翰・恩格布雷赫特（Johan Engelbrecht）看見關於地獄和天堂的異象：「神聖的天使像是許多熊熊火焰，而上帝選民的靈魂就像許多明亮的火花」。數年後，另一名波蘭裔的新教徒克莉絲汀娜・波尼亞托娃（Kristina Poniatowa）看見的異象是紅色與藍色的獅子、一匹白馬和一隻雙頭老鷹。這些預示的異象，意味著路德教派信徒正發展出他們自身的圖像文化。而十八和十九世紀的繪畫和版畫也給人類似的印象。

天主教的圖像文化也改變了，經常是透過強調新教徒們所批評的那些特色。特利騰大公會議（Council of Trent，1545–63）大幅重塑早期的當代天主教，在朝聖與聖物膜拜之外，會議中審慎重申聖像的重要性。而圖像本身也越來越重申新教徒所挑戰的教義。例如，聖徒的狂喜和聖格化的用意，看來是為了征服觀者，並且凸顯出聖人和凡人之間的差異。聖彼得和抹大拉的聖瑪利亞流淚懺悔的形象越來越頻繁出現，這已解讀為是針對新教徒攻擊告解禮做出的視覺回應。[26]

巴洛克時期越發戲劇化的圖像風格，無疑是這項訊息的一部分。別的不提，這種戲劇化或修辭性的風格表達的是，此時已意識到說服觀者的需求，這種意識在路德之前並不那麼明確——如果真的存在的

---

26 Mâle, *Trente*.

話。因此，若用精神分析的概念補充古典圖像誌研究方法，我們可
以形容這些圖像是針對新教徒的爭論，於是在情感層次、無意識，或
說「下意識」的層次上所做的回應。它們也可能被形容為天主教會的
「宣傳」。宣傳的概念與圖像的政治用途正是下一章的主題。

4

力量與抗議

一直以來，統治者總是使用繪畫和雕塑，

這較容易激起人民正確的情感。

(*Ceux qui ont gouverné les peuples dans tous les temps ont*

toujours fait usage des peintures et statues pour leur mieux

inspirer des sentiments qu'ils vouloient leur donner.)

若占騎士（The *Chevalier* Jaucourt）

　　上一章討論的宗教藝術，在基督教的前幾個世紀中，是挪用了羅馬帝國藝術的元素來發展。皇帝與執政官在王座上的正面姿勢，挪用成再現「寶座上」的基督或聖母，而帝國的光環則轉移到聖徒頭上。[1]

　　另一方面，從中世紀直至今日，大多數這類交流則是相反方向進行，這是一場漫長的「世俗化」過程，意思是，為了世俗目的而挪用並改寫宗教形式。於是，西敏廳（Westminster Hall）內的《寶座上的理查二世》（*Richard II Enthroned*）是用寶座上的基督圖像為範本，完成了從世俗到宗教用途後再返回的循環。另一個更戲劇性的世俗化範例是一幅題為《新各各他》（*Calvary*，1792）的法國保皇黨版畫，畫中顯示剛上斷頭台的路易十六掛在十字架上。

　　其他的例子則較微妙。從中世紀晚期開始，公開展示統治者形象的做法越發頻繁，這似乎是從聖人圖像的膜拜上獲得靈感。童貞女王伊莉莎白一世的肖像，在十六世紀晚期藉著模版印刷的助力獲得大量複製，取代了童貞女瑪利亞的肖像，並且可能也代為執行某些用途，彌補宗教改革所造成的精神空缺。[2]根據當時的禮儀指南，對於掛在凡爾賽宮裡的法國國王路易十四肖像，應如同國王本人出現在肖像廳室

1　André Grabar, *Christian Iconography: A Study of its Origins* (Princeton, NJ, 1968), pp. 78–9; Jas Elsner, *Imperial Rome and Christian Triumph: The Art of the Roman Empire, AD 100–450* (Oxford, 1998).

2　Frances A. Yates, *Astraea: The Imperial Theme in the Sixteenth Century* (London, 1975), pp. 78, 101, 109–10.

裡一樣被尊榮。觀者若背對肖像，是不被允許的。[3]

　　有關視覺宣傳的研究，通常，若不是關於法國大革命，就是關於二十世紀的蘇聯、納粹德國、法西斯義大利或兩次大戰之間的爭議圖像。[4]接下來，我會借用這些研究，但會試著把它們置放在更長時期的政治圖像史內，也就是從奧古斯都到路易十四。有些歷史學者質疑，使用「宣傳」之類的現代觀念指涉一七八九年以前的時代，是否明智。然而，無論繪畫和雕塑是否真為維護特定政權做出重要貢獻，大部分人們都這麼相信。當時統治者已感受到良好公共「形象」的必要性，這並不是我們的時代所獨有。一如若古騎士在《百科全書》（*Encyclopédie*）的〈繪畫〉一文中所寫到：「一直以來，統治者總是使用繪畫和雕塑，這較容易激起人民正確的情感」。應該補充的是，政府使用圖像的程度以及方式，在不同時期中都具有相當差異，正如本章試圖闡釋的。

　　至於聖像的例子，本章將區分出不同類型的圖像，並試著加以解讀，辨識出它們是本於想法或是只為特定個人；還是用以維護或推翻既定的政治秩序。而用來訴說政治事件故事的圖像，則留待第八章

3　Peter Burke, *The Fabrication of Louis XIV* (New Haven, CT, 1992), p. 9.

4　Toby Clark, *Art and Propaganda in the 20th Century: The Political Image in the Age of Mass Culture* (London, 1977); Zbynek Zeman, *Selling the War: Art and Propaganda in World War II* (London, 1978); R. Taylor, *Film Propaganda* (London, 1979); David Welch, *Propaganda and the German Cinema, 1933–1945* (Oxford, 1983); Igor Golomstock, *Totalitarian Art: In the Soviet Union, the Third Reich, Fascist Italy and the People's Republic of China* (London, 1990).

討論。

思想的圖像

　　我們解讀圖像的方法，是「將藝術家視為政治哲學家」，這裡借用的是昆廷・斯金納（Quentin Skinner）一篇重新解讀安布羅喬・洛倫澤蒂（Ambrogio Lorenzetti）在西恩納市政廳（Palazzo Pubblico）一幅知名壁畫的文章標題。當然，要把抽象概念變得具體可見，並不是藝術家們獨有的問題。就政治本身，譬喻和象徵長期以來已扮演重要的角色。[5]一九六一年當選的雅尼奧・夸德羅斯（Jânio Quadros）總統，他在圖像中拿著一支掃帚，象徵他掃除貪腐的心願不只是作秀而已，而是復興舊有傳統。

　　其中一種傳統譬喻是國家之船，統治者或首相作為掌舵手，例如，在一五五八年查理五世皇帝的喪禮隊伍上，這種比喻便清楚可見，當時一艘真實尺寸的船被拖駛過布魯塞爾的街頭。在約翰・坦尼爾（Sir John Tenniel，1820–1914)）一八九〇年三月的一幅《潘趣》（*Punch*）漫畫中，他巧妙地改寫了這樣的譬喻，漫畫中顯示威廉二世

5　Quentin Skinner, 'Ambrogio Lorenzetti: The Artist as Political Philosopher', *Proceedings of the British Academy*, LXXII (1986), pp. 1–56; Michael Walzer, 'On the Role of Symbolism in Political Thought', *Political Science Quarterly*, LXXII (1967), pp. 191–204; Murray Edelman, *Politics as Symbolic Action* (London, 1971); José M. González García, Metáforas del Poder (Madrid, 1998).

皇帝讓他的宰相奧托・馮・俾斯麥（Otto von Bismarck）離開，圖說是「放下舵手」。

　　另一個關於統治的老譬喻是馬和騎士，下面將討論的騎馬雕像所暗示的就是這樣的比較，而維拉斯奎茲（Velázquez）那幅關於西班牙費利佩四世繼承人唐・巴爾塔薩・卡洛斯（Don Baltasar Carlos）在騎馬學校的畫作，讓這點甚至更加明顯。若把這幅畫和同時代達戈・德薩弗德拉・法哈爾多（Diego de Saavedra Fajardo）關於政治思想的西班牙專著《關於基督教王子的思想》（*Idea of a Christian Prince*，1640）並置的話，也許會很有啟發性，書中詳述這個譬喻，建議王子應該「馴服力量的小馬」，並且是藉由「一點點的意志……理智的彎頭、政策的韁繩、公義的鞭子，以及勇氣的馬刺」，還有最重要的「審慎的馬鐙」。在美國革命時期，一名英國漫畫家製作了一幅「美國馬摔下主人」的圖像，為這個舊譬喻賦予了新的轉折。

　　抽象概念從古希臘時期開始就已透過擬人化呈現了，假設沒有更早的話。正義、勝利、自由等通常是女性。在切薩雷里帕（Cesare Ripa）那部著名的文藝復興圖像辭典《圖像學》（*Iconology*，1593）中，甚至「男子氣概」（Virility）都是由一名女子呈現。在西方傳統中，這些擬人化的數量逐漸成長。例如，不列顛尼亞女神（Britannia）和同樣代表英國的男性約翰牛（John Bull）一樣，是從十八世紀開始。而自法國大革命以來，人們多次試著將自由、平等與博愛的理想轉譯成視覺語言。例如，自由的象徵是紅色的無邊呢帽，這是古典時

期與釋放奴隸有關的佛里幾亞無邊便帽（Phrygian cap）新版本。平等則在革命版畫中被呈現為一名手持天秤的女子——就像正義的傳統圖像，但並未蒙眼。[6]

　　其中，自由發展出一套獨特的圖像誌，使用了古典的傳統，但根據變動的政治環境以及藝術家的個別天份而有所轉換。若延伸以賽亞・伯林（Sir Isaiah Berlin）的用語，以下三個例子正說明了所謂「自由的三種概念」。

　　在出現於顏料、石膏與青銅間的眾多自由圖像中，德拉克羅瓦的畫作《自由領導人民》（*Liberty Leading the People*，圖25）顯然是其中最著名的，這幅畫問世於七月二十七至二十九日的巴黎起義之後，也就是驅逐國王查理十世的一八三〇年革命。德拉克羅瓦將自由呈現為半女神（根據一尊希臘的勝利女神雕像為範本）、半人民女子的模樣，一手舉著三色旗，另一手持著火槍，她坦露的胸部和佛里幾亞無邊便帽（一種古典指涉）象徵著這場革命是以自由為名。至於此處的「人民」，那名頭戴大禮帽的男子，有時因為他頭上的帽子而被視為一名中產階級份子。實際上，此時期的一些法國工人階級也會戴大禮帽。無論如何，若仔細檢視他的衣著，尤其是他的皮帶和長褲，都

6　Ernst H. Gombrich, 'Personification', in *Classical Influences on European Culture*, ed. Robert R. Bolgar (Cambridge, 1971), pp. 247–57: Marina Warner, *Monuments and Maidens: The Allegory of the Female Form* (London, 1985); Linda Colley, *Britons: Forging the Nation, 1707–1837* (New Haven, CT, 1992).

【圖25】德拉克羅瓦，《自由領導人民》（*Liberty Leading the People*），1830-31年，畫布油畫。巴黎羅浮宮。

顯示這個人物是名體力勞動者，這又是一個微小細節具有重要性的例子。這幅畫提供我們對一八三〇年當時事件的解讀，將它與一七八九年法國大革命的理想聯繫起來，而新就任的「人民國王」路易－菲利普也向這樣的理想致敬，他重新使用三色旗作為法國的象徵。一八三一年，《自由領導人民》由法國政府收購，彷彿意味著官方已接受這幅畫對於近日事件的解讀。畫作之後所發生的歷史下面將會討論（第

十一章）。[7]

　　由法國雕刻家弗雷德里克・巴托爾迪（Frédéric Auguste Bartholdi，1834–1904）所設計，一八八六年揭幕的自由女神像（圖26）甚至更廣為人知，它結合守護紐約港的現代羅得島太陽神（Colossus of Rhodes）形象與意識型態的訊息。瑪麗娜・華納（Marina Warner）再次說對了。她對照這座她稱為「穩定莊重」的形體與德拉克羅瓦筆下明顯更為自由的女子，此處圖像誌的一些細節，再度強調這座雕像所傳達的訊息。她腳邊斷裂的鎖鏈是自由的傳統配件，這表明了她的身份，而她手中的燈炬則意味著雕刻家的原始概念「自由照亮世界」。她手持的石板上刻著「一七七六年七月四日」，這座雕像的政治訊息因此相當清楚——對於能解讀的人來說。無論這名法國雕刻家的個人想法為何，此處的圖像誌線索都導向一

【圖26】巴托爾迪，自由女神像，紐約，1884-6年。

7　Maurice Agulhon, *Marianne into Battle: Republican Imagery and Symbolism in France, 1789–1880* (1979: English trans. Cambridge, 1981), pp. 38–61; 關於無邊便帽的部分，見 James Epstein, 'Understanding the Cap of Liberty: Symbolic Practice and Social Conflict in Early Nineteenth-century England', *Past and Present*, CXXII (1989), pp. 75–118.

個結論──公開慶祝的是美國的革命，不是法國的。而取代了佛里幾亞無邊便帽的光環，則給予自由女神聖人氛圍。這令人不禁猜想，朝埃利斯島（Ellis Island）前進的義大利或波蘭移民──這是他們在進入美國之前遭「處理」的地方──是否不曾想過他們正看著的，是聖母瑪利亞的形象，這位水手的庇護者「海星聖母」（Star of the Sea）。[8]

一九八九年五月三十日，由中央美術學院的學生在北京天安門廣場上揭幕的十米高（或者根據其他資料是八米高，圖27）民主女神，在某些層面上呼應著自由女神雕像，但在其他層面上則相當不同，這個發人深省的目擊者，見證著創意反應以及示威群眾的政治理

【圖27】中國民主女神像，1989年，石膏。北京天安門廣場（已毀）。

8　Marvin Trachtenberg, *The Statue of Liberty* (1974: reprinted Harmondsworth 1977); Warner, *Monuments*, pp. 3–17.

想。它的形體由石膏、鐵絲與保麗龍製成，在當時有著民主、自由或國家女神等不同的名字。有些西方觀察者很快地（或許太快了）將這座雕像與她的美國原型相比，這不但顯露出他們的民族優越感，也再度顯示圖像誌研究難以掌握，以及脈絡分析的必要。中國官媒也提供類似解讀，但根據的是相反理由，因為這與美國的雕像類比，讓他們能譴責這座學生們的圖像是外來的、是種對中國文化的外國侵略。但它的社會寫實風格，依循的是毛澤東年代所建立的傳統，在某種程度上又顛覆了這樣的詮釋。我們或許可以說，這位女神暗指美國對自由的崇拜，但並未認同。[9]

在圖像中表達國家主義相對容易，無論是用諷刺漫畫嘲諷外國人（如同霍加斯筆下消瘦法國人的例子），或是慶祝國家歷史上的重大事件。但另一種表達國家或國家主義情操的方式，是喚起當地民俗藝術風格，一如二十世紀早期德國與瑞士畫家們所謂的「家鄉風格」（*Heimatstil*）。還有另一種方式則是描繪當地特色的景觀，一如先前章節提到的「北歐自然」。

在蘇聯等地，藝術家們也將社會主義轉譯成視覺形式，依循著「社會寫實主義」的範本，歌頌工廠和集體農場裡的勞動（第六章）。同樣地，里維拉和他的藝術家同行們製作的壁畫，是一九二〇年代起

9　William J. T. Mitchell, 'The Violence of Public Art: Do the Right Thing' (1990: reprinted in W.J.T. Mitchell, ed., *Art and the Public Sphere* (Chicago, IL, 1992), pp. 29–48); Longxi Zhang, *Mighty Opposites* (Stanford, CA, 1998), pp. 161–72.

【圖28】里維拉，《製糖廠》（*The Sugar Refinery*），1923，出自《現代墨西哥之宇宙結構圖》壁畫系列，1923-8年。墨西哥市教育部（勞工法院）。

由革命後的墨西哥政府所委託，而藝術家本人將這些壁畫形容為「奮鬥的、教育的藝術」，這是為人民所創作的藝術，其中承載著多項訊息，包括印地安人的尊嚴、資本主義的邪惡與勞動的重要（圖28）。如同在俄國的例子，教誨或勸訓的文字，有時更強化這些視覺訊息，例如「自食其力」（*el que quiera comer, que trabaja*）。再一次，人們認為圖像文字比單獨一幅圖像更加有力。[10]

10　Desmond Rochfort, *Mexican Muralists: Orozco, Rivera, Siqueiros* (London, 1993), pp. 39ff.

個人圖像

　　關於把抽象變成具體，較常見的解決方法是把個人當作思想或
價值的化身。在西方傳統中，古典時期就已有將統治者再現為英雄
（確實也是超出常人）的一系列慣例。古代史學者保羅‧桑克（Paul
Zanker）將注意力從個人的紀念像轉移到「當時人們可能經驗過的全
部圖像」，他主張，在奧古斯都時代（統治時期為西元前二七至西元
後十四年）羅馬帝國興起時，需要的是一種標準化新視覺語言，用以
對應當時中央化目標。從西元前二七年起，原名屋大維的奧古斯都就
以理想化風格呈現於世，其中最出名的是現今藏於額我略世俗博物館
（Museo Gregoriano Profano）超過真人尺寸的大理石雕像（圖29）。

　　在這個令人難忘的形象中，奧古斯都呈現出身穿盔甲、手持長矛
或軍旗的模樣，彷彿宣告勝利般舉起手臂。他護胸甲上呈現的場景細
節加強了這道訊息（如果觀者靠得夠近能看見的話），場景中顯示戰
敗的安息國人，正交回他們先前奪取的羅馬軍旗。這位統治者的赤
足並不是現代觀者可能認為的謙卑象徵，而是將奧古斯都化為一名神
祇。在他漫長的政權期間，奧古斯都維持同樣的官方形象，彷彿這名
皇帝發現了長生不老的秘密。[11]

11　Paul Zanker, *Augustus and the Power of Images* (1987: English trans. Ann Arbor, MI, 1988),
　　pp. 3, 98; Elsner, *Imperial Rome*, pp. 161–72.

【圖29】奧古斯都皇帝（西元前63-西元後14年）雕像，石頭。額我略世俗博物館。

　　統治者的圖像通常是勝利主義風格。這種關於勝利的古典圖像誌，常表現在儀式、雕塑及建築中，包括羅馬的君士坦丁凱旋門（Arch of Constantine）這類拱門建築，還有各種裝飾細節，例如桂冠、戰利品、戰俘、遊行，以及擬人化的「勝利」（一名有翅膀的女子）和「名聲」（一名帶著號角的人物）。這些雕像的尺寸有些相當巨大，這也是一種聲明，就如現存於羅馬保守宮（Palazzo dei Conservatori）裡君士坦丁皇帝雕像頭部的例子，或是從前巴黎路易

大帝廣場（Place Louis-le-Grand）上豎立的路易十四雕像，在建造期
間，這座雕像大到讓工人們可以在馬的肚子裡用午餐。[12]

　　長期展示在羅馬的那尊鬈髮、披著披風的奧理略皇帝（Marcus
Aurelius，統治時期西元161–180年）騎馬雕像（如今已由複製品取
代），使「統治如騎馬」的譬喻顯得明確可見（圖30）。文藝復興時
期，這尊騎馬紀念像在義大利重新流行，確認著它在腳下這片廣場上
的權威，一如王子確認他的領土一般。從十六世紀起，亞歷山大·
普希金（Alexander Pushkin）口中的「青銅騎士」遍布了整個歐洲：
佛羅倫斯領主廣場（Piazza della Signoria）上的科西莫·美第奇大
公（Grand Duke Cosimo de' Medici）；巴黎的亨利四世、路易十三和
路易十四；馬德里的費利佩三世和費利佩四世；柏林的布蘭登堡「大
選侯」腓特烈·威廉（Frederick William of Brandenburg，統治時期
西元1640–88年）等。古典傳統復甦也指涉古典傳統，例如當時，甚
至習慣將幼年君主稱為新亞歷山大或是奧古斯都第二。大部分的統
治者都滿足於這樣的一尊雕像，但路易十四的顧問們卻規劃一場所
謂「雕像出征」，於是國王像不只在巴黎豎立起來，也到了亞爾、康
城、第戎、格勒諾布爾、里昂各地。[13]而在一長串騎馬者系列中最令
人難忘的，便是最初普希金描寫的「青銅騎者」，也就是在一七八二

12　Jas Elsner, *Art and the Roman Viewer* (Cambridge, 1995), p. 159; Burke, *Fabrication*, p. 16.

13　Michel Martin, *Les monuments équestres de Louis XIV* (Paris, 1986).

【圖30】奧理略皇帝（西元後121-180年）雕像，青銅。羅馬卡比托利歐博物館（Museo Capitolino）。

年揭幕、由凱薩琳大帝委託法國雕刻家艾蒂安－莫里斯・法爾科內（Etienne-Maurice Falconet）製作的彼得大帝雕像。

　　統治者本身也如圖像、如聖像般地受人觀看。他們的服裝、姿勢和周邊所有物都傳達出威嚴與力量，正如他們的畫像和雕像一樣。幾位早期的當代觀察者做出這樣的類比，例如英國大使克里斯多福・圖斯塔爾（Christopher Tunstall）將查理五世皇帝稱為「如偶像般不

可動搖」，或是如義大利政治理論家特拉伊亞諾・博卡利尼（Traiano Boccalini）將拿坡里的西班牙總督形容為如此嚴肅靜穆，「讓我從來不曉得，他究竟是人還是木雕」。

這些說法暗示現代觀者，我們不應把王室雕像或「國家雕像」視為個人當時樣貌的擬真形象，而應該視為一種劇場，是他們對理想化自我的公開展現。這些統治者通常不是以平常的衣著再現，而是穿著古羅馬的服飾或盔甲，或是他們的加冕王袍以更顯尊貴。騎馬雕像則經常是踏著內憂或外患的敵人，或是背叛、動亂和敵國的擬人化象徵。知名的例子如義大利雕刻家利昂納・里安尼（Leone Leoni）實際尺寸的查理五世雕像，雕像中的皇帝手持長矛，踩過一名上了鎖鍊、標記著「憤怒」的人物。另一個例子是路易十四的立像，一名帶翅的人物（代表勝利女神）正為他戴上桂冠，他同時踩踏著一隻三頭犬（代表路易的敵人三國聯盟：瑞典帝國、英格蘭王國和荷蘭共和國），身邊跟著上鎖鍊的俘虜。這座雕像先前位於巴黎的勝利廣場。在一七九二年毀壞以後，只能由一幅一六八〇年代的雕版版畫記錄下來（圖31）。

目前所引用的例子都來自於個人君主制時代，人們相信「君權神授」，也就是「專制政治」的時代，換句話說，是認為統治者凌駕於法律之上的理論。那麼，在政治體系改變以後，尤其是一七八九年以後，圖像會變成怎樣？王室肖像的慣例如何轉移到進步、現代性、自由、平等與博愛的意識形態上？這個問題出現許多答案在十九與二

【圖31】尼古拉斯・阿諾（Nicolas Arnoult），描繪馬丁・德沙丹（Martin Desjardins）製作的路易十六雕像（如今已毀）的雕版版畫，約1686年，先前位於巴黎勝利廣場。

十世紀的進程中。路易－菲利普的服裝和視線（見上述及第一章）喚起了「平等」（*Egalité*）的家族暱稱。數年之前，賈克－路易・大衛（Jacques-Louis David，1748–1825）那幅拿破崙在書房裡的畫作（圖32）呈現出相對嶄新的力量，這位統治者就像一般官員一樣，甚至在凌晨時段也仍拴在桌前（畫中有點燃的蠟燭，而時鐘指著將近四點十五分）。大衛的畫作成了統治者的再現模範，各種變化版本包括傑哈

【圖32】大衛，《拿破崙皇帝在杜樂麗宮的
書房裡》（*The Emperor Napoleon in his
Study at the Tuileries*），1812年，畫布油
畫。華盛頓特區國家藝廊。

的《在私人房間裡的路易十八》（*Louis xviii in his Cabinet*，1824）和
雷舍尼寇夫（Reschetnikov）的《辦公室裡的史達林》（*Stalin in his
Office*）。

　　另一種適應民主時代的形式，是強調領導者的男子氣概、年輕與
體能。例如，墨索里尼喜歡被拍到慢跑時的模樣，無論是穿著軍隊制
服或是赤裸上半身（圖33）。有幾位美國總統被拍到打高爾夫球的照
片。這類圖像形成可稱為統治者的「親民」風格的一部分，那些到工

【圖33】墨索里尼在里喬內（Riccione）的海灘慢跑，1930年代，攝影。

廠參訪的照片也可能說明這種風格。國家元首在照片中和普通工人說話和握手、那些政客親吻嬰兒的「出巡」照片顯示統治者平易近人的繪畫，例如弗拉基米爾·謝洛夫（Vladimir Serov）的《農民請願者拜見列寧》（*Peasant Petitioners Visiting Lenin*，圖34，見下頁），畫中顯示這位俄國最有權力的男人專注傾聽三名農夫（其中兩位和他同坐一桌），並且慎重寫下他們的需求。

【圖34】謝洛夫,《農民請願者拜見列寧》(*Peasant Petitioners Visiting Lenin*),1950,畫布油畫。莫斯科特列季亞科夫畫廊(State Tretyakov Gallery)。

新媒體也對這種統治者神話有所貢獻。希特勒、墨索里尼與史達林的形象，和許多將他們呈現為英雄風格的海報是分不開的，就像放大他們聲音的收音機一樣。電影（見第八章）也做出了貢獻。蘭妮‧萊芬斯坦（Leni Riefenstahl）的影片《意志的勝利》（*Triumph of the Will*，1935）是在希特勒本人的鼓勵下拍攝，片中顯示這位元首受到忠實信眾崇拜。[14]

今日，媒體攝影師和電視團隊製作的領導人形象，顯得既有影響力又曇花一現，他們的圖像誌將有助於研究細節。例如，若將參選美國總統的候選人照片排成一系列，便可能更清楚地帶出其中的變化，比方候選人的配偶越來越重要，尤其是從賈姬‧甘迺迪（Jackie Kennedy）到蜜雪兒‧歐巴馬（Michelle Obama）這段時期。

這種方式可稱為「圖像管理」（image management），它的重要性值得多強調。在《意志的勝利》中，攝影師由下方拍攝襯著天空背景的希特勒，讓他顯得更高、更有英雄感。在舒爾平的史達林肖像中也採用同樣的設計。另一名矮小的獨裁者墨索里尼，則是在閱兵答禮時站在一只腳凳上。類似的情形還有，尼古拉‧壽西斯古（Nicolae Ceauşescu）的肖像照片在獲准刊登於羅馬尼亞共產黨報《火花報》（*Scînteia*）之前，已先將照片上的皺紋除去。壽西斯古也是個矮子，得花很多力氣去掩蓋這項事實。根據他的英文翻譯官所言：「壽西斯

---

14 Welch, *Propaganda*, pp. 147–64.

古在機場和國外權貴的合照永遠必須用前縮法的度拍攝，以確保他看起來和其他人一樣高，甚至更高。」[15]再舉個自家例子，若比較英國報紙和國外報紙中的王室照片，應足以顯示自我審查在英國的重要性。

現代國家與古老政權之間的連續性，重要性並不亞於自一七八九年起發生的變化。「圖像管理」可能是個新術語，但不是什麼新的概念。例如，路易十四會穿高跟鞋，並且不會跟他兒子站得太近，因為皇太子比較高。拿破崙請人畫過三次穿加冕禮袍的肖像（分別由大衛、安格爾和傑哈），用這種方式把自己放在第一章描述過的國家肖像系列中，儘管他打破國家肖像的慣例，頭戴月桂冠而不是王冠，並且手持一根長矛尺寸的節杖。在二十世紀，藝術家經常將偉大的領導者再現為身穿制服（也就是現代意義的盔甲），有時也會是騎在馬背上的模樣。墨索里尼被再現為一名戴著頭盔的士兵，而希特勒則是名符其實的騎士，穿著閃亮盔甲（圖14，p56），意味著他所從事的是聖戰。

和亞歷山大大帝相關的古典巨像傳統，在蘇聯時期再度獲得復興。曾經有計畫要在莫斯科的蘇維埃宮屋頂上，放置一尊一百公尺高的列寧雕像（而就像亞歷山大大帝的例子一樣，這項企劃從未實現）。雖然拿破崙不是第一個在畫像中將手放在背心裡的人，但這個

---

15 Sergiu Celac, 引用於 John Sweeney, *The Life and Evil Times of Nicolae Ceauşescu* (London, 1991), p. 125.

姿勢已變得和他相關（圖32，p122）。基於這個理由，許多後世的統
治者都採用這個姿勢，其中包括墨索里尼和史達林（圖35）。

　　領導者有時被呈現為聖人般的模樣。例如，大衛將遭暗殺的革命
領袖馬拉呈現為殉道者的樣子，就像基督一樣，他在浴缸裡的屍體就
像基督被卸下十架時的傳統姿勢。數年後，班傑明・韋斯特（Benjamin
West）以類似的方式呈現詹姆斯・沃爾夫（General Wolfe）的死亡。

【圖35】鮑里斯・卡爾波夫
（Boris Karpov），《史達林肖
像》（The Portrait of Stalin），
1949年，畫布油畫。地點不
明。

二十世紀時，列寧有時也展現出聖人的模樣，無論是如同亞歷山大‧格拉西莫夫（Aleksandr Gerasimov）的《講壇上的列寧》（*Lenin at the Tribune*，1930），畫中在雲彩背景下做出具有說服力的手勢，或是如格里高利‧斯特雷加爾（Grigory Stregal）的《領袖、導師和同志》（*The Leader, Teacher and Comrade*，1937）中如同神龕內的雕像一般。列寧、史達林（圖35，p127）、希特勒、墨索里尼、毛澤東、壽西斯古及其他許多領袖的巨幅肖像，經常如許多聖像一樣，被人抬著在遊行時展示。

這類再現方式有時被形容為「極權主義藝術」（totalitarian art）。[16] 在二十世紀中期，共產主義和法西斯主義政治圖像之間的相似性確實驚人，儘管這裡值得補充說明，正如奧古斯都（圖29，p117）的圖像提醒我們的，吹捧或理想化都不是二十世紀的新發明。

民主政權偏愛首相的肖像，社會主義政權則理想化工人們的形象。這些圖像通常是普通典型的工廠或農場工人，但有時也會挑選出某位個人範例，例如，煤礦工人格里戈‧斯達漢諾夫（Gregor Stakhanov）由於具有強大的工作能力，因此成為原版的「斯達漢諾夫勞動者」（Stakhanovite）。一九三八年，列昂尼德‧科特利亞諾夫（Leonid Kotlyanov）畫了一幅他的肖像。許多沒沒無名的英雄受人紀念，並在公眾場所豎立起他們的雕像，於是，有項調查針對倫敦和巴

---

16 Golomstock, *Totalitarian Art*.

黎等特定城市裡的雕像人物數量，統計結果說明，在將軍、政治家、詩人以及其他社會類型雕像之間的平衡，可能透露出一些關於當地政治文化的重要層面（當然，是經過委派雕刻家的委員會居中協調的結果）。

　　例如，在巴黎這座人們口中的「露天萬神殿」城市中，展示了伏爾泰、狄德羅（位於聖日耳曼大道）和盧梭等知識份子的雕像。在安特衛普，自魯本斯的雕像在一八四〇年豎立以後，一直是該城的重點，而不久之後阿姆斯特丹的林布蘭雕像（1852）便起而效尤。另一方面，在倫敦，人們可能會先想到特拉法加廣場（Trafalgar Square）上的納爾遜紀念柱（1843），或者是海德公園角（Hyde Park Corner）的威靈頓拱門（1846），雖然還有其他將軍們的雕像地點。而激進政客們也在倫敦的不同廣場上佔有一席之地，這很可能告訴我們關於英國政治文化的重要面向，從位於布魯姆斯伯里（Bloomsbury）的第一座當代政治家雕像查爾斯‧詹姆士‧福克斯像（Charles James Fox，1816，圖36），到卡特賴特花園（Cartwright Gardens）的卡特賴特少校像（1831），和國會大廈外的奧立佛‧克倫威爾像（Oliver Cromwell，這座雕像建立於一八九九年，以紀念他三百週年冥誕）。至於文學與藝術的偉人們，某種程度上，出現得較晚，例如萊斯特廣場（Leicester Square）上的莎士比亞像（1874）和皇家學院外的約書亞‧雷諾茲像（Joshua Reynolds，1931），比起士兵和政治家們依舊較少見。當然，雕像的統計數字多半是男性，當中最著名的非典型

則是維多利亞女王像、滑鐵盧車站（Waterloo Station）的佛蘿倫絲・
南丁格爾像（Florence Nightingale，1915）和聖馬丁廣場（St Martin's
Place）上的艾迪絲・卡維爾像（Edith Cavell，1920）。後面兩名女性
之所以在雕像俱樂部中獲得一席之地，是基於身為護士的事實，因此
她們和重大戰爭有關。卡維爾護士由於幫助英國士兵們從比利時逃離
而遭德軍槍殺，因此受人紀念。[17]

　　這些人物的再現方式也傳遞出許多訊息。騎馬紀念像在二十世紀
中順利留存，一如白廳（Whitehall）的黑格陸軍元帥像（Field Marshal
Haig，1937），這顯示出即使在第一次世界大戰之後，英國菁英的某
些傳統價值仍然保留下來。同樣地，羅馬服飾直到十九世紀依舊留
存。例如，雕刻家理查德・韋斯梅科特（Richard Westmacott，1775–
1856）將福克斯像（圖36）呈現為穿著羅馬寬外袍的模樣。就像與他
同時期的人一樣，讓政治家們穿上長褲，藝術家依然有所遲疑（例如
在一七七〇年，美國畫家韋斯特在描繪沃爾夫將軍的逝世場景時，把
他呈現為身穿戰亡時的軍隊制服，因此震驚了某些觀者）。韋斯梅科
特的圖像管理方式也同樣引人注意。他將福克斯呈現為坐姿，因為他
「太過肥胖，站姿無法顯出尊貴感」。福克斯手中的卷軸上是以大憲章
形式表現的自由女神，它也揭示出這座紀念像的政治訊息。紀念像畫

17　Alison Yarrington, *The Commemoration of the Hero, 1800–1864: Monuments to the British
Victors of the Napoleonic Wars* (New York, 1988), pp. 79–149, 277–325; J. Blackwood,
London's Immortals (London, 1989).

【圖36】韋斯梅科特,《詹姆
士‧福克斯》(*Charles James
Fox*),1810-14年,青銅。
倫敦布魯姆斯伯里廣場。

立於靠近大英博物館的位置也值得強調,它在布魯姆斯伯里的「輝格
黨地盤」上,因為正如尼古拉斯‧佩尼(Nicholas Penny)所指出,
福克斯在當時已成了輝格黨的崇拜對象。[18]

---

18 Nicholas Penny, 'The Whig Cult of Fox in Early Nineteenth-century Sculpture', *Past &
Present*, lxx (1976), pp. 94–105, at pp. 94, 100.

顛覆的圖像

圖像破壞並不單是宗教的現象。也有所謂的政治圖像破壞或公物破壞（vandalism，或譯汪達爾主義）。後面這個詞是由修道院院長亨利・格來瓜爾（Henri Grégoire，1750–1831）所創，他是法國大革命的支持者，但是反對他認為過激的部分。同樣地，格來瓜爾認同聖像破壞者的基本重點，也是本章再度強調的，就是圖像會傳播價值。他將舊政權的紀念像描述為「被神話污染了」，並且承載著「保皇主義和封建制度的印記」。他支持這些紀念像應該移除，認為應該把它們放在博物館裡，而不是加以破壞。事實上，許多紀念像都在一七九二年時遭到擊碎，其中包括先前提到的兩座路易十四雕像，一座在路易大帝廣場上，該廣場如今已更名為芳登廣場（Place Vendôme），另一座在勝利廣場。[19]

其他許多政治革命也毀壞了和前朝政權相關的紀念像。在一八七一年的巴黎公社時期，畫家古斯塔夫・庫爾貝（Gustave Courbet）便負責拆除芳登廣場的柱子及其上的拿破崙雕像，而後者，當初其實是取代了路易十四的雕像。隨俄國革命而來的是沙皇雕像被擊碎，由當

19　Gabriel Sprigath, 'Sur le vandalisme révolutionnaire (1792–94)', *Annales Historiques de la Révolution Française*, LII (1980), pp. 510–35; Anne M. Wagner, 'Outrages: Sculpture and Kingship in France after 1789', in *The Consumption of Culture*, ed. Ann Bermingham and John Brewer (London, 1995), pp. 294–318.

時的影片記錄下來；而一九五六年的匈牙利革命，伴隨的則是布達佩斯市內史達林紀念像的破壞。隨著柏林圍牆倒塌，接下來，自一九八九年開始，數座雕像倒塌，包括秘密警察首長費利克斯‧捷爾任斯基雕像（Felix Dzerzhinsky，位於華沙和莫斯科）和列寧雕像（在柏林、布加勒斯特和其他許多地方）。另一方面，在中國，雖然有幾座大學校園內的毛澤東雕像在一九八八年遭人推翻，但其中最為人所知的圖像破壞，其實是保守而非激進的動作。這是軍隊的傑作，在一九八九年，天安門廣場上豎立起民主女神之後的僅僅數天，便遭到軍隊破壞。[20]

或者，圖像本身也可能達成顛覆的工作，甚至公共紀念像偶爾也可以是顛覆性的。今日，羅馬鮮花廣場上頻仍的遊客，可能會把廣場中央的焦爾達諾‧布魯諾（Giordano Bruno）雕像視為理所當然（假設他們真的有注意到的話）。然而，在數十年的爭議之後，一八八九年這座雕像的建立其實同樣是個戲劇化動作。這個異端領袖的形象，是被刻意放置在一六〇〇年他遭火刑的地點上，當義大利總理既是自然神論者亦是共濟會員時，他出於對教宗的挑釁而豎立這座雕像，在某種意義上是一座反教權主義的紀念像。[21]

---

20 Dario Gamboni, *The Destruction of Art: Iconoclasm and Vandalism since the French Revolution* (London, 1997), pp. 51–90.

21 P. Manzi, *Cronistoria di un monumento: Giordano Bruno in Campo de' Fiori* (Nola, 1963); Lars Berggren and Lennart Sjöstedt, *L'ombra dei grandi: Monumenti e politica monumentale a Roma* (1870–1895) (Rome, 1996), pp. 29–35, 123–36, 161–82.

近來，有人開始反對紀念像形式。某些公共紀念碑或「反紀念像」的反英雄式和極限主義風格，表達並鼓勵對於英雄歷史觀與政治觀的懷疑。這種新潮流中知名範例其一，是尤亨與艾瑟・葛爾茲（Jochen and Esther Gerz）夫婦所設計，位於漢堡的「反法西斯主義紀念碑」（1986）。他們刻意將這座不斷下沉的柱子設計成短暫的壽命，而不是永恆，並且在一九九〇年時完全從視線中消失，看來像是「馬背上的英雄」時代終於來到尾聲。22

而在另一個世俗化例子中，在宗教改革期間為了宗教辯論而發展出的各種圖像戰備技術（第三章），如今則挪為政治使用。在一六七二年法國軍隊入侵荷蘭後，荷蘭藝術家對路易十四發動了圖像戰役，可說是以另一種形式延續戰爭，他們諧擬官方紋章，並將這位「太陽王」描繪成法厄同（Phaeton）的形象，神話中那位墜毀天車的無能駕駛。23

在英國，一七三〇年代政治版畫興起，和針對政府的正式反對派出現有關。在法國，政治版畫則和一七八九的大革命有關，這是另一場圖像戰爭（第八章），當時製作了超過六千幅版畫，於是拓寬了公共領域，將政治辯論延伸至未受教育的人民。在一七八九年之後，「宣傳」一詞已不再是不合時代的討論。例如，革命派的記者卡

---

22 James E. Young, 'The Counter-monument: Memory against Itself in Germany Today', in Mitchell, *Art and the Public Sphere*, pp. 49–78.

23 Burke, *Fabrication*, p. 143.

米爾‧德穆蘭（Camille Desmoulins，1760–1794）便將「愛國主義的宣傳」和基督教的宣傳相提並論，而流亡的保皇黨人則譴責大革命的「宣傳」。自從一七八九年起，視覺宣傳已在現代政治史中佔據相當重要的份量。[24]

　　即使如此，圖像的政治用途不應淪為操縱觀看民眾的嘗試。例如，在報紙發明和電視發明之間，諷刺漫畫為政治辯論做了根本性的貢獻，使權力變得清楚易懂，並且鼓勵一般人參與國家事務。能達成這項任務，是因為以簡單、明確且容易記憶的方式，呈現有爭議的話題，並將政治檯面上的主要角色呈現為非英雄、會犯錯的凡人。漫畫家詹姆斯‧吉爾雷（James Gillray，1756–1815）的作品，便是從基層視角，為如今的歷史學者們提供一瞥十八世紀英國政治的寶貴機會。奧諾雷‧杜米埃（Honoré Daumier，1808–1879），一名針對國王路易－菲利普的激烈批評者，也提供一瞥十九世紀法國態度的類似機會，而「百戰將軍」（Colonel Blimp）的創作者大衛‧洛（David Low，1892–1963），則提供了二十世紀前半葉的英國態度。這些諷刺

---

24 M. Dorothy George, *English Political Caricature: A Study of Opinion and Propaganda* (2 vols, Oxford 1959); Herbert M. Atherton, *Political Prints in the Age of Hogarth: A Study of the Ideographic Representation of Politics* (Oxford, 1974); Michel Jouve, 'Naissance de la caricature politique moderne en Angleterre (1760–1800)', in Pierre Rétat, ed., *Le journalisme d'ancien régime* (Paris, 1981), pp. 167–82; Michel Vovelle, ed., *Les Images de la Révolution Française* (Paris, 1988); James A. Leith, *The Idea of Art as Propaganda in France, 1750–1799* (Toronto, 1965).

漫畫在剛發行時受歡迎的程度，意味著它們已打動人心。基於這樣
的理由，我們可以稍具信心，利用它們重建起已消逝的政治態度或
心態。

5
圖像中的物質文化

「我一直沒辦法讓你理解袖子的重要⋯⋯

或是鞋帶上可能繫著關鍵問題。」

福爾摩斯對華生如此說

柯南‧道爾《身份之謎》（*A CASE OF IDENTITY*）

前面兩章集中討論圖像在不同時期中揭露或暗示哪些想法、態度和心態。相反地，此處的重點會落在證據一詞的字面意義，換句話說，就是在過往物質文化的重建過程中（無論是在博物館或是在歷史書籍裡）相關的圖像使用。而在重建起一般人民的日常文化時，圖像又格外重要——其中一個原因，他們的房屋有時是用不計劃長久維持的材料建造的。正是由於這樣的目的，例如懷特在一五八〇年一幅維吉尼亞州印地安村落繪畫（圖3，p34）便顯得不可或缺。

在作為服飾史的證據上，圖像價值顯而易見。有些服飾物件存在了整個千禧年，但若要從單件物品觀察到整套服飾，哪些東西和哪些搭配，這就需要回到繪畫和版畫上，還有一些主要從十八世紀或之後流傳下來的時裝娃娃。於是，法國歷史學者費爾南・布勞岱爾（Fernand Braudel，1902–1985）便利用繪畫當作證據，證明西班牙及法國時尚在十七和十八世紀流傳到英國、義大利和波蘭。另一位法國歷史學者丹尼爾・羅什（Daniel Roche）為了研究法國服飾史，不僅使用貨品清單，還用一六四二年的《農民晚餐》（*Le repas des paysans*，圖37）這類知名畫作。在第三章曾討論過普羅旺斯地區留存的豐富還願畫作系列，畫中再現日常生活場景，這也使歷史學者們得以研究該地區內不同社會群體的服飾延續和變化。例如，一八五三年出自耶爾（Hyères）地方的其中一幅畫作，便顯示屠夫們穿戴整齊上工（圖4，p35）。[1]

1　Fernand Braudel, *The Structures of Everyday Life* (1979: English trans. London, 1981), p. 318;

【圖37】路易‧勒南，《農民晚餐》（*Le repas des paysans*），1642年，畫布油畫。巴黎
羅浮宮。

　　同樣地，若歷史學者只能單靠文字紀錄的話，科技史的研究就會
相當貧乏。例如，從現存的模型與墓室繪畫中，可以重建起基督降
生的數千年前，在中國、埃及與希臘等地使用的戰車。在一幅雕版

Daniel Roche, *The Culture of Clothes* (1989: English trans. Cambridge, 1996); Bernard
Cousin, *Le Miracle et le Quotidien: Les ex-voto proven.aux images d'une société* (Aix, 1983),
pp. 17–18.

【圖38】德布雷,〈搾甘蔗汁機〉(Petit Moulin à Sucre portatif),出自《巴西圖畫與歷史之旅》(*Voyage pittoresque et historique au Brésil*,巴黎,1836-9)之細點腐蝕版畫。

版畫中,可以捕捉到為丹麥天文學家第谷・布拉赫(Tycho Brahe,1546–1601)在烏拉尼堡(Uraniborg)天文台所架設的觀星儀器,由於缺乏其他資料,這幅版畫已被科學史學者們多次複製。在巴西農場上用來搾甘蔗汁的儀器,用的是和洗滌室裡的軋布機一樣的原理,這在法國藝術家讓-巴普蒂斯特・德布雷(Jean-Baptiste Debret)的一幅細點腐蝕版畫上獲得清楚呈現,畫中兩人坐著把原料送進機器裡,另外兩人則提供讓「引擎」運轉的能源(圖38)。

【圖39】描繪印刷鋪（Imprimerie）裡排版室的雕版版畫，出自《百科全書》（*Encyclopédie*，巴黎，1751–2）之〈圖版收集〉（Receuil des planches，1762）。

　　研究農業、紡織、印刷、軍事、採礦、航海和其他實際活動的歷史學者們（這份清單實際上是無盡的），也一直大量利用圖像的見證，用來重建起犁、織布機、印刷機、弓箭、槍枝……使用的方式，並且能夠將它們設計上的漸進或急遽改變製成圖表。因此，在保羅・烏切洛（Paolo Uccello）《聖羅馬諾戰役》（*The Battle of San Romano*）畫作中的一處小細節，便是十字弓手如何在重新上膛時手持武器的一項見證。十八世紀的日本卷軸畫中，不僅提供了各種中國舢板的精確測量，同時也讓歷史學者們能仔細觀察其中的設備，從錨到大

砲、從燈籠到爐灶皆有。[2]一八九七年，國家攝影記錄協會（National Photographic Record Association）於英國成立，專門負責攝影，並將照片存放於大英博物館，創立者們當時所特別考慮的，也正是建築物和其他形式的傳統物質文化紀錄。[3]

　　圖像見證的其中一樣特殊優點，在於它們快速又清楚地傳達出一項複雜過程的細節，例如印刷術，文字說明起來會更冗長且更模糊。於是，知名的法國《百科全書》（1751–65）中便包括許多冊圖版，因為這部參考書刻意將工匠們的知識視為同等於學者們的知識。而其中一幅圖版便繪製了四個不同階段過程中的印刷師傅工作坊，以便為讀者展示書籍是如何印刷完成的（圖39）。

　　當然，若不進行來源批判、識別藝術家（這裡的例子是谷希耶〔L.-J. Goussier〕）和更重要的藝術家資料來源，而逕自把這類插圖，當作某個特定時間地點中科技狀態毫無問題的反映，是很危險的。在此處的例子中，《百科全書》中的幾幅圖版實際上並不是根據直接觀察。它們是早期插圖的更新版，可能出自《錢伯斯百科全書》（Chambers's Cyclopaedia），或是法國科學院（French Academy of Sciences）發行的插圖版《工藝描述》（Description des Arts）。[4]一如往

2　Peter Paret, *Imagined Battles: Reflections of War in European Art* (Chapel Hill, NC, 1997), p. 24; Osamu Oba, 'Scroll Paintings of Chinese Junks', *Mariner's Mirror*, LX (1974), pp. 351–62.

3　H. D. Gower, L. Stanley Jast and W. W. Topley, *The Camera as Historian* (London, 1916).

4　Jacques Proust, ed., *L'Encyclopédie* (Paris, 1985), p. 16.

常，來源批判有必要，但若把一五〇〇到一八〇〇年間關於印刷舖的
雕版版畫並置比較的話，會為觀者帶來科技變化的鮮明印象。

有兩種圖像可以更詳細說明以上幾點，城景畫（townscape）和室
內畫。

城景畫

都市史學者已有好一陣子關注他們有時稱為「作為工藝品的城
市」。[5] 對都市史研究來說，視覺證據又格外重要。例如，在具有「目
擊風格」（導論）的畫作中，背景上便有許多有價值的線索，讓我們
得以了解十五世紀威尼斯的樣貌，一如卡帕齊奧的《里亞爾托橋的
奇蹟》（*Miracle at the Rialto*，圖40），畫中不僅呈現出建於目前石橋
（建於十六世紀末）之前的木橋，還展現出許多細節，例如形式不尋
常的漏斗狀煙囪，這些煙囪曾一度主導威尼斯的天際線，但已從現今
仍留存的宮殿上消失蹤影。

在十七世紀中葉，就像風景畫一樣，城景畫成了獨立畫種，這種
風潮從荷蘭的阿姆斯特丹、台夫特和哈倫城景開始，在十八世紀時獲

---

5 Oscar Handlin and John Burchardt, eds, *The Historian and the City* (Cambridge, MA, 1963),
pp. 165–215; Cesare de'Seta, ed., *Città d'Europa: Iconografia e vedutismo dal xv al xviii
secolo* (Naples, 1996).

【圖40】卡帕齊奧，
《里亞爾托橋的奇蹟》
（*Miracle at the
Rialto*），約1496年，
畫布油畫。威尼斯學院
美術館。

得廣泛流通。[6]這個新畫種在義大利文中稱為「景觀畫」（*vedute*），吉奧瓦尼・卡納萊托（Giovanni Antonio Canaletto，1697–1768）是其中最知名的代表之一，他主要在威尼斯工作，有幾年在倫敦。他的外甥貝納多・貝洛托（Bernardo Bellotto，1721–1780）則在威尼斯、德雷斯敦、維也納和華沙等地工作。此時期的城市生活版畫也相當受歡迎，關於特定建築物或建築類型的雕版或細點腐蝕版畫亦然，例如，分別由藝術家大衛・洛格根（David Loggan）於一六七五及一六九〇

6　Cynthia Lawrence, *Gerrit Berckheyde* (Doornspijk, 1991).

年、魯道夫・阿克曼（Rudolph Ackermann，他和洛格根一樣是來自中歐的移民）於一八一六年出版的牛津與劍橋大學城景。這些畫種在這特定時期興起，本身在告訴我們一些關於都市態度的二三事，例如公民的自豪感。

　　荷蘭共和國的畫家是最早開始描繪城景畫和居家室內畫的藝術家之一，更不用說靜物畫了，對於了解當時荷蘭文化的本質，這事實是重要的線索。這是由城市和商人主導的文化，而對於「微觀」細節的觀察在這個文化裡受到高度重視。的確，發明顯微鏡的便是荷蘭人克尼利厄斯・戴博爾（Cornelis Drebbel，約1572–1633），而另一位荷蘭人揚・斯瓦默丹（Jan Swammerdam，1637–1680）則是首先用顯微鏡發現並描述一整座昆蟲新世界。正如美國藝術史學者斯韋特蘭娜・艾伯斯（Svetlana Alpers）所提出的，十七世紀的荷蘭文化所鼓勵的是「描述的藝術」。[7]

　　就城景畫而言，特定圖像的細節有時具有作為證據的特殊價值。一九四四年，華沙舊城雖已名符其實地被夷為平地，但在版畫和貝洛托畫作的見證基礎下，得以在二次世界大戰後仍能實質地重建起來。建築史學者對於圖像使用相當頻繁，為的便是重建起建築物在毀壞、擴增或修復之前的樣貌：例如倫敦的舊聖保羅大教堂（一六六五年以

7　Svetlana Alpers, *The Art of Describing: Dutch Art in the Seventeenth Century* (Chicago, IL, 1983).

【圖41】貝克海德，《阿姆斯特丹紳士運河彎處》（*A Bend in the Herengracht, Amsterdam*），
可能是1685年之前，薄塗水彩與墨汁。阿姆斯特丹市立檔案庫。

前）、阿姆斯特丹的舊市政廳（一六四八年以前）等。

　　對於都市史學者來說，他們也經常使用繪畫、版畫和照片來想像
城市從前的樣貌，並使他們的讀者也能加以想像──不只是建築物而
已，還有街上的豬、狗和馬匹，或是在十七世紀阿姆斯特丹最大的運
河「紳士運河」（Herengracht）兩旁排列的樹木（圖41），一如赫里
特・貝克海德（Gerrit Berckheyde，1638–1698）所繪。為已被清除的
貧民窟進行歷史重建時，舊照片格外有價值，它們顯示出在像華盛頓
這類城市裡巷弄生活的重要性，並且也顯示出廚房位置等特定細節。[8]

8　De'Seta, Città; James Borchert, *Alley Life in Washington: Family, Community, Religion and Folklife in an American City* (Urbana, IL, 1980); Barchert, 'Historical Photo-analysis: A Research Method', *Historical Methods*, XV (1982), pp. 35–44.

正如我們可能已預料到的，將圖像作為證據的方式並非沒有風險。畫家和版畫師傅工作時，並不會將未來的歷史學者放在心裡，他們或他們的顧客所感興趣的，可能不是一幅城市街景的正確再現。例如，像卡納萊托這樣的藝術家，他們有時會畫些建築隨想（ *capricci* ），畫中的宏偉結構實際上從未離開繪圖板而存在；或者，他們會容許自己在想像中重新安排某座特定的城市，像是把幾幅合成圖像放在一起，拼成威尼斯的主要景象。

即使建築物呈現明顯的寫實主義，就像在貝克海德作品中的例子一樣，但城市本身可能經過了藝術家的清理，這相等於肖像畫家們試圖呈現出模特兒們最好的一面。而關於這類證據問題的解讀，也同樣延伸到攝影上。早期的城市照片經常顯示出不合常理的空蕩街景，以避免快速移動造成模糊影像，或者照片中呈現的是姿勢固定的人物，彷彿攝影師們已從早期繪畫中獲得靈感（第一章）。而根據攝影師的政治態度，他們或者選擇呈現最傾杚的房屋，為的是支持清除貧民窟的爭論，又或者選出狀況最好的房屋以示反對。

為了不曲解圖像的訊息，把它們放回原始脈絡下檢視非常重要。我們可以舉個生動的例子，約瑟夫・韋爾內的拉洛歇爾（La Rochelle）港口畫作（圖42），是在他十五幅描繪法國海港系列作品當中的一幅，這套系列吸引人們相當程度的興趣，從它複製蝕刻版畫的高銷量便可獲得證明。河面上林立的桅杆和前景中工作的人們，使這幅海港景色帶有一股快照的即時性意味。然而，雖然藝術家把這個海港呈現

【圖42】韋爾內,《拉洛歇爾港》(*The Port of La Rochelle*),1763年,畫布油畫。巴黎羅浮宮。

出繁忙的景象,但根據其他資料顯示,在十八世紀中葉的此時,拉洛歇爾港的貿易實際上已經式微。發生了什麼事呢?

　　要回答這個問題,就要把這幅畫放回原來的政治脈絡下。像這套系列中的其他作品一樣,這幅畫是由馬里尼(Marigny)侯爵代表路易十五國王委託韋爾內繪製的,甚至這位畫家的行程都是官方安排好的。馬里尼曾寫信給韋爾內,批評其中一幅塞特(Cette)港的景象,因為這幅畫為了成就美感而犧牲「擬真」(*ressemblance*),馬里尼於是提醒畫家,國王的目的是要「看到以寫實風格(*au naturel*)呈現的王國海港」。但另一方面,韋爾內也無法承擔太過寫實的後果。他的

畫作是要作為法國海軍的宣傳形式而展出。[9]若這些信件和其他說明情況的文件並未留存下來，經濟史學者很可能會基於這幅畫，對於法國貿易的狀況作出過分樂觀的結論。

室內畫及其中裝潢

至於房屋室內畫的圖像，這種「真實效果」甚至比城景畫還來得強烈。當我還是個小男孩時，我參觀了倫敦的國家藝廊，我還清楚記得我看見霍赫（Pieter de Hooch，1629–1684）繪畫時的反應，他擅長的是荷蘭房屋和庭院裡的室內畫，其中還會加上母親、僕人、孩童、喝酒抽菸斗的男人、水桶、酒桶、衣箱等（圖15，p68）。在這類畫作的面前，觀者和畫家之間相隔的三個世紀似乎暫時蒸發，就像親眼所見一樣，我幾乎可以感受且觸摸到過去。

門口是許多十七世紀荷蘭繪畫中的關注焦點，它們是公共與私人區域之間的邊界。藝術家雅各布·奧赫特弗特（Jacob Ochtervelt，1634–1682）便擅長這類場景：在門口的街頭音樂家，或是販賣櫻桃、葡萄、魚類或家禽的人們（圖43）。看著像這樣的圖畫，我們很難不感到自己觀看的是張快照，或甚至自己正進入一幢十七世紀的房

9　Léon Lagrange, *Les Vernet et la peinture au 18e siècle* (2nd edn Paris, 1864), pp. 69–70, 85–7, 104, 115; 比較 Jutta Held, *Monument und Volk: Vorrevolutionäre Wahrnehmung in Bildern des ausgehenden Ancien Regime* (Cologne and Vienna, 1990).

【圖43】奧赫特弗特，《房屋門口的街頭音樂家》（*Courtyard of a House in Delft*），1665年，畫布油畫。聖路易斯藝術博物館（Saint Louis Art Museum）。

屋。[10]類似的概念，例如薩里郡（Surrey）的漢姆屋（Ham House）這類保存良好的房屋，或是如斯德哥爾摩近郊斯堪森（Skansen）這類露天博物館裡保存並展示的農舍，這些房舍裡滿是當年建造時的傢俱，因此給予觀者直接接觸過去生活的感受。

我們需要花點力氣，提醒自己這種親密感是種幻覺。我們無法進入一棟十七世紀的房子。當參觀這類建築時，無論是農夫小屋或是凡爾賽宮，我們所見到的都是無可避免的重建結果，博物館工作團隊在這重建過程中表現得就像歷史學者一樣。他們使用財產清單、繪畫和版畫，找出哪種傢俱可能適合放在這樣的房子裡，又可能會怎樣擺設。在凡爾賽宮的例子中，當這棟建築在數世紀後進行改裝時，修復團隊必須決定應該犧牲十七世紀的風格，遷就為十八世紀的，或是應該相反。無論如何，我們今日所見的，有相當大部分都是重建。一棟仿古的和一棟真正的十七世紀建築之間的差異，肯定是程度上差異，而不是類型上，因為「真正」建築內有極大部分的木料和石材都被現代的木匠和泥水匠替換過。[11]

至於對居家室內畫作的研究方法，應該將它們視為一種藝術畫

---

10 Susan D. Kuretsky, *The Paintings of Jacob Ochtervelt* (Oxford, 1979); Simon Schama, *The Embarrassment of Riches: An Interpretation of Dutch Culture in the Golden Age* (London, 1987), 尤其 pp. 570–96.

11 Peter Thornton, *Seventeenth-century Interior Decoration in England, France and Holland* (New Haven, CT, 1978).

種，有著什麼該畫、什麼不該畫的自身規則。在十五世紀的義大利，
這類室內畫會出現在宗教場景的背景上，就像城景畫的例子一樣。因
此，在倫敦國家藝廊那幅卡羅·克里韋利（Carlo Crivelli）的《天使
報喜》（*Annunciation*，1486）中，便呈現出聖母瑪利亞在一張木桌邊
閱讀，她背後的架上有書本、蠟燭和瓶子，同時也可看到樓上一張東
方地氈掛在圍欄上。[12]

　　在十七世紀的荷蘭，房屋室內畫的圖像變成一種具有自身慣例的
獨特畫種。人們常將許多室內畫視為單純的日常生活禮讚，而重量級
的荷蘭藝術史學者德·約恩（第二章）則將它們解讀為道德寓言，指
出畫中歌頌的是清潔或勤勞的美德。[13]例如，揚·斯特恩（Jan Steen，
1626–1679）的《混亂的家族》（*The Disorderly Household*，圖44）中，
紙牌、牡蠣殼、麵包……甚至一頂帽子巧妙地散落地上，清楚地傳達
出秩序與美德、混亂與罪惡之間的關聯訊息。這幅畫也可能用來警告
二十一世紀的觀者，藝術家不是照相機，而是擁有自身議題的溝通
者。即使在描述的文化中，人們（至少有些人）持續關注著表面下的
事物，無論此處的表面、圖像的表面，或是所代表的物質世界表面。[14]

12 Lisa Jardine, *Worldly Goods: A New History of the Renaissance* (London, 1996), pp. 6–8.

13 Eddy de Jongh, 'Realism and Seeming Realism in Seventeenth-century Dutch Painting'
 (1971: English trans. in Wayne Franits, ed., *Looking at Seventeenth-century Dutch Art:
 Realism Reconsidered* [Cambridge, 1997], pp. 21–56): Schama, *Embarrassment*, pp. 375–97.

14 Elizabeth A. Honig, 'The Space of Gender in Seventeenth-century Dutch Painting', in Franits,
 Looking at Seventeenth-century Dutch Art, pp. 187–201.

【圖44】斯特恩，《混亂的家族》（*The Disorderly Household*），1668年，畫布油畫。倫敦阿普斯利邸宅（Apsley House，即威靈頓博物館）。

　　然而，即使考慮到這些問題，我們從仔細研究室內圖像的小細節中，仍然可以學到許多東西──包括房屋、酒館、咖啡館、教室、商店、教堂、圖書館、劇院等。一五九六年左右，一名來到倫敦的外國遊客，在南華克（Southwark）的天鵝劇院（Swan Theatre）戲劇演出期間，畫下了一幅室內空間的速寫（圖45），畫中顯示一幢位在開放

【圖45】約翰‧德‧維特（Johan de Witt），倫敦天鵝劇院內
部速寫，約1596年。烏特勒支大學圖書館。

舞台後方的兩層樓房屋，而觀眾圍繞在演出者四周，這是一件寶貴的
證據，研究莎士比亞時期戲劇的歷史學者，一而再地利用了這幅速
寫。他們這樣做絕對是正確的，因為對劇場格局的認識在重現早期演
出過程中是最根本的，對文本本身的理解也是必要的。在觀看物件的
陳列時，實驗室中的科學家和助手們（圖46）也學到有關科學編制的

【圖46】I. P. 霍夫曼（I. P. Hofmann），描繪尤斯圖斯・馮・李比希（Justus von Liebig）在吉森化學實驗室裡的雕版版畫，出自《吉森路德維希大學的化學實驗室》（*Das Chemische Laboratorium der Ludwigs-Universität zu Giessen*，海德堡，1842）。

事，這在文字中並未提及。把實驗室中的紳士們呈現為戴著大禮帽的模樣，便挑戰著對研究「親力而為」態度的假設。

　　同樣地，有人形容貝葉掛毯是「用來了解十一世紀物質文化的絕佳資料」。在懺悔者愛德華國王（King Edward the Confessor）的駕崩場景中，那張帶有垂簾的床提供了其他任何同時代文獻都無法匹敵的見證。[15]即使是在有較多文獻資料的十九世紀中，若不是有了圖像的捕

15　David M. Wilson, *The Bayeux Tapestry* (London, 1985), p. 218.

捉，某些物質文化層面會格外難以重建。愛爾蘭農舍裡一些居民在這個時期睡的草堆和草皮床早已消失，但多虧當時藝術家們所畫的水彩畫，我們仍能想像出它們的樣子，這些可能被本地藝術家們視為理所當然的情形，卻多半讓外國遊客印象深刻——大多是負面的印象。[16]

　　文藝復興繪畫、素描和木刻版畫中描繪的書房裡的學者（尤其是學者型的聖徒，或是聖傑羅姆和聖奧古斯丁這類聖徒般學者），這些作品常被當作人文學者書房設備的證據，包括他們的書桌、書架和讀經台等。例如，在卡帕齊奧的《書房裡的聖奧古斯丁》（*St Augustine in his Study*，圖47）中，所謂的「旋轉椅」吸引了格外注意，雖然其他小型雕像、貝殼、星盤和搖鈴（呼喚僕人用）的存在也都值得留意，還有那些書本和寫字設備。其他義大利的書房圖畫，從安托內羅·達·梅西那（Antonello da Messina）的聖傑羅姆，到羅倫佐·洛托（Lorenzo Lotto）的年輕主教速寫，都確認了卡帕齊奧某些細節的正確性，同時也加上了新的細節。[17]

　　若比較卡帕齊奧的《聖奧古斯丁》和其他文化或其他時期中的書房圖像，可能也會有所啟發。例如，做個遙遠的比較和對照，我們可

---

16 Claudia Kinmonth, 'Irish Vernacular Furniture: Inventories and Illustrations in Interdisciplinary Methodology', *Regional Furniture*, X (1996), pp. 1–26.

17 Siegfried Giedion, *Mechanization Takes Command: A Contribution to Anonymous History* (New York, 1948), p. 288; Peter Thornton, The Italian Renaissance Interior (London, 1991); Dora Thornton, *The Scholar in his Study* (New Haven, CT, 1998).

【圖47】卡帕齊奧，《書房裡的聖奧古斯丁》（*St Augustine in his Study*），1502-8年，畫布油畫及蛋彩。威尼斯斯拉夫聖喬治會堂（Scuola di S. Giorgio degli Schiavoni）。

以觀察那些中國學者的書房，它們經常在繪畫和木刻版畫中以標準化形式呈現，可能是代表著文化上的理想。一間典型的書房會面向花園，傢俱包括一張躺椅、書架、上面放著學者「文房四寶」（筆墨紙硯）的書桌，可能還會有些古代青銅器或書法範本。在中國，書房比在歐洲更能作為地位象徵，因為這個國家的掌權者是來自於所謂的「士大夫」階級。

　　若做個較臨近的比較，我們或許可以把卡帕齊奧的圖像和阿爾布

雷希特·杜勒（Albrecht Dürer）同樣著名的雕版版畫《書房中的聖傑羅姆》（*St Jerome in his Study*，1514，圖48）並置一處，無論此處展現的是個別畫家之間的差異，或是義大利與德國書房之間的一般對照。杜勒展示出，一間對我們而言可能有些空蕩的房間，但對當時來說多少算是奢華的，房裡的椅子和長椅上有著柔軟的靠墊，僅管聖傑羅姆的苦行主義是眾所皆知。另一方面，正如潘諾夫斯基所指出，他書桌上是空的，在聖徒寫字用的斜板旁，「除了墨水瓶和十字架外別

【圖48】杜勒，《書房中的聖傑羅姆》（St Jerome in his Study），1514年，雕版版畫。

無所有」。[18]書本不多，而就一個知名學者的情況，這項缺席肯定具有
表現性。人們會思忖，在印刷術成為令人興奮的新發明時，身為一名
生活在這個時期的畫家，是不是在對聖傑羅姆時代手抄本文化的缺
乏，提出某種歷史觀點。相反地，一幅關於伊拉斯謨（Erasmus）及
其秘書吉爾貝爾・庫桑（Gilbert Cousin）一同工作的木刻版畫，則在
秘書的背後呈現出擺滿書本的書架。

廣告

廣告裡使用的圖像，或許可以幫助未來的歷史學者們重建起二十
世紀物質文化的失落元素，包括從汽車到香水瓶，但無論如何，目
前它們作為資料來源更加有用，讓學者可以研究過去對日用品的態
度。日本是這方面的先驅之一（這點相當恰當），見證了喜多川歌麿
（1753–1806）一些版畫裡提及的品牌產品，例如清酒。在歐洲的十八
世紀後半，則見證了圖像廣告的興起，例如在德國雜誌《奢華與時尚
雜誌》（*Journal des Luxus und der Moden*，圖49）裡刊登的新式躺椅
插圖，這份雜誌專門介紹消費世界裡的新發明。

隨著海報興起，大張的彩色石版畫在街頭展示，十九世紀後

---

18 Francesca Bray, *Technology and Gender: Fabrics of Power in Late Imperial China* (Berkeley and Los Angeles, CA, 1997), pp. 136–9; Erwin Panofsky, *Albrecht Dürer* (Princeton, NJ, 1948), p. 155; Giedion, *Mechanization*, p. 303.

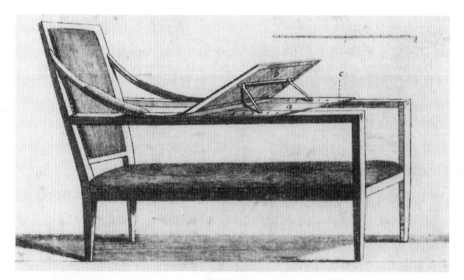

【圖49】G. M.克勞斯（G. M. Kraus），描繪有閱讀架的躺椅雕版版畫，出自《奢華與時尚雜誌》（Journal des Luxus und des Moden, 1799）。

半於是迎來了廣告史的第二階段。朱爾斯‧舍雷特（Jules Chéret，1836–1932）和阿爾豐斯‧慕夏（Alphonse Mucha，1860–1939）兩人都在美好年代（belle époque）的巴黎工作，他們製作了一系列海報，廣告著戲劇、舞廳、腳踏車、肥皂、香水、牙膏、啤酒、香煙、勝家縫紉機、酩悅（Moët et Chandon）香檳、薩克索蓮（Saxoleine）燈油等。美女們伴隨著這些產品一同出現，誘引觀者前往購買。

　　然而直到二十世紀，廣告商才開始轉向「深層」心理學，他們的目的在於吸引消費者的潛意識，並利用所謂「潛意識廣告」的聯想說服技巧。例如，一九五〇年代的美國，在劇情片放映時出現瞬間閃過

的冰淇淋廣告。觀眾們並不知道自己看到這些圖像，但冰淇淋的消費
卻增加了。

　　若把「潛意識」一詞運用在更廣義範圍上，或許也會有用，它指
的是藉由將不同物品，與某既定產品的視覺圖像聯繫起來，以此建立
起該產品的心理圖像。這項過程是廣告公司及其攝影師與「動機分析
師」的意識操作之一，但觀者們多半並未意識到這點。例如，跑車便
是以這樣的方式，長久以來都和權力、征服和男子氣概聯繫在一起，
「捷豹」（Jaguar）這樣的名稱便象徵著它的特性。過往的香煙廣告展
現牛仔們的圖像，為的是利用另一種類似範圍的男子氣概聯想。這些
圖像證明，消費文化中投射在無生命物體上的價值觀，或許就等同於
十八和十九世紀時投射在風景畫上的價值觀（第二章）。

　　若分別以一九六〇年代和一九七〇年代的香水廣告為例，從現
在看來，這兩個年代或許距離夠遠，可以用某種程度的抽離看待。
例如，佳美（Camay，圖50）廣告呈現出一間時尚拍賣所的室內景象
（拍賣目錄上可見到「蘇富比」的名稱），一名英俊體面的男子受到
眼前的景象（或是香水？）吸引，於是將注意力從正在翻閱的藝術品
轉移到使用該產品的女郎身上（第十章）。[19]這名佳美女郎相當美麗，
但卻沒沒無名。相反地，香奈兒五號的一些廣告則是將香水和女星凱

19 Umberto Eco, *La struttura assente: Introduzione alla ricerca semiologica* (Milan, 1968),
　　pp. 174–7.

【圖50】1950年代的義大
利肥皂廣告。

撒琳・丹尼芙（Catherine Deneuve）並置。她的風采感染產品，鼓勵
著女性觀者認同她，並且跟隨她為榜樣。或者，用更有野心的說法：
「凱撒琳・丹尼芙的臉龐在雜誌與電影的世界中對於我們的意義，也
就是香奈兒五號在消費品世界中試圖達到的意義，並且會達到。」正
如羅蘭・巴特分析的一些廣告案例，艾可對佳美圖像的詮釋及茉蒂

絲·威廉森（Judith Williamson）對香奈兒圖像的詮釋，都依循著結構主義或符號學研究方法的路線（在之後的第十章會更詳細討論），而不是圖像誌研究方法，他們強調的是圖片中不同元素的關係，並以二元對立的角度看待。[20]

問題與解答

在前兩節中討論的例子，提出讀者們已經熟悉的問題，例如視覺公式。人們將貝葉掛毯中再現的傢俱形容為「公式性的」，反映了藝術家的企圖問題，究竟他們是要將可見的世界忠實再現，還是要將它理想化、或甚至寓言化。而第三個問題是關於一幅圖像中指涉或「引用」到另一幅圖像，也就是互文性的視覺版。例如，大衛·威爾基（David Wilkie）的《一便士婚禮》（*Penny Wedding*，1818），畫中滿是物質文化的細節，某種程度上無疑是根據他對家鄉法夫郡（Fife）的觀察，但也借用或指涉十七世紀的荷蘭繪畫或版畫。所以，對於研究十九世紀蘇格蘭的社會史學者來說，這幅畫可以如何使用，又使用到多大程度呢？還有另一個問題，是關於可能的扭曲程度。正如先前提到的，藝術家可能在畫作中打掃了房間、清理了街道。其他圖像又

20　Judith Williamson, *Decoding Advertisements: Ideology and Meaning in Advertising* (London, 1978), p. 25; 比較 Erving Goffman, *Gender Advertisements* (London, 1976).

更遠離日常生活了。來自未來西元二五○○年的歷史學者們若用廣告
當作證據（包括從海報到電視廣告），他們可能會受到誘導，認為西
元兩千年在英國一般人的生活水平，比實際上來得高出許多。他們若
要妥善地使用證據，就需要熟悉現今電視的慣例，也就是把人們呈現
在更好的房子裡，身邊環繞著他們實際上買不起的昂貴物品。

　　在其他例子中，藝術家可能會誇大室內的混亂和骯髒，有些可能
是出於刻意，例如斯特恩為了傳達某個特定的寓意或道德要點，另外
也可能是無意的，因為呈現的是一個自己不熟悉箇中規則的文化。十
九世紀時，瑞典的農舍內部速寫通常是由局外人繪製，在愛爾蘭亦
然，他們或許是外國人，再怎麼說也是中產階級。有幅素描描繪的
是，一幢瑞典農舍在早上五點一天剛開始的景象（圖51），畫中清楚
說明了農夫缺乏隱私的生活，他們不是睡在臥室，而是睡在牆內的小
隔間裡。更正確地說，這裡顯示的是在中產階級眼中所認知的隱私缺
乏，包括在藝術家弗里茨・馮・達德爾（Fritz von Dardel）的眼中。21

　　接下來的問題，就是上面討論過的隨想。景觀畫家有時喜歡創作
建築狂想，一如卡帕齊奧在他知名的聖吳甦樂（St Ursula）生平畫作
中所作。在他的《書房裡的聖奧古斯丁》（圖47，p157）例子中，人
們的注意力被吸引到「附有閱讀台的奇特椅子，和同樣令人好奇的寫

---

21 Jonas Frykman and Orvar Löfgren, *Culture Builders: A Historical Anthropology of Middle-class Life* (1979: English trans. New Brunswick, NJ, 1987), pp. 127–9.

【圖51】弗里茨・馮・達德爾，《奧爾薩的早晨起床》（*Morning Reveille in Orsa*），1893
年，薄塗素描。斯德哥爾摩北歐博物館（Nordiska Museet）。

作桌」上，沒有其他類似的東西留存下來。[22] 這是個傢俱狂想的例子
呢，還是我們可以假定這些物件曾經存在過？

　　關於閱讀室內圖像的問題，荷蘭藝術家彼德・珊列丹（Pieter
Saenredam，1597–1665）所繪的一系列教堂內部圖帶來了更複雜的例
子。人們可能會認為，把這些教堂呈現為原貌以外的模樣並沒有意

22 Thornton, *Interior*, fig. 317.

義，但在仔細審視下，出現了一些尷尬的問題。當時這些教堂是作為
喀爾文教派的禮拜儀式所用。然而，畫作中可看見天主教的圖像，甚
至偶爾會出現看來正在進行天主教儀式的人們，例如一場呈現在哈倫
的聖伯華（St Bavo）教堂南邊側廊裡進行的浸禮（圖52）。仔細審視
細節後，會發現司禮者並不是新教牧師，而是穿戴著法衣和聖帶的天
主教神父。我們知道，珊列丹和哈倫的天主教徒關係良好（十七世紀
時荷蘭共和國有許多天主教徒）。在這些畫作中，藝術家將這些教堂
「修復」成先前的天主教狀態。和同時代荷蘭教堂的外貌相比，珊列

【圖52】珊列丹，《哈倫的聖伯
華教堂內部》（Interior of the
Church of St Bavo in
Haarlem），1648年，畫板油
畫。愛丁堡蘇格蘭國家藝廊。

丹的圖像對於荷蘭天主教的延續提供了更好的證據。它們不是單純的景象，而是「承載著歷史與宗教的言外之意」。[23]

正面來說，圖像常會顯示出物質文化細節，當時的人們由於對這些細節習以為常，因此沒有在文字中特別提及。在荷蘭教會或圖書館圖像裡的狗，或是在洛根的牛津及劍橋大學版畫中的狗，牠們若不是經常出現在這些地方的話，應該不會被畫出來，因此可以用來支持當時日常生活中到處都有動物存在的說法。[24]圖像見證彌足珍貴，因為它們顯示的不僅是過去的人工產物（有時倖存下來可以直接加以研究）還包括它們的安排方式；例如，在圖書館和書店架上的書本（圖53）、在博物館、在十七世紀時所謂「珍寶閣」（cabinets of curiosities）裡展示的異國珍玩（圖54），包括天花板上垂吊下來的填充動物和魚類、地上的古董花瓶、放在基座上的小雕像、擺放在架上的小物件，還有抽屜裡更小的物件。[25]

圖像也顯示物件使用的方式，就像上面提過的《聖羅馬諾戰役》裡十字弓的例子，或是像貝葉掛毯中呈現的長毛和刺槍（圖1，p24）。在後面這個例子裡，女性編織者可能缺乏必要的軍事知識，

---

23 Gary Schwartz and Marten J. Bok, *Pieter Saenredam, the Painter and his Time* (1989: English trans. London, 1990), 尤其是pp. 74–6.

24 Keith Thomas, *Man and the Natural World* (London, 1983).

25 Krzysztof Pomian, *Collectors and Curiosities* (1987: English trans. Cambridge, 1990), pp. 49–53; Paula Findlen, *Possessing Nature: Museums, Collecting and Scientific Culture in Early Modern Italy* (Berkeley, ca, 1994).

【圖53】「約翰・傑維特公司（John P. Jewett & Co.）寬敞新書店的內部景觀，波士頓華盛頓街117號」，出自《格利生畫報》（*Gleason's Pictorial*）之雕版版畫，1854年12月2日。

但可以推測有人應該告訴她們這些武器是如何使用的。將近一千年以後，在第一次世界大戰的影片中出現了一個類似的例子，影片顯示出早期坦克行進間的樣子，讓觀者留意到當時的技術限制。[26]

　　在使用圖像作為其他物件的使用見證上，我們或許可以在書籍史中找到案例研究，或是現在所稱的閱讀史。古羅馬圖像向我們展示如

---

26 Christopher H. Roads, 'Film as Historical Evidence', *Journal of the Society of Archivistsi*, III (1965–9), pp. 183–91, at p. 187.

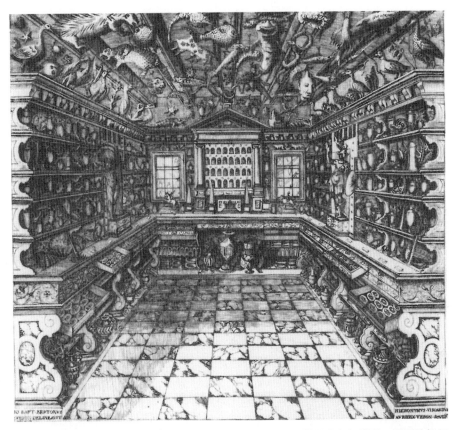

【圖54】喬凡尼・貝爾托尼（Giovanni Battista Bertoni），描繪弗朗切斯科・卡爾佐拉里（Francesco Calzolari）博物館的木刻版畫，出自切魯提與奇歐寇（Benedetto Cerutti and Andrea Chiocco），《維洛那的小弗朗切斯科・卡爾佐拉里博物館》（*Musaeum Francesci Calceolati Iunioris Veronensis*, Verona, 1622）。

何在閱讀時手持卷軸，這種藝術在抄本發明後就喪失了。十七世紀的法國雕版版畫顯示人們在火爐邊大聲閱讀，或是對前來參加守夜（*veillée*）的男女群眾朗讀，夜晚的功課於是變成一種社交活動。而十

八和十九世紀的圖像則多半顯示在家人間的朗讀，閱讀者有時還是女性。

　　德國文學史學者埃里希・舍恩（Erich Schön）使用了相當大量的繪畫、版畫甚至剪影，用於支持並說明他對一八○○年左右德國閱讀習慣變化的論點。他提出這個時期的「閱讀革命」，是一種更為「感性」或「感同身受」的閱讀形式興起，而當時興起的一些圖像支持了這樣的觀點，這些圖像中的人們在戶外，或以較不正式的姿勢閱讀，斜靠在躺椅上、躺在地上，或是像蒂施拜因（J.H.W. Tischbein）描繪的歌德速寫般，書放在膝蓋上、腿離開地面，在椅子上保持平衡（圖55）。另一幅知名圖像是約瑟夫・賴特（Joseph Wright）所畫的布魯克・布斯比爵士（Sir Brooke Boothby），畫中他躺在森林間，書名標著「盧梭」，這幅畫是後來許多躺臥地上的讀者圖像先驅（圖9，p52）。[27] 就畫中的鄉野背景而言，布思比穿戴不可思議得整齊，意味著這幅圖像（不同於許多後繼的圖像）應該就象徵性來解讀，而不是表面意義。這是將盧梭對於效仿自然的理想，轉譯為鮮明的視覺語彙。

　　至此，關於物質文化史的部分，圖像的見證似乎在微小細節上最值得信賴。在作為物件排列的證據以及物件社會用途的證據時，圖像

27　Erich Schön, *Die Verlust der Sinnlichkeit oder die Verwandlungen des Lesers* (Stuttgart, 1987), 尤其 pp. 63–72.

【圖55】蒂施拜因，描繪歌德在第一次
義大利之旅時於羅馬住所窗邊閱讀的速
寫，約1787年。威瑪歌德國家博物館。

顯得格外有價值，與其說是長矛或叉子或書籍本身，不如說是見證了
使用它們的方式。換句話說，圖像使我們得以將古老人工製品放回它
們原本的社會脈絡中。而這個還原的工作，也需要歷史學者們去研究
圖像中所再現的人們，也就是下一章的主題。

6
社會景象

「……以確保……我們日日年年展示的社會政治特徵，
不會因為缺乏公正處理的藝術紀錄，而失落在時間的流逝中。」

喬治‧賓漢姆談論他成為畫家的目標

　　一九二九年，德國攝影師奧古斯特·桑德（August Sander）出版
了他的攝影集《德國之鏡》（*Deutschenspiegel*），目標是透過典型人
物的照片描繪整個社會。美國攝影師羅伊·斯特雷克（Roy Stryker）
也用類似的做法，向歷史學者們呈現他稱之為「紀實」的照片，作
為「捕捉在社會場景中重要但短暫易逝的」新方法。他請歷史學者們
計算「幾乎所有的社會史中的形容詞和描述性段落」，並形容這些文
學技巧是「嘗試……喚起生動的圖像，而這是攝影師們可以直接提供
的，並且正確得多。」基於類似的理由，描繪日常生活場景的十九世
紀美國畫家喬治·賓漢姆（George Caleb Bingham），也被稱為當時的
「社會史學者」。[1]

　　這個比喻顯然可以繼續延伸。許多畫家可能都被形容為社會史學
者，因為他們的圖像紀錄著社會行為的形式，無論是日常的或是慶典
的：打掃房子；入座用餐；參加宗教遊行；逛市場和市集；打獵；溜
冰；做海水浴；上劇院、賽馬場、音樂廳或歌劇院；參與選舉、舞會
或板球賽。舞蹈史學者、運動史學者、劇院史學者和其他專家們，全
都仔細研究了這些圖像證據，並且留意其中的細節。例如，若沒有這
些圖像，要重建起文藝復興時代佛羅倫斯的足球運動，實際上不可

1　Roy E. Stryker and Paul H. Johnstone, 'Documentary Photographs', in Caroline Ware, ed.,
　　The Cultural Approach to History (New York, 1940), pp. 324–30, at p. 327; John Demos,
　　'George Caleb Bingham: The Artist as Social Historian', *American Quarterly*, XVII (1965),
　　pp. 218–28.

能。[2]

　　十七世紀的荷蘭藝術家是這類型佼佼者。數世紀之後，攝影師威廉‧塔爾波特（William Henry Fox Talbot，1800–1877）將他們的作品視為先驅：「將日常生活和熟悉事件的場景當作再現主題，在荷蘭藝術畫派中有了足夠的權威。」[3] 類似的情況還有，湯瑪士‧哈代（Thomas Hardy）的小說《綠林蔭下》（Under the Greenwood Tree）嘗試描寫早期世代的風俗，他也將這本書稱為「荷蘭畫派的鄉間畫作」。

　　我們並不知道為何有些荷蘭藝術家選擇了這項主題，並用此方式描繪它們，但賓漢姆聲稱是要製作歷史文獻，如他所言，是一種對當時社會與政治生活的「藝術紀錄」，他用繪畫術語稱之為日日年年所「展示」的紀錄。根據賓漢姆的說法，繪畫擁有這樣的力量，能夠「讓事件紀錄得以永存，清晰程度僅次於躍然眼前的真實觀察。」[4]

　　賓漢姆的作品描繪的是他所在地密蘇里州的生活，皮草販子、平底船船夫以及小鎮生活，尤其是隨著政治選舉而來的慶典。一如在威爾基的例子中（第五章），賓漢姆的畫作來自第一手觀察，但又不僅是觀察。例如，他的選舉場景令人想到霍加斯的一些圖像，而他的確有可能藉由版畫看過這些作品。我們應該這麼看，他是將圖示傳統改編到某個地方情景上，而不是單純記錄或反映出他生活的時代和地

2　Horst Bredekamp, *Florentiner Fussball: Renaissance der Spiele* (Frankfurt, 1993).

3　W. H. Fox Talbot, *The Pencil of Nature* (London, 1844).

4　引用於 Demos, 'Bingham', p. 218.

點。桑德也對他當時的德國社會有自己的觀點，有人如此形容他的攝影集：與其說是提供了檔案資料，不如說，是對當時中產階級的社會危機所做的「想像革命」。[5]

　　若要測試賓漢姆的「畫家作為紀錄天使（或記者）」的觀點，那麼仔細觀看婦女與兒童的圖像，或許會有幫助。

兒童

　　社會史學者有時會分析兒童的照片，例如，其中一名學者便指出，華盛頓街頭的兒童通常穿戴整齊，但似乎擁有的玩具不多。[6]然而，歷史學者所使用的兒童圖像，最主要是為了記錄童年史，換句話說，是成人對兒童觀點的變化。

　　導論中已經提過的阿利埃斯，不僅是在圖像證據的使用，同時也是童年史的先驅。[7]這不是巧合。由於兒童不怎麼出現在檔案庫所保存的文獻當中，因此若要撰寫關於兒童的歷史，就有必要尋找新的資料來源——日記、信件、小說、繪畫和其他圖像。阿利埃斯令人印象特

5　Elizabeth Johns, *American Genre Painting* (New Haven, CT, 1991), p. 92; Andy Jones, 'Reading August Sander's Archive', *Oxford Art Journal*, XXIII (2000), pp. 1–22.

6　James Borchert, *Alley Life in Washington: Family, Community, Religion and Folklife in an American City* (Urbana, IL, 1980), pp. 293–4.

7　Philippe Ariès, *Centuries of Childhood* (1960: English trans. London, 1965).

別深刻的地方，在於早期中世紀藝術中，兒童缺席，關於兒童形象的不足，中世紀的兒童圖像實際上把他們表現為縮小版的成人。然而，從十六或十七世紀開始，在法國和其他地方，可以見到兒童肖像和兒童墓室興起。另外，兒童在家庭肖像中越發引人注目，人們越來越留意我們可能稱之為「孩子氣」的跡象，兒童和成人社交世界之間的區隔也越發增加。根據阿利埃斯的看法，所有這些變化對於歷史學者來說都是珍貴的線索，它們和文字證據一致，意味著成人們正發展出較敏銳的童年意識，將童年視為一種不同於己的生活方式。

他在一九六〇年出版的著作首版，英文書名是《童年世紀》（*Centuries of Childhood*），書中收錄二十六幅圖片，包括小漢斯・霍爾拜因（Hans Holbein）和菲利普・德・尚帕涅（Philippe de Champaigne）的肖像畫，以及斯特恩和勒南（Le Nain）兄弟的風俗畫，儘管文本中實際討論的圖像，遠多過出版商所能收錄的圖片。阿利埃斯用這些視覺資料作為參考，提出了許多論點，其中一項是關於在舊政權之下缺乏年齡的區隔，而搭配說明的圖片是一張十七世紀的酒館場景，其中，兒童和成人都混在一起。

有些十七和十八世紀的繪畫似乎都肯定了阿利埃斯的論點，也包括他沒提到的畫作。如同沙瑪所指出，在荷蘭畫家加布里埃爾・梅茲（Gabriel Metsu，1629–1669）現今藏於阿姆斯特丹國立博物館的《生病的孩子》（*The Sick Child*）圖像中，展現出對兒童的關切，觀者肯定能感同身受。這幅畫至少不可能是為了慶祝家庭歷史而繪製。霍加

【圖56】霍加斯，《格拉漢姆的孩子》（*The Graham Children*），1742年，畫布油畫。倫敦國家藝廊。

斯繪於一七四二年的《格拉漢姆的孩子》（*The Graham Children*，圖56）被形容為「可靠的十八世紀兒童紀錄之一」，畫中描述了孩子氣的嬉鬧，也展現了四名小模特兒的性格差異，例如最大的女孩展現出「母性自覺的莊重神情」。[8]

8　David Bindman, *Hogarth* (London, 1981), pp. 143–4.

　　儘管如此，自從《童年世紀》出版後，四十多年來一直遭受批評。例如書中提到，人們過去將兒童視為縮小版的成人，並有穿著縮小版成人服飾的兒童圖片提供佐證（這是在阿利埃斯之前就有人提出的論點，只是在他的著作中獲得集中討論），這樣的論點顯示了對脈絡無視，更準確地說，是種錯誤，因為要考慮到事實上兒童和成人一樣，在為肖像畫擺姿勢時，並不會穿著他們平日的服裝。

　　對於阿利埃斯作品的普遍批評，有兩項特別嚴重。首先，有人指責他忽略了不斷變化的圖像再現慣例，這點在下面會再完整討論（第八章），這在中世紀早期的例子中最為明顯。阿利埃斯對於中世紀早期藝術中兒童的缺席印象深刻，他解釋這種缺席是由於人們對兒童普遍缺乏興趣，或更正確地說，對童年缺乏興趣。但另一方面，之後有人對這個主題做了更詳細的調查，並指出早期中世紀圖像中，的確顯示「對童年本身的真正興趣」，包括童年的純真與脆弱，儘管對一些觀者來說，若他們不熟悉「早期中世紀藝術中概念化、並且多多少少抽象化的線性風格」，可能就看不出這樣的興趣。換句話說，阿利埃斯並未讀出早期中世紀的視覺慣例（這種藝術語言離我們格外遙遠），也並未考量哪些是當時人們認為恰當的視覺再現主題。它們多半是宗教題材，而除了嬰孩基督外，兒童並不適合出現在這樣的題材中。另一方面，在文藝復興時期，對於哪些是值得入畫的題材有普遍擴展，包括兒童在內（無論如何，在古希臘羅馬藝術中都以「現代」的風格呈現他們），但絕非僅限於兒童。

　　另一項批評是阿利埃斯忽略了圖像的功能或用途。人們通常以兩種方式呈現兒童。第一種是作為家庭團體的一部分：即使是像《格拉漢姆的孩子》，很可能也是為了和其他家人的肖像掛在一起而繪製。在這種情況，圖像見證的是家庭意識的歷史，而較不是關於童年意識。第二種，在十七和十八世紀中，兒童越來越常作為純真的象徵，於是有些描繪兒童的繪畫是寓言性質，或者至少也是半寓言性。[9]

　　儘管有這些批評，阿利埃斯提供的例子仍舊鼓勵了大量的兒童圖像研究，不僅是社會史學者，也包括在藝廊和倫敦 V&A 兒童博物館（Bethnal Green Museum of Childhood）這類博物館工作的人員。[10]雖然來自肖像和圖像的證據尚未被排除在外，但已經過重新詮釋。例如，在《財主的尷尬》關於兒童的一大篇章中，沙瑪使用了來自十七世紀荷蘭共和國的現存豐富視覺證據，但並未假設這些圖像都是寫實的。相反地，就像前一章討論過德‧約恩的荷蘭室內畫例子一樣，沙瑪描述這些圖像為「滿載各式各樣道德成見和偏見」。[11]

9　François Garnier, 'L'iconographie de l'enfant au Moyen Age', *Annales de Démographie Historique* (1973), pp. 135–6, 支持著阿利埃斯的論點；Ilene H. Forsyth, 'Children in Early Medieval Art: Ninth through Twelfth Centuries', *Journal of Psychohistory*, IV (1976), pp. 31–70, 則是加以批評；比較 Anthony Burton, 'Looking Forward from Ariès?', *Continuity and Change*, IV (1989), pp. 203–29.

10　Mary Frances Durantini, *The Child in Seventeenth-century Dutch Painting* (Ann Arbor, mi, 1983); Simon Schama, *The Embarrassment of Riches: An Interpretation of Dutch Culture in the Golden Age* (London, 1987), pp. 481–561; Burton, 'Ariès'.

11　Schama, *Embarrassment*, p. 483.

　　在一份關於一六七〇到一八一〇年間的美國家庭肖像研究中，採用系列的研究方法（比阿利埃斯的方法更系統化），共檢視334幅肖像畫，當中呈現476名兒童，研究指出，玩具和其他童年象徵物的呈現皆有增加。作者總結道，童年和成年的區別變得越發明顯，並且以積極的方式表現出來。[12] 換句話說，霍加斯那幅值得紀念的《格拉漢姆的孩子》圖像，構成一股更廣泛潮流的一部分。這股積極的潮流繼續前進到十九世紀，甚至一位知名的概念史學者也在此時寫了一本關於他所謂「童年崇拜」（cult of childhood）的著作。約翰・米萊（Sir John Millais，1829–1896）的《肥皂泡泡》（*Bubbles*）這類的圖像，或許可以說明這種童年崇拜，而在梨牌香皂（Pears Soap）套用這幅圖像作為廣告海報後，它的受歡迎度有增無減。[13]

日常生活中的女性

　　就像童年史一樣，女性歷史的書寫通常有違研究資料的常理，尤其是由男性創造、表達男性興趣的檔案資料，這是司空見慣的事。一如研究古埃及或早期中世紀的歷史學者所面對的情況，由於官方文獻

12 Karin Calvert, 'Children in American Family Portraiture, 1670 to 1810', *William and Mary Quarterly*, XXXIX (1982), pp. 87–11

13 George Boas, *The Cult of Childhood* (London, 1966); Anne Higonnet, *Pictures of Innocence: The History and Crisis of Ideal Childhood* (London, 1998).

沉寂，使研究女性史的學者不得不轉向圖像資料，它能呈現女性在不
同時間地點裡所從事的活動。

有些來自中國、日本和印度的例子或許可以說明。例如，街頭景
象顯示出哪些人會在既定的時期和文化中出現在公共場合。因此，在
一幅呈現大約西元一千一百年中國開封市街頭的畫軸中，雖然前景中
可以看見一名乘轎的貴婦人經過，但所顯示的街頭人口主要都是男性
（圖57）。一名研究宋朝中國的歷史學者總結道：「在首都的商業區中，
四處都可見男性；女性則極少見。」相反地，一幅呈現一七八〇年代

【圖57】張擇端，汴京（今開封）街景細部，出自《清明上河圖》，畫軸，十二世紀早
期，絹本設色。北京故宮博物院。

江戶（今日的東京）夜晚街頭的日本版畫，則顯示女性也出現在「演員、看戲觀眾、觀光客和商人」的群眾中。當然，歌川豐春的這幅版畫必須置放在脈絡下考量。展示中的海報指出這條街道是劇院區的一部分，而這些女性可能是高級妓女，包括前景中梳著精緻髮型的女子。[14]

　　若我們看到西方城市生活中的各種女性，可能必須來到德國藝術家薩洛蒙·克萊納（Salomon Kleiner）在一七二四至一七三七年之間製作成雕版132幅場景。這些版畫顯示了街頭的許多女性，她們大多赤足，有些穿戴整齊，並做出彼此問安的模樣。正如一名都市史學者所觀察到：「拿著扇子的女士進行著有禮的對話」，而「路人饒富趣味地看著兩名市井婦人互扯頭髮」。[15]無論此時地中海沿岸歐洲的情形為何，但在維也納、阿姆斯特丹、倫敦（至少如霍加斯版畫所闡明的），女性在街頭生活中的參與度，和傳統中國（甚至日本）形成了鮮明對比。

　　關於社會期待女性從事哪類工作，圖像提供格外有價值的證據，許多是在非正式經濟的工作之中，因此並未記錄在官方文獻裡。例如，在一幅十世紀的中國卷軸中，顯示出晚宴上一名男子正聆聽一名女子（可能是妓女）彈奏弦樂器。一幅十三世紀的中國卷軸則描繪一名正在繰絲的女子。一幅十八世紀的日本版畫顯示一名女子站在食堂

---

14 Patricia Ebrey, *The Inner Quarters: Marriage and the Lives of Chinese Women in the Sung Period* (Berkeley, ca, 1993), pp. 21–2; Richard Lane, *Masters of the Japanese Print* (London, 1962), pp. 237–40.

15 Donald J. Olsen, *The City as a Work of Art* (New Haven, CT, 1986), pp. 246–7.

外，正試著向路人拉生意。另一幅版畫（圖58）顯示一名女書販，她背上背著一疊裝訂的書本，一手拿著一捆版畫。蒙兀兒帝國的繪畫則呈現在工地做事的女子，無論是在擊碎石塊、過濾沙粒（圖59）或是頭頂重物爬上屋頂。中東地區的早期攝影呈現在田間除草打穀的女子，相反地，街頭和咖啡館內則見不到她們的身影。16

【圖58】鳥居清倍，「女書販」，約1717年，手工上色印刷版畫。

---

16 Ahsan Jan Qaisar, *Building Construction in Mughal India: The Evidence from Painting* (Delhi, 1988); Sarah Graham-Brown, *Palestinians and their Society, 1880–1946: A Photographic Essay* (London, 1980), pp. 49, 52, 132.

【圖59】《阿克巴之書》（*Akbarnama*）裡的細密畫，呈現法泰赫普爾西克里
（Fatehpur Sikri）的建築，十六世紀。倫敦維多利亞與亞伯特博物館。

在歐洲的例子中，若社會史學者願意的話，他們也能利用類似的見證，只要遵循一般審慎原則。為了提醒這種審慎的必要性，我們可以看看一幅十四世紀的英國圖像，畫中有三名女性收割者，而根據其他類型的證據所形成的印象，當時的女性通常不從事這項活動。這裡出現衝突，卡米兒對於這幅手抄本插圖中出現女性做出解釋，他的理由是插圖搭配的文字是〈詩篇〉，因此這裡的收割指的是靈性上的意義。[17]

若專注觀察關於女性空間和女性角色的再現，有大量的街頭景象和世態場景都值得仔細研究。這個傳統可以追溯到很久以前：一塊出自奧斯蒂亞（Ostia）地區約一千八百年前的古羅馬大理石浮雕，呈現一名在攤子上賣菜的女子（圖60）。十七世紀的荷蘭繪畫能夠告訴我們許多類似的日常生活層面。伊曼紐爾·德·韋特（Emmanuel de Witte）特別擅長這類場景，比方一攤家禽鋪上的小販和兩名可能是買主的人，都是女性（圖61）。

對於社會史學者格外有價值之處在於，不同的雕版或蝕刻版畫系列為城市中運作的各行各業提供圖示清單。例如《倫敦叫賣》（*Cries of London*），或是如一七八五年加埃塔諾·宗比尼（Gaetano Zompini）出版的60幅《威尼斯城的流動街頭貿易》（*The Itinerant Street Trades*

---

17 Michael Camille, *Mirror in Parchment: The Luttrell Psalter and the Making of Medieval England* (London, 1998), p. 196.

【圖60】呈現賣菜女子的大
理石浮雕，西元二世紀末／
三世紀初。羅馬奧斯蒂亞博
物館（Museo Ostiense）。

【圖61】德・韋特，《阿姆斯特丹市集上販售家禽的女子》（*Woman Selling Birds on the Amsterdam Market*），畫板油畫。斯德哥爾摩國家博物館。

of the City of Venice）蝕刻版畫，其中七幅顯示了女性勞動者，她們兜售牛乳、水、炸物、二手衣、算命；出租戲院或歌劇院中的僕役和座位。這類風俗畫在十八世紀越來越受歡迎，也意味著勞動階級生活的面向逐漸在中產階級眼中成為「如畫」的景象。

多虧這種歐洲風俗畫興起，中國都市行業的資訊也記錄在圖像形式上。有些在廣州的中國繪畫和素描是專為歐洲市場所製作，它們代表了相當範圍的都市行業。其中包括十八世紀晚期蒲呱（Puqua）的上百幅水粉畫作，以及現藏於美國皮博迪埃塞克斯博物館（Peabody Essex Museum）一八三〇年代庭呱（Tinqua，原名關喬昌）的360幅水墨畫作。在這些繪畫和素描中所顯示的女性行業，有編織、補釘、搓絲、縫鞋、描繪花卉以及搬運肥料糞桶等。

但還是有問題存在，歷史學者絕不能忘記，這些圖像是在特殊的脈絡下製作，是替外國人工作的當地藝術家所製作。很可能有人給這些當地藝術家看過「倫敦叫賣」風格的歐洲版畫。即使他們沒有盲目地依循這種傳統，也可能為了滿足歐洲觀者的期待而收錄特定的圖像。[18]

同樣，多虧了圖像，女性的識字能力和女性的工作一樣，我們得以追溯到古希臘開始的時代。一只希臘花瓶顯示出兩個手牽手的女

---

18 Elizabeth A. Honig, 'The Space of Gender in Seventeenth-century Dutch Painting', in Wayne Franits, ed., *Looking at Seventeenth-century Dutch Art: Realism Reconsidered* (Cambridge, 1997), pp. 187–201; Gaetano Zompini, *Le Arti che vanno per via nella città di Venezia* (1785: reprinted Milan, 1980); Shijian Huang and William Sargent, eds, *Customs and Conditions of Chinese City Streets* (Shanghai, 1999).

孩，此外還包含一個重要的小細節。其中一個人物用一條帶子提著她的寫字板，似乎有些女孩需要學習寫字（圖62）。[19]有些早期現代的學校圖像也顯示性別區分，男孩女孩各坐一邊，如同這幅十八世紀法國鄉村學校的版畫所呈現的（圖63）。值得注意的是，畫中男孩們有可以寫字的桌子，而女孩們則是手放在膝蓋上坐著，似乎她們只被要求聽講，這暗示著她們在學習的是閱讀，而不是寫字。

另一方面，關於女性讀者的形象常獲得呈現。在中世紀和文藝復興時期，有些天使報喜的圖像顯示童貞女瑪利亞正在讀書。而在宗教改革以後，天主教教會將閱讀「妖魔化」，因為能夠取得書籍的俗人被斥為造成異端興起，於是在一五二〇年之後，聖母閱讀的圖像開始減少，看來是對這類妖魔化的早期回應。[20]另一方面，從這時期起，其他女性閱讀的圖像則逐漸變得頻繁。林布蘭便畫過他的母親正在閱讀聖經。尚－歐諾黑・福拉歌那（Jean-Honoré Fragonard，1732–1806）的畫作和其他描繪女性手持書本的畫作，已被視為十八世紀法國閱讀傳播的證據。[21]上一章提過的那幅十九世紀波士頓的傑維特書店版畫（圖53，p168），便顯示一些女性經常光顧這裡。

---

19 Mark Golden, *Children and Childhood in Classical Athens* (Baltimore, MD, 1990), pp. 73–4.

20 Lesley Smith, 'Scriba, Femina: Medieval Depictions of Women Writing', in Lesley Smith and Jane H. M. Taylor, eds, *Women and the Book: Assessing the Visual Evidence* (London, 1996), pp. 21–44; 比較 Mary Kelley, 'Reading Women/Women Reading: The Making of Learned Women in Antebellum America', *Journal of American History*, LXXXIII (1996), pp. 401–24.

21 Erich Schön, *Die Verlust der Sinnlichkeit oder die Verwandlungen des Lesers* (Stuttgart, 1987).

【圖62】「波隆那畫家」（Painter of Bologna）所繪的希臘紅彩陶瓶畫，呈現兩名女孩（全盛期西元前480-450年）。紐約大都會美術館。

【圖63】「孩子們，要乖！因為對作惡的人來説，死亡的臨近是很可怕的！」，描畫一所鄉間學校的雕版版畫，出自雷蒂夫（Nicolas Edme Rétif de la Bretonne），《我爸的一生》（*La Vie de mon père*，Neufchâtel and Paris, 1779）。

風俗畫

正如一些阿利埃斯的批評者所指出，社會史學者不能忽略特定視覺類型（genre）的慣例，就像不能忽略文類的慣例一樣。若我們考量到社會觀點，那麼日常生活場景的慣例就需要格外被注意——自十八世紀起我們把這種視覺類型稱為「風俗畫」（英文同樣是 genre）。[22] 在十七世紀的荷蘭，風俗畫以獨立圖像種類之姿興起。之後的藝術家也追隨此類荷蘭範例，包括在十八世紀的法國（例如夏丹）、十九世紀的蘇格蘭（威爾基）和美國（賓漢姆）。雖然一般慣例不會把法國印象派畫家稱為風俗畫家，但在愛德華·馬奈（Édouard Manet，1832–1883）、莫內和奧古斯特·雷諾瓦（Auguste Renoir，1841–1919）等人的繪畫中，都呈現十九世紀晚期的巴黎及近郊休閒生活圖像，因此也為這個主題提供了新變化，包括從蛙塘（La Grenouillère）河上的船客，到煎餅磨坊（Moulin de la Galette）裡的舞者。[23]

儘管有賓漢姆「藝術紀錄」這樣的用詞，社會史學者並不能假定類似圖像就是客觀文獻。例如，我們已指出斯特恩在《混亂的家族》

---

22 Helen Langdon, 'Genre', *Dictionary of Art*, XII (London, 1996), pp. 286–98.

23 Timothy J. Clark, *The Painting of Modern Life: Paris in the Art of Manet and his Followers* (New Haven, CT, 1985); Robert L. Herbert, *Impressionism: Art, Leisure and Parisian Society* (New Haven, CT, 1988).

採用的道德化方法（第五章）。在斯特恩及其同代藝術家的一些風俗畫中，這問題甚至更加複雜。有人爭論，有些荷蘭騙子的畫作呈現的不是都市生活的景象，而是舞台上擺出的場景，畫中主角是義大利即興喜劇（*commedia dell'arte*）中的固定班底。在這種情況下，可能要假設我們直接觀察到的江湖騙子已通過道德化濾鏡，而且不是單一的，是雙重的濾鏡。我們於是回到「明顯的寫實主義」的問題（第五章）。[24]

另一個類似的問題是某些婚姻圖像中的諷刺元素。在老彼得・布勒哲爾（Pieter Brueghel the Elder）的《農民婚禮》（*Peasant Wedding Banquet*，第七章）、威爾基的《一便士婚禮》和其他出處中，都可能讓人猜想到這點。在霍加斯的《時髦的婚姻》（*Marriage à la Mode*）繪畫和版畫系列中，諷刺意味又格外明顯，版畫系列的第一幅場景呈現雙方家庭隨同律師出席會面。兩名父親坐在中央位置桌旁，而背對背坐著的準新人則被置放在畫作的右手邊，象徵他們在這場交易中的次要地位。[25]

讓我們先把注意力放在一幅至少乍看之下顯得相當客觀紀實的圖像：亞伯拉罕・博斯（Abraham Bosse，1602–1676）題為《城市婚禮》（*Le Mariage à la ville*，圖64）的版畫。畫中的動作發生在一張

24　S. J. Gudlaugsson, *De comedianten bij Jan Steen en zijn Tijdgenooten* (The Hague, 1945).

25　Ronald Paulson, *The Art of Hogarth* (London, 1975), pp. 30–40.

【圖64】博斯,《城市婚禮》(*Le Mariage a la ville*),1633年,雕版版畫。倫敦大英博物館。

桌子旁,雙方家長正協商條件,由公證人記錄下來(其中一名婦人的手勢和另一名婦女的犀利神情,表明兩人和男人一樣積極參與整個過程)。準新人坐在前景的邊緣,彷彿眼前的事,實際上和他們並不相關似的。他們正在握手,這個姿勢可能強調的是他們已立下婚約,而不是他們彼此相愛。桌旁的一男一女兩名孩子,或許是新娘或新郎的弟弟和妹妹,他們正在玩耍,彷彿並未意識到他們未來將在類似的社

交劇碼中將會扮演的角色（男孩手上的面具將劇場的譬喻送到觀者眼前）。這幅版畫呈現出仔細觀察下的服飾與傢俱細節，使我們得以還原上流中產階級的社交界場景，無論畫中的家庭是因經商或是司法而致富。

我們知道一些關於博斯的生平事實，包括他屬於人口中少數的新教徒，並且他和法國皇家藝術學院發生長期衝突，這些細節都使他的版畫更有可能作為道德與社會的批評。安托萬‧弗雷蒂埃（Antoine Furetière）的《中產階級羅曼史》（*Roman bourgeois*，1666）是一部十七世紀中葉的愛情小說，書中對於買賣新娘的諷刺，使得博斯圖像中的道德詮釋更加可信。弗雷蒂埃在他的小說中印出了他所謂的嫁妝「價碼」，根據這個價碼，擁有十萬埃居或更多嫁妝的女孩有資格嫁給公爵，而只有兩萬到三萬里弗爾的女孩能嫁給律師就要滿足了。

於是，同樣地，若將一幅社會圖像解讀為單純的社會反映或速寫，很可能會造成誤導。博斯的版畫比乍看之下更接近於霍加斯的《時髦的婚姻》，甚至有可能啟發了後者。

真實與理想

因此，就一方面而言，社會史學者需要意識到圖像諷刺的弦外之音。另一方面，也不能忘記理想化的可能性。例如，有人已指出在十八世紀晚期法國藝術中，對於年長者的呈現有了變化。年長者的尊嚴

開始受到強調，而不是醜怪的層面。就像童年圖像的例子，我們也必
須考慮到關於年長男女可能的象徵用法。同樣地，再現慣例中長期存
在的修飾也相當重要，他們不可能忽然產生重大改變，但對其所持的
態度如何，正在發展成形。就這方面而言，文獻資料證實了圖像予人
的印象。[26]

　　在一八三○年革命之後，法國的群眾圖像再度發生劇烈改變。在
此之前，群眾中的個體通常都被表現成流氓、乞丐或酒鬼，就像霍加
斯呈現英國一樣，帶著近乎怪誕的表情。另一方面，在革命以後，他
們越來越常被呈現為乾淨、衣冠整齊的理想化模樣，就如德拉克羅瓦
的《自由領導人民》（第四章）。很難相信社會的態度會如此快速地發
生巨大轉變。更有可能的是，真正改變的是如今稱為「政治正確」的
觀念。由於一八三○年革命成功，於是需要將促成革命的「人民」加
以理想化。[27]

　　同樣地，那幅男女分開的鄉村學校圖像（圖63，p191）可能代
表的是種理想，而不是亂糟糟的現實。十八和十九世紀經常出現父親
朗讀給家人聽的圖像，可能也是理想化，是對過去懷舊的表現。在往

26　David G. Troyansky, *Old Age in the Old Regime: Image and Experience in Eighteenth-century France* (Ithaca, NY, 1989), pp. 27–49.

27　Edgar Newman, 'L'image de la foule dans la révolution de 1830', *Annales Historiques de la Révolution Française*, LII (1980), pp. 499–509; Raymond Grew, 'Picturing the People', in *Art and History: Images and their Meanings*, ed. Robert I. Rotberg and Theodore K. Rabb (Cambridge, 1988), pp. 203–31, 尤其 pp. 226–31.

昔的日子中，閱讀是集體而非個人的事，並且由男性家長挑選適合的
書本。一九〇〇年左右，在英國拍攝的鄉村生活照片，很有可能表達
對傳統村莊中「有機社群」的某種嚮往，因此照片中不但要求主角們
面帶微笑，並且捨棄新的機械，專注在傳統工具上。這種懷舊情感有
自身歷史，極有可能要一直追溯到工業革命以前。例如，現藏於大英
圖書館的十四世紀英國〈勒特雷爾詩篇〉（*Luttrell Psalter*）手抄本中
所呈現的鄉村圖像，近日便有人將其描述為在封建制度的危機出現之
前，提供對鄉村世界的「懷舊意象」。[28]

　　若仔細研究單獨一圖像，或許更能看清這種理想化的過程。路
易・勒南（Louis Le Nain）現藏於羅浮宮的一幅知名畫作《農民晚
餐》呈現的是餐桌旁的法國農民（圖37，p139）。歷史學者皮埃爾・
古貝爾（Pierre Goubert）致力於研究十七世紀的法國農民，他留意到
畫中的「白色桌巾、金色麵包、淺紅葡萄酒，以及服裝和傢俱的真
摯簡樸」，並主張「桌巾和葡萄酒兩者都格格不入，麵包也實在太雪
白了」。古貝爾相信，畫家的目的是要提供一幅「最後晚餐」的流行
版。其他評論家則認為這幅圖像指涉的是路加福音（24章）所記敘
的故事，在以馬忤斯的村莊裡，門徒們和一個原來是基督的人一起用
餐。《農民晚餐》成了一幅問題畫作。

　　至此，把畫作還原到脈絡下的需求應該相當明顯。共同製作許多

---

28 Camille, *Mirror*, p. 192.

畫作的勒南兄弟，他們出身於法蘭德斯邊境的拉昂（Laon），家族擁有土地和葡萄園。換句話說，他們是從內部得知農民生活。問題是要找出他們想製作的是哪種圖像。不幸的是，我們並不知道這幅畫作最初是為誰製作。有項假設是，這是為了一間慈善機構所製作的，因為在當時，十七世紀早期法國興起有組織的基督教慈善團體。

另一項具啟發性的想法是，這幅圖像是宗教觀點的視覺表現，法國宗教作家尚－雅克・奧利耶（Jean-Jacques Olier）在數年後闡述了這種觀點。在他的著作《基督徒的日子》（*La journée chrétienne*，1657）中，奧利耶寫的是關於日常生活的聖潔化，並建議讀者在坐下用晚餐時想到基督的最後晚餐。若這幅圖像確實指向奧利耶的想法，那麼就又提供了一種例子，也就是一幅風俗畫代表的並不是日常生活本身，而是作為宗教或道德的象徵，正如先前討論過的荷蘭畫作範例。然而，同時期的評論者安德烈・費利比安（André Félibien）出身於比勒南兄弟更高的社會階層，他不以為然地評論這幅畫「缺乏高貴」。他似乎假定這幅畫並不是一幅象徵性作品，而是荷蘭人所製作的場景風俗畫。[29]

勒南畫作中的尊貴農民在尚－法蘭索瓦・米勒（Jean-François

---

29 Pierre Goubert, *The French Peasantry in the Seventeenth Century* (1982: English trans., Cambridge, 1986), p. 82; Neil MacGregor, 'The Le Nain Brothers and Changes in French Rural Life', Art History, II (1979), pp. 401–12; 比較 Pierre Rosenberg, Le Nain (Paris, 1993), and Pierre Deyon, 'Peinture et charité chrétienne', *Annales E. S. C.*, XXII (1967), pp. 137–53.

Millet）較晚期的作品中找到類比，米勒本身就是出身於諾曼第的農民家庭。例如，《播種者》（*The Sower*，1850）、《拾穗》（*The Gleaners*，1857），以及最知名的一男一女站在田地間祈禱的《晚禱》（*The Angelus*，1857-9），這些全都以紀念雕像般的風格再現鄉村勞動者。[30] 直至此時，農民的正面形象已比十七世紀時更廣為接受。在義大利，亞歷山達羅‧曼佐尼（Alessandro Manzoni，1785–1873）讓兩名年輕農民作為他小說《約婚夫婦》（*I Promessi Sposi*，1825-7）中的男女主角，儘管他當時因此受到批評。中產階級的知識份子如今已視農民為國家傳統的守護者。當工業化與都市化威脅到傳統農村秩序時，往昔被上流階層視為怪誕（第七章）的農民們便逐漸變得人性化、甚至理想化。我們會聯想到風景畫的歷史——這也相當恰當，因為對都市觀者而言，農民們也是風景的一部分。

　　另一種農民圖像強調的是社會體系的和諧，例如，彼得‧扎博洛茨基（Petr Zabolotsky）的畫作《收成之後》（*After Harvesting*）便顯示俄國農奴們在大宅邸的庭園裡跳舞，而地主和家人們在旁觀望。他們所處的台階頂端，在物理位置上象徵他們社會優越地位。懷舊意味在瑪莉安娜‧德薇多瓦（Mariamna Davydova）的水彩畫中又更明顯，畫中從地主的角度呈現俄國莊園的生活，有馬車、神父拜訪、林

---

30 Richard R. Brettell and Caroline B. Brettell, *Painters and Peasants in the Nineteenth Century* (Geneva, 1983).

【圖65】德薇多瓦，《在卡緬卡附近林中野餐》（*Picnicking in the Woods near Kamenka*），
1920年代，水彩。地點不明。

間野餐（圖65）等場景，莊園被描繪為娛樂活動的中心，而不是企業
所在。這些圖像繪於一九一七年之後，它們喚起的是德薇多瓦和她的
階層在才不久前喪失的世界。[31] 而儘管政治脈絡有所不同，但蘇維埃
畫家謝爾蓋・格拉西莫夫（Sergei Gerasimov，1885–1964）的集體農
場生活圖像，就像德薇多瓦的畫作一樣具有田園風情，這也提醒我們

---

31 Priscilla Roosevelt, *Life on the Russian Country Estate: A Social and Cultural History* (New
　　Haven, CT, 1995), pp. 121, 287.

所謂「社會寫實主義」風格（也許更正確的形容是「社會理想主義」）在更早時期便有類似的做法。

　　若把最後這批照片和美國大蕭條年代時的鄉村窮人照片並置，就會看見強烈的對比。布林克－懷特和蘭格所拍攝的照片，是將焦點從群體轉移到個體，並強調個人悲劇，例如透過一名母親和孩子們的特寫（圖3，p34）。相形之下，當我們回顧起來，即使是最富同理心的農民畫作也顯得不具個人意味。要解讀這樣的差異並不容易，是新媒材造成這樣的差異嗎？或是因為這兩名攝影師都是女性？或是因為她們來自強調個人主義的文化？或是因為她們是替「農業安全域性」（Farm Security Administration）的政府計劃工作？

　　本章開始提出關於典型性的尷尬問題。就像小說家一樣，畫家們選擇他們相信能代表整體典型的個人和小群體，作為他們再現社會生活的方式。此處的重點應該落在「相信」一詞。換句話說，就像個人肖像一樣，關於社會的再現，它告訴我們的是一種關係，是創作再現的人和被描繪的人之間的關係。這種關係可能是平等的，但在過往通常是有階級關係，這點在下一章會繼續發展。

　　被描繪的人們可能是從一段距離之外接受觀看，也可能是在某種尊敬的、諷刺的、感性的、滑稽的、或輕蔑的眼光之下。我們所看見的「畫出的」觀點，在意識形態和視覺兩層意義上的「社會觀點」。攝影也不例外，因為正如美國評論家阿蘭・特拉赫滕貝格（Alan Trachtenberg）所主張：「攝影師不需要說服觀者接受他或她的觀點，

因為讀者別無選擇；在照片中，我們是從攝影機的視角觀看世界，從按下快門的那一瞬間所處的位置來觀看。」[32]字面意義上的觀點即使不是主導，也仍然明顯影響譬喻意義上的觀點。

　　當藝術家或攝影師並非來自於被描繪的文化時，這種情況下，社會或文化距離的重要性便格外清楚。在此，我們可以回到達德爾的素描上，那幅先前用來當作瑞典農舍室內景象的證據（圖51，p165）。這幅素描倘若不是一幅漫畫，那麼至少也有某種滑稽或怪誕的元素在裡面，這意味著在中產階級的藝術家，和他畫下的物質文化與日常生活的人之間，有著一定距離。這類的圖像，「他者」（Other）的圖像，是下一章所關注的重點。

---

32 Alan Trachtenberg, *Reading American Photographs: Images as History, Mathew Brady to Walker Evans* (New York, 1989), pp. 251–2.

7

他者的刻板印象

基督徒是對的，異教徒是錯的。

《羅蘭之歌》（*The Song of Roland*）

東是東，西是西，二者永遠不相遇。

魯德亞德・吉卜林（Rudyard Kipling）

　　直到近日，文化史學者們才開始對「他者」的概念感興趣，英文的「Other」是用大寫O，法國理論家會用法文的「*l'Autre*」進行討論，那麼便是大寫A。如果把不同於己的人們用複數來思考，而不是把他們變成一個未經區分的「他者」，可能會更具啟發性。但由於這個同質化過程很常被使用，文化史學者就必須研究它。他們產生這種新興趣的同時，對文化認同和文化交會的關注也正在興起，例如關於多元文化主義的辯論，促使學者對過去提出新的問題，這只是目前許多正被關注中的一個例子。

　　當群體面對來自其他文化的衝擊時，會出現兩種極端反應。一種是拒絕或忽略文化的距離，轉而運用類比做法，將他者同化為我們自身或我們的鄰近文化，無論這種運用方法是有意還是無意。他者被視為自身的反映，因此有些十字軍東征者將穆斯林戰士薩拉丁（Saladin）視為一名騎士。探險家瓦斯科・達・伽馬（Vasco da Gama）在首次進入印度廟宇時，將一座梵天、毗濕奴和濕婆三相神的雕像詮釋為聖三位一體（正如大約一世紀之後，中國人將聖母瑪利亞的形象詮釋為佛教觀音女神再現）。在十六世紀中期，耶穌會宣教士方濟・沙勿略（St Francis Xavier）首次遇見日本文化時，將日本天皇（地位崇高但未掌實權）形容為東方的「教宗」。透過類比的方式，異國文化變得可以理解，甚或歸化。

　　第二種常見的反應是第一種的相反，這是有意或無意地將另一種文化建構成自身文化的相反。在這樣的方式下，同樣是人類卻被「他

者化」。因此，《羅蘭之歌》將伊斯蘭教描述成基督教的邪惡反轉，並且其中一幅插圖呈現出穆斯林正在崇拜惡魔的三位一體，也就是由阿波羅、穆罕默德和某種「狂暴之神」（Termagant）。希臘歷史學者希羅多德（Herodotus）呈現過一幅圖像，畫中將古埃及文化視為希臘文化的相反，並指出埃及人書寫時是從右到左而不是從左到右、男人將重擔頂在頭上而不是用肩膀扛，還有女人上小號時是坐著而不是站著。他也在某種程度上將波斯人和斯基泰人形容為希臘人的對立版。

　　在前面幾段中，「圖像」一詞的使用是指腦海中的形象，證據來自於文字。若要恢復或重建這些心理圖像，視覺圖像的見證顯然是不可分割，儘管圖片可能引發各種詮釋。作者可以把他們的態度藏在客觀的描述背後，但藝術家則受迫於媒材本身，他們必須採取清楚的立場。在呈現來自其他文化的個體時，只有像或不像自身的文化兩種選擇。

　　上面提到的第一種同化他者過程，十七世紀的荷蘭版畫提供兩個生動的例子。在其中一幅，一名巴西印地安人配備古典時期弓箭。如此一來，這些印地安人就被視為古代世界的野蠻人，這對藝術家和觀者來說，都比美洲人種更令人熟悉。在另一幅版畫中，描述的是荷蘭東印度公司的使節前往中國的紀錄，畫中一名西藏喇嘛被呈現為天主教神父的形象，而他的佛珠則呈現為玫瑰念珠（圖66）。圖畫搭配的文字甚至更朝同化的方向前進，英文版將喇嘛的帽子形容為「像是戴有寬帽緣的樞機主教帽」，而以天主教徒為預設讀者的法文版，也同

【圖 66】呈現配戴「玫瑰念珠」西藏使節的雕版版畫，出自約翰‧紐霍夫（Jan Nieuhof），《荷使初訪中國記》（*L'Ambassade de la Compagnie Orientale des Provinces Unies vers l'Empereur de la Chine…*, Leiden, 1665）。

樣將喇嘛的寬袖袍比喻成方濟各會修士，喇嘛的「玫瑰念珠」則比喻為方濟各和道明會修士的念珠。順帶一提，版畫中呈現的帽子和喇嘛的傳統尖帽不同，十八世紀早期的一名義大利旅行者，曾將這種尖帽比喻為主教冠，試圖將未知的事物同化為已知的事物。不像本書收錄的其他一些遙遠文化圖像（例如圖3，p34），這幅版畫的製作似乎是根據書寫的文字，而不是根據寫生的草稿。

　　換句話說，當文化交會，每個文化對他者的形象都很有可能變成

刻板印象。「刻板」一詞（最初指的是可以用來印刷圖像的鉛版）就像「陳腔濫調」一詞（cliché，最初的法文指的也是同樣的鉛版）一樣，清楚點出視覺和心理圖像之間的連結。刻板印象不見得完全錯誤，但卻經常誇大某些現實特性而忽略其他細節。刻板印象多少有些粗鄙、有些暴力。然而，這其中必然缺乏細微差異，因為是以同樣模式套用到所有彼此差異巨大的文化情境上。例如，有人觀察到一點：描繪美洲印地安人的歐洲圖畫通常都是合成的結果，畫中結合了不同地區的印地安人特徵，創造出單一的普遍形象。

　　在分析這類圖像時，很難不提到「凝視」（gaze）這個概念，這個新名詞借用自法國精神分析學者雅各・拉岡（Jacques Lacan，1901–1981），早先可能會是以「觀點」形容。無論我們思考的是藝術家的意圖，或是不同觀眾族群觀看作品的方式，以「西方凝視」的角度來思考都有所幫助。舉例來說，科學凝視、殖民凝視、遊客凝視或是男性凝視。[1]凝視通常表達出觀者可能並未自覺的態度，無論投射於他者的是仇恨、懼怕或渴望。圖像的精神分析詮釋在關於外國人的圖像中得到最多支持，無論是在異國或在家鄉，這種研究方法將在第十章更詳細討論。

1　Norman Bryson, *Vision and Painting: The Logic of the Gaze* (London, 1983); Peter Mason, 'Portrayal and Betrayal: The Colonial Gaze in Seventeenth-century Brazil', *Culture and History*, VI (1989), pp. 37–62; Stephen Kern, *Eyes of Love: The Gaze in English and French Paintings and Novels, 1804–1900* (London, 1996); Timon Screech, *The Western Scientific Gaze and Popular Imagery in Later Edo Japan* (Cambridge, 1996).

　　有些刻板印象是正面的，如同「高貴的野蠻人」這個例子，這個詞是一六七二年由英國詩人兼劇作家約翰・德萊頓（John Dryden）開始使用。原本是古典形象，在十六世紀重新流行之後，便發展出相反的食人族形象。這種概念也有圖片說明，包括法國新教宣教士吉恩・德・勒里（Jean de Léry）的《巴西旅行史》（*History of a Voyage to Brazil*，1578）書中的木刻版畫。高貴野蠻人這個想法的高峰是在十八世紀，也是在這個時候，諸如大溪地之類的文化被視為黃金年代的延續。透過這種古典傳統的濾鏡，歐洲旅行者尤其將巴塔哥尼亞（Patagonia）和玻里尼西亞的居民視為「古代斯巴達人和斯基泰人所過的樸素高尚生活現代典範」。[2]

　　不幸的是，關於他者的刻板印象（外邦人眼中的猶太人、基督徒眼中的穆斯林、白人眼中的黑人、城市人眼中的鄉村人、市民眼中的士兵、男人眼中的女人等）多半要不是敵對輕蔑，至少也是帶有優越感。心理學者可能會試著找出藏在仇恨背後的恐懼，以及對自我不滿意而在無意識中投射在他者身上的層面。

　　或許正是這個原因，刻板印象經常呈現出觀者自我形象的相反形式。較粗糙的刻板印象來自於簡單的假設：「我們」是人類或文明人，而「他們」只是稍微不同於狗和豬這類常用於比喻的動物，這種

2　Bernard Smith, *European Vision and the South Pacific* (1960: 2nd edn New Haven, CT, 1985), pp. 24–5, 37–8.

比喻不僅發生在歐洲語言裡，在阿拉伯文和中文裡都有。由於如此，
他人變成了「他者」。他們被異化，和自我遠遠不同，甚至可能變成
怪物。

怪物種族

這個過程的經典古典範例，是所謂的「怪物種族」（monstrous
race），古希臘人想像這些種族存在於遙遠的地方，例如印度、
衣索比亞或契丹。[3]這些種族包括犬頭人（Cynocephali）、無頭人
（Blemmyae）、獨腳人（Sciopods）、食人族（Anthropophagi）、俾格
米矮人（Pygmies）、只有單邊乳房的亞馬遜女戰士（Amazons）等。
古羅馬作者老普林尼（Pliny）的《自然史》（*The Natural History*）傳
播這些在中世紀及之後的刻板印象。例如，《奧賽羅》（*Othello*）中
「頭長在肩膀以下」的民族，指的顯然就是無頭人。

　　人們之所以想像出怪物種族，可能是為了說明氣候影響的理論，
也就是假設住在太冷或太熱地方的人無法生長成完整的人類。[4]儘管如

3　Rudolf Wittkower, 'Marvels of the East: A Study in the History of Monsters', *Journal of the Warburg and Courtauld Institutes*, V (1942), pp. 159–97; John B. Friedman, *The Monstrous Races in Medieval Art and Thought* (Cambridge, MA, 1981); Debra Hassig, 'The Iconography of Rejection: Jews and Other Monstrous Races', in *Image and Belief*, ed. Colum Hourihane (Princeton, NJ, 1999), pp. 25–37.

4　Hassig, 'Rejection'.

此，若不將這些圖像視為純粹的想像，而是視為對遙遠社會抱持的扭曲刻板印象範例，或許會有所啟發。畢竟，俾格米矮人仍然存在，也真有些民族在特定場合會吃人肉。在十五及十六世紀時，由於歐洲變得對印度和衣索比亞較為熟悉，也並未發現任何無頭人、亞馬遜女戰士或獨腳人存在，這些刻板印象於是轉移到新大陸上。例如，亞馬遜河的名稱來源，就是因為有人相信亞馬遜女戰士居住在那裡。遙遠的民族在道德上和外觀上都被視為怪物，就像人們相信食人族住在巴西、中非和其他地方一樣。[5]

　　一五〇〇年葡萄牙人首次登陸巴西，在大約六年之後，有幅知名的木刻版畫開始在德國流通，這是一幅生動的食人族圖像，無疑表達並傳播了這樣的刻板印象（圖67）。在版畫中央，我們看見掛在樹枝上殘缺不全的人體，而最左邊的野蠻人正在大啖一條人類手臂。這個範例讓我們多少理解刻板印象的進程，這裡所做的主張不完全是錯誤的。在十六世紀晚期，有些歐洲旅行者便詳細描述過一些巴西印地安人的習俗，例如圖皮人（Tupinambá）的成年男性，他們的確會在一些儀式場合上吃人肉，尤其是敵人的肉。但這幅版畫會帶來錯誤的印象，讓人以為人肉是所有印地安人的普通日常食物。這也造成人們將整個大陸上的居民都定義為「食人族」。在這層意義上，這也促成所謂的「食人神話」（man-eating myth）。在這個過程中，一個文化（不

5　William Arens, *The Man-eating Myth: Anthropology and Anthropophagy* (New York, 1979).

【圖67】葡萄牙基督教國王或其臣民所發現的島嶼及人民，呈現巴西食人族的德國木刻，約1505年。慕尼黑巴伐利亞國立圖書館。

一定都是西方的）宣稱另一個文化的成員會吃人肉，以此貶低他們的人性。

今日，讀者可能覺得難以認真對待怪物種族的想法，難以承認我們的祖先曾相信他們的存在，或至少，相信他們在某處存在的可能性。這種懷疑論多少有些自相矛盾，因為目前許多關於外太空外星人的圖像，或許也該視為老普林尼刻板印象的終極版本。實際上，我們持續用刻板印象觀看那些在文化上遠離我們的群體。「恐怖份子」就

是個明顯的例子，這個詞目前讓人聯想到的是極端且欠考慮的暴力。
若愛爾蘭人、巴勒斯坦人、庫德人等「恐怖份子」被重新描述為「游
擊隊」，他們就會恢復人類的臉孔，具有清楚動機，更不用說是理
想。尤其在一九九○年代，柏林圍牆倒塌和蘇聯解體後，隨著共產主
義的「秩序」衰退，穆斯林恐怖份子的形象在電影中變得格外常見。
「恐怖主義」和一些同樣定義不清的貶義詞聯繫在一起，例如「狂熱
主義」、「極端主義」和最近的「基本教義派」。這些關於伊斯蘭的敵
對形象，與人們常形容為「東方主義」的心態有關。

東方主義

　　在二十世紀的最後二十年，「東方主義」的概念成了貶義詞，
而它過去只是個中性詞語，用來形容研究近東、中東和遠東的西
方專家。[6]這個意義的轉變主要是由於一個人：文學批評家愛德華・
薩伊德（Edward Said）和他一九七八年初版的著作《東方主義》
（*Orientalism*）。薩伊德把他的東方主義類型，描述為從十八世紀晚期
開始發展的「處理東方的法人機構」。有時他也會把這個概念稱為西
方藉以反向定義自身的「論述」，或是稱為（引述英國歷史學者維克

6　Raymond Schwab, *The Oriental Renaissance* (1950: English trans. New York, 1984); Edward
　　Said, *Orientalism* (1978: 2nd edn London, 1995).

多・基爾南〔Victor Kiernan〕的話）「歐洲對於東方的集體白日夢」，
或是「主導……東方的西方風格」。[7]

　　薩伊德根據文字進行研究，也決定不去討論他所謂「東方風俗
畫」的文化刻板印象，但他的想法可以用來（也有人已經用了）分
析許多關於中東的畫作，包括尚－奧古斯特－多米尼克・安格爾
（Jean-Auguste-Dominique Ingres，1780–1867）、西奧多・傑利柯
（Théodore Géricault，1791–1824）、尚－李奧・傑洛姆（Jean-Léon
Gérôme，1824–1904）和德拉克羅瓦，以及出自英國、德國、義大利
和西班牙藝術家的作品。[8]若要把那些充滿關於中東刻板印象的西方畫
作湊成夠份量的集結大全，不會是什麼難事，這些畫作的焦點都放
在性、殘忍、怠惰，以及後宮、澡堂、宮女、奴隸等的「東方奢華」
上。安格爾的畫作《宮女與奴隸》（Odalisque with Slave，圖68）就相
當典型。這幅畫讓西方觀者感覺像進入土耳其後宮，觀看異國文化中
最私密的秘密。

　　這些視覺圖像呈現了東方，或至少也類似於西方文學中對東方的
刻板印象，例如孟德斯鳩的《波斯人信札》（Persian Letters，1721）。
的確，我們知道有些藝術家會求助於文學中的「地方色彩」，就像安

7　Said, *Orientalism*, pp. 3, 52.

8　Said, *Orientalism*, p. 26; Donald A. Rosenthal, *Orientalism: The Near East in French Painting
　　1800–80* (Rochester, NY, 1982); John M. MacKenzie, *Orientalism: History, Theory and the
　　Arts* (Manchester, 1995).

【圖68】安格爾，《宮女與奴隸》（*Odalisque with Slave*），1839/40年，木板上畫布油畫。麻省劍橋福格藝術博物館（Fogg Museum）。

格爾也參考了十八世紀瑪麗・蒙塔古・沃特利夫人（Lady Mary Wortley Montagu）在伊斯坦堡所寫的信件。安格爾抄錄了其中一些，包括瑪麗夫人描述她參觀土耳其澡堂的段落，以構思他的《土耳其浴女》（*Bain Turc*，1862–3）畫作。[9]

9　Compare Alain Grosrichard, *Structure du serail: La fiction du despotisme asiatique dans l'occident classique* (Paris, 1979), and Ruth B. Yeazell, *Harems of the Mind: Passages of Western Art and Literature* (New Haven, CT, 2000).

在十九和二十世紀的照片中，由歐洲攝影師為歐洲觀眾拍攝的中東生活場景，更使其中一些刻板印象變得永久定型。[10]電影亦然，尤其是《酋長》（*The Sheikh*，1921，或譯《沙漠情酋》、《荒漠艷影》），其中男主角阿美得·哈珊（Ahmed Ben Hassan）是由義大利演員藍道夫·范倫鐵諾（Rudolph Valentino）飾演，彷彿在美國白人新教徒（WASP）眼中，所有橄欖膚色的男性都是可以互換的。這些刻板印象及之後的衍生都長久存在，意味著這些集體空想或「虛構」的例子，回應了觀者的偷窺欲望。

先前段落試圖顯示，以薩伊德角度分析西方的中東圖像，的確有所啟發，儘管如此，這個方法卻又令人混淆。西方對「東方」的態度並不比東方本身來得單一，而是隨著藝術家和藝術類型而變化。例如，德拉克羅瓦和傑利柯也都表現出對北非文化的熱忱，這些區別是有次序的。更複雜的是，還有可能出現所謂「東方的東方主義者」。安格爾的《土耳其浴女》擁有者是鄂圖曼的外交官哈利勒·貝（Khalil Bey），而曾在巴黎和傑洛姆一同學習的土耳其藝術家哈姆迪·貝（Hamdi Bey），則是以西方風格畫下他自身文化中的場景。簡直就像鄂圖曼帝國的現代化需要藉由西方凝視來達成，或至少是西方化的凝視。

---

10 Sarah Graham-Brown, *Images of Women: Photography of the Middle East*, 1860–1950 (London, 1988).

　　另外一個重要的區別，是在「浪漫」異國風格和所謂「紀實」、「報導」或「民族誌」風格之間的區別，後者可在一些十九世紀描繪中東的畫家身上看到，就像懷特在維吉尼亞的早期作品（圖5，p39），或是像在太平洋的約翰・韋伯（John Webber），庫克船長在他的第三次航行時選擇與韋伯同行，為了將「我們交易中最難忘的場景」圖像「保存並帶回家鄉」。這類的民族誌風格等同於先前討論的「見證風格」（導論），包括德拉克羅瓦的《兩名坐著的婦人》（圖2，p33）、法國藝術記者康斯坦丁・蓋斯（Constantin Guys，1802–1892）所作的鄂圖曼蘇丹前往清真寺的素描（圖3，p34），以及阿爾貝托・帕西尼（Alberto Pasini）的《大馬士革街景》（*Street Scene, Damascus*，圖69），畫中包含了騎馬者、街頭販子、戴面紗和纏頭巾的人物，一棟雄偉的房舍突出街上，窗戶上鑲著格子細工，女子們可以從屋內看向窗外，自己則不被看到。[11]

　　這樣的場景儘管有著強烈的「真實效果」，但在作為十九世紀穆斯林世界社會生活的證據時，它們也和後期的攝影作品一樣需要謹慎使用。藝術家常用猶太女性當模特兒，因為他們無法接觸到穆斯林女性。有時他們承認自己做的事，就像《摩洛哥的猶太婚禮》（*A Jewish Wedding in Morocco*，另一幅德拉克羅瓦的作品）的例子，但在其他情況中則不然。《兩名坐著的婦人》中的女子身份經常受到討論，可

11　Smith, *European Vision*, pp. 108–14; Rosenthal, *Orientalism*.

【圖69】帕西尼，《大馬士革街景》（*Street Scene, Damascus*），畫布油畫。費城美術館。

能是猶太人，但她們服飾上的細節又暗示著她們的確是阿拉伯穆斯林，這確認了先前的傳說。有位藝術家的一位法國友人是在阿爾及爾港工作的工程師，他說服自己的員工，讓德拉克羅瓦替這名員工的女伴寫生。[12] 另一個關於紀實圖像的問題在於，由於專注在典型性上，因此犧牲了個體性。人們認為某個文化中的典型部分，可能是經過多年觀察的結果，但也可能是囫圇吞棗或是純粹偏見。

　　薩伊德為「東方主義」命名或重新命名是一個特殊狀況，它來自於更廣泛的現象，是一個文化對另一個文化的刻板印象認知，或是來

12　Yeazell, *Harems*, pp. 25–8.

自於某個文化中的個體,對另一個文化中個體的認知。在北歐,關於南方的圖像和關於東方的圖像並沒有太大差別,尤其是西班牙和義大利,特別當背景是在安達盧西亞或西西里時,這可以形容為「南方主義」(Meridionalism)的範例。而關於歐洲極北的圖像,包括拉普蘭區(Lapland)和芬蘭,可以形容為「北方主義」(Borealism)。歐洲對於描繪非洲的圖像和描繪東方的圖像是平行發展,在北美和南美洲,藝術家或多或少也用刻板印象風格呈現黑奴。

在以較具同理心的方式描繪非裔美國人的作品中,有一系列是由伊士曼・約翰遜(Eastman Johnson,1824–1906)所創作,他出生於緬因州,是支持廢除奴隸制度的北方人。關於這個主題,他最為人知的作品《南方黑人生活》(*Negro Life at the South*)創作於一八五九年美國內戰前夕。在這幅奴隸們於勞動後休憩的場景中,有個男子彈著五弦琴、母親和孩子們嬉戲、一名年輕男子對一名美女甜言蜜語,當時有人將這幅畫形容為圖畫版的《湯姆叔叔的小屋》(*Uncle Tom's Cabin*,哈里特・比徹・斯托〔Harriet Beecher Stowe〕早了七年在一八五二年出版的小說)。有人稱讚這幅畫真摯地呈現出「情感、幽默、耐心與寧靜等特質,將文明但被征服的非洲人,從野蠻和兇殘解放出來」。在較近期的評論中,有人用「非刻板印象」一詞形容約翰遜的非裔美國人圖像。不過,《南方黑人生活》中還是常見和奴隸聯繫在一起的慣用姿態和配件——例如五絃琴。我比較想這樣形容,畫

【圖70】怪物木刻，出自吳任臣，
《山海經廣注》。

家是以一種相對溫和同理的方式，呈現出對這些人物的刻板印象。[13]

　　而將歐洲人視為「他者」的非歐洲圖像，也證實有大量文化刻板
印象。中國人和歐洲人一樣，也有怪物種族想像，如同幾幅十七世紀
木刻所顯示（圖70），包括一名不可思議地相似於古典無頭人的人物
（這是文化傳播的例子或是獨立的發明？）。一只十六世紀的日本瓶子
上（圖71），就像數年後的幾幅彩繪屏風一樣，顯示一名褲子像氣球
般膨脹的葡萄牙人，這意味著歐洲服裝在他們眼中看來格外奇特——

---

13 Teresa Carbone and Patricia Hills, eds, *Eastman Johnson: Painting America* (New York, 1999), pp. 121–7.

【圖71】一尊日本火藥瓶上呈現葡萄牙人的服飾，十六世紀。里斯本國立古代美術館。

【圖72】奈及利亞（貝南）青銅飾板，顯示兩名十六世紀的葡萄牙人。私人收藏。

就像歐洲人的大鼻子一樣。非洲人呈現的葡萄牙人圖像也有類似重點（圖72）。我們可以在這層意義上討論「西方主義」，即使這從來不是薩伊德所謂「服務於政經統治下的法人機構」。[14]

　　在西方，仇外心理常透過圖像表現，將其他國家的人民表現成怪物或幾近是怪物。例如，霍加斯的《加萊城門》（*Calais Gate*，約1748）引人入勝之處，便在於英國人對法國人的刻板印象傳統。畫中消瘦的法國人讓觀者聯想到，貧窮和君主專制在英國人心中是緊密關

14　James Carrier, ed., *Occidentalism* (Oxford, 1995).

聯，同時，畫中快樂的肥胖修士緊盯著肉，他豐滿的手放在胸前，讓人想起教皇制的負面形象，以及十八世紀新教知識份子所稱的「祭司權術」（priestcraft）。

　　同樣地，在十九世紀英國和美國的漫畫中，常把愛爾蘭人呈現為猿人般形象，或是根據當時的科幻小說，呈現為某種新科學怪人（Frankenstein）的模樣，這個由英國人創造的怪物如今正威脅著他們。某種方面而言，這些圖像令人想起用擬人方式呈現反叛或混亂的傳統（圖73中，由漫畫家約翰‧坦尼爾〔John Tenniel〕所繪的其中一名愛爾蘭猿人，頭上戴的帽子便寫著「無政府」〔Anarchy〕），仇外攻擊能清楚辨識。[15]

家鄉的他者

　　在某個特定的文化中，也會有從區分到疏遠的類似過程。男人常用相對於女人的形象定義自己，例如聲稱「男兒有淚不輕彈」。年輕人用相對於老人的形象定義自己，中產階級相對於勞工階級，北方人（無論是在英國、法國或義大利）相對於南方人。這些區別都體現在圖像中，因此若要討論如「男性凝視」或是「都市凝視」之類的概念，也並無不可。有些藝術家特別擅長製作關於他者的圖像，例如小

---

15 L. Perry Curtis Jr, *Apes and Angels: The Irishman in Victorian Caricature* (Newton Abbot, 1971).

【圖73】坦尼爾，兩種力量，漫畫，出自《潘趣》（*Punch*），1881年10月29日。

大衛・特尼爾茲（David Teniers the younger），他畫過女巫、農夫和鍊金術士，這是當時諷刺畫家所鍾的另一記標靶。[16]

　　區分爭論性質圖像中最為明顯的，無論是宗教性或政治性，在諷刺漫畫的形式和下意識扭曲之間，沒有清楚界線，因為諷刺漫畫家既訴諸於現有偏見，又加以強化。自中世紀以來，在德國和其他地方的繪畫和版畫中關於猶太人的呈現，或許說明了這點（因為猶太文化是反對圖像的，因此通常不太可能把再現和猶太人相關或外邦人相關的圖像加以比較）。美國歷史學者露絲・梅林科夫（Ruth Mellinkoff）近期的一份研究指出，中世紀藝術如何將猶太人「他者化」。例如，畫家把他們畫成黃色，戴著有帽簷或尖頂的帽子，做出吐舌頭等粗鄙動作。畫家也常將他們的外在呈現為接近魔鬼的樣貌，道德上也接近魔鬼。在最近重新出現的「猶太母豬」（Judensau）圖像中，將他們和豬連結在一起，向觀者清楚說明了他們認為的次等人性。[17]

　　這種連結有些也出現在其他脈絡裡。例如，法國大革命期間製作的漫畫，國王路易十六有時被畫成一頭豬。在喬治・格羅茲（Georg Grosz，1893–1959）或里維拉之類的畫作中，肥胖邪惡的資本家也被

16　Jane P. Davidson, *David Teniers the Younger* (London, 1980).

17　Joshua Trachtenberg, *The Devil and the Jews: The Medieval Conception of the Jew and its Relation to Modern Antisemitism* (New York, 1943), p. 67; Sander L. Gilman, *The Jew's Body* (New York, 1991); Ruth Mellinkoff, *Outcasts: Signs of Otherness in Northern European Art of the Later Middle Ages* (Berkeley, ca, 1993); Hassig, 'Rejection'.

呈現為豬一般的模樣。許多女性圖像（男性凝視的產物）的扭曲程度
較不那麼粗糙，或許也較不自覺，畫家將她們呈現為異類，無論是撩
人的或是令人厭惡的。而在異化的刻板印象中，關於娼妓的圖像又是
最明顯的例子。撩人的一面，我們會立即想到馬內，他那幅著名的
《奧林匹亞》（Olympia）讓人清晰地想起東方女奴的形象。在相反的
一面，我們會想到愛德加・竇加（Edgar Degas，1834–1917），他的
圖像強調女性最不吸引人的特徵，還有人曾形容為「野蠻又殘忍」，
或者像格羅茲的畫作，他用漫畫手法把城裡的女性描繪成貪得無厭的
模樣。[18]

　　這種男性對女性的「他者化」，還有更極端的例子，也就是女巫
的圖像，她們通常顯得面貌醜陋，並且常和魔鬼以及山羊、貓等動
物聯繫在一起。例如，在德國藝術家漢斯・巴爾東・格里恩（Hans
Baldung Grien）的一幅木刻中，便把女巫呈現為一名騎在山羊背上飛
越天空的裸體女子。在十六及十七世紀，女巫越來越常被呈現為正在
煮食嬰兒的模樣。這種指控在當時的文本中不斷出現，但使得女巫的
視覺圖像發生轉變的原因，可能有部分是受巴西和上述其他地方的食

---

18 Annie Duprat, 'La dégradation de l'image royale dans la caricature révolutionnaire', in
Images de la Révolution Française, ed. Michel Vovelle (Paris, 1988), pp. 167–75; C. M.
Armstrong, 'Edgar Degas and the Representation of the Female Body', in *The Female Body in
Western Culture*, ed. S. R. Suleiman (New York, 1986); Hollis Clayson, *Painted Love:
Prostitution in French Art of the Impressionist Era* (New Haven, CT, 1991).

人族圖像「污染」。文學和視覺圖像有時各自獨立或半獨立地發展。
在十八和十九世紀，女巫的最後變形版是個戴著尖帽、騎在掃帚上的
醜老太婆（圖74），周遭圍繞著小魔鬼，這個形象直到今日都仍留存
在大眾的想像中。[19]

【圖74】一幅呈現女巫的十九世紀早期木刻。

---

19 Jane P. Davidson, *The Witch in Northern European Art* (London, 1987); 比較 Linda C. Hults, 'Baldung and the Witches of Freiburg: The Evidence of Images', *Journal of Inter-disciplinary History*, XVIII (1987–8), pp. 249–76, and Charles Zika, 'Cannibalism and Witchcraft in Early Modern Europe: Reading the Visual Evidence', *History Workshop Journal*, XLIV (1997), pp. 77–106.

正如被指控成吃嬰孩（猶太人和女巫都受到了這種指控），這幅木刻中的尖帽就像女人的鷹鉤鼻一樣，說明了刻板印象轉移。尖帽可能不再讓人想到猶太人的形象，但過去曾經如此。支持這項假設的證據包括一四二一年在布達（Buda）公布的一道法律，規定所有第一次因為巫術指控而被捕的人，必須在公共場合戴上所謂的「猶太帽」。在早期西班牙，宗教法庭所逮捕的異端份子也必須戴上類似的帽子。女巫和猶太人之間的這類混淆相當發人深省，這不僅見證關於他者的普遍想法，也見證所謂「表達次等人性的普遍視覺代碼」。[20]「去人性」絕對是這種把其他群體和動物聯繫在一起的重點——無論是猿人、豬、山羊或貓，無論是圖像或是在言語的侮辱上。

怪誕農民

另一個關於家鄉內他者的案例研究，我們可以來到城市人對於鄉村居民的再現方式上。從十二世紀起，描繪牧羊人和農民的西方圖像經常用怪誕的風格來呈現，用這樣的方式和較高地位的人們清楚區隔，也就是這些圖像的觀眾。在知名的〈勒特雷爾詩篇〉篇幅中，可以找出一些來自十四世紀英國的生動例子。而在十五和十六世紀中，對於農民的負面呈現更為廣傳，他們被加上了矮胖的身軀和粗俗的動

---

20 Hassig, 'Rejection', p. 33.

作，意味著隨著都市化的發展，城鄉之間的文化距離也同時增加。[21]

　　這類圖像有些最令人難忘的，出現在老布勒哲爾的畫作中，他本身是城市人，也是人文學者們的朋友，這意味著我們應該將這些圖像視為對都市諷刺傳統的貢獻。[22]那幅知名的《農民婚禮》（*Peasant Wedding Banquet*，圖75）乍看之下可能是一幅「描述藝術」的範例（第五章），但一些小細節則暗示著喜劇或諷刺的內容。例如，前景中的孩童戴著一頂對他來說顯然太大的帽子；餐桌尾端的男人正埋頭豪飲；或許還有那名搬運菜餚的男人，他的帽子裡插著一根湯匙（這或許是十六世紀代表粗俗的象徵，就像上個世紀的英國是用夾在耳後的鉛筆為代表）。這種喜劇傳統又延續到十七世紀的農民市集和酒館中的農民圖像，畫中呈現他們跳舞、飲酒、嘔吐和打架的模樣。但如果在一個傳統中還有個別變化空間，那麼把它加以同質化就是個錯誤。如同一名評論者所說：「阿德里安・布勞威爾（Adriaen Brouwer）的畫作和阿德里安・凡・奧斯塔德（Adriaen van Ostade）的晚期作品呈現出截然不同的農民圖像──一個是野蠻不文明，另一個則相對富裕但卻帶點愚蠢的自滿。」[23]同樣地，這種負面的視覺傳統再度廣為流

21 Michael Camille, *Mirror in Parchment: The Luttrell Psalter and the Making of Medieval England* (London, 1988), p. 210; Mellinkoff, *Outcasts*, p. 231.

22 Svetlana Alpers, 'Realism as a Comic Mode: Low-life Painting Seen through Bredero's Eyes', *Simiolus*, VIII (1975–6), pp. 115–39; Hessel Miedema, 'Realism and Comic Mode', *Simiolus*, IX (1977), pp. 205–19; Margaret Sullivan, *Brueghel's Peasants* (Cambridge, 1994).

23 Peter C. Sutton, *Pieter de Hooch* (Oxford, 1980), p. 42.

【圖75】老布勒哲爾，《農民婚禮》（*Peasant Wedding Banquet*），約1566年，畫布油畫。維也納藝術史博物館。

傳，並且相當有力。

在十八和十九世紀，這種傳統逐漸被另一種取代。農民就像「野蠻人」的例子一樣，被高貴化或理想化（見上述）。或者，就像有些「東方主義」的畫家（見上述），藝術家的凝視既不理想化也不怪誕，而是屬於民族誌，關注重點在於服飾與風俗的忠實報導（用來形容這類繪畫或文學的西班牙術語叫做風俗主義〔*costumbrista*〕）。[24]這種民

---

24 Richard R. Brettell and Caroline B. Brettell, *Painters and Peasants in the Nineteenth Century* (Geneva, 1983).

族誌凝視，也出現在許多十九和二十世紀關於工人、罪犯和瘋子（mad people）的照片中，雖然這往往不像操作者所相信的那麼客觀及科學性。攝影者無論是中產階級拍攝工人、警察拍攝罪犯，或是精神正常者拍攝不正常者，通常都會集中在他們認為典型的特質上，因此將個別的人貶低為不同種類的標本，像是展示蝴蝶一樣收在集冊裡。他們所製作的，也就是桑德·吉爾曼（Sander Gilman）所謂的「差異圖像」。[25]而當西方人製作貝都因人或錫克教徒的圖像時，類似做法也相當明顯。探險家大衛·李文斯頓（David Livingstone）曾要求負責拍照的兄弟查理，「確認拍下不同部落的特色樣本」。[26]這種科學凝視在某方面來說是怪物種族想像的相反，但在試圖達到客觀性這方面，幾乎是同樣在貶低人性。

　　關於他者的圖像充滿偏見與刻板印象，似乎動搖圖像證據值得認真對待的想法。但一如往常，我們需要暫停一下捫心自問：這個證據代表什麼？若是要作為他者文化或次文化真正樣貌的證據，那麼本章所討論的許多圖像都沒多大價值。另一方面，它們確實妥善記錄了一場文化交會，以及在某個特定文化中的成員對這場交會的回應。

　　在更深的層次上，這些圖片甚至可能告訴我們更多關於西方的事。此處檢驗的許多圖像都將他者呈現為自我的反向。若對於他者的

25　Sander L. Gilman, *Health and Illness: Images of Difference* (London, 1995).

26　J. R. Ryan, *Picturing Empire* (London, 1997), p. 146.

觀點是經過刻板印象和偏見而形成，那麼這些圖像所暗示的對於自我的觀點就更為間接。只要我們學習如何加以解讀，這種自我觀點其實提供了相當寶貴的見證。梅林科夫對於中世紀的北歐所做的評論，絕對可以應用到更廣的範圍。「要深入這個社會核心及其心態的其中一種方法，就是詢問這個社會是如何、又在哪裡建立起區分自己人與外人的界線。」在某個特定時間地點上的人們，他們會將哪些人視為「次人類」，這個事實本身，就透露了許多關於他們是如何觀看人類。27

---

27 Mellinkoff, *Outcasts*, p. li.

8
視覺敘述

若想完整了解義大利歷史，

你應該仔細觀看肖像……從人們的臉上，

總能讀出一些關於他們的時代歷史，

如果知道怎麼讀的話。

喬瓦尼・莫雷利（Giovanni Morelli）

每幅圖畫都訴說一個故事。

截至目前，本書並沒有提到多少歷史事件。圖像可以提供關於大小事件規劃與背景的證據：戰役、圍城、投降、和平協定、罷工、革命、教堂會議、暗殺、加冕、統治者或使節進城、處決及其他公開懲處等。例如，人們會想到提香畫作中在大教堂裡進行的特利騰大公會議、維拉斯奎茲描繪的布雷達（Breda）之降、大衛眼中的拿破崙加冕典禮、哥雅和馬內分別描繪的行刑隊，以及在畫家法蘭斯高・瑞茲（Francisco Rizi）的觀察下，一六八〇年馬德里一場信仰審判中的異端懲罰。

銀版攝影的年代製造出許多值得紀念的圖像，例如一八四八年在肯寧頓公地（Kennington Common）憲章運動者的集會（圖76），照片中記錄了中產階級視之為破壞場合的井然秩序。在攝影的年代，對於特定事件的記憶越來越緊密地和視覺圖像聯繫在一起。一九〇一年，巴西著名記者奧拉沃・比拉克（Olavo Bilac）預測，他的職業要毀了，因為照片很快就會取代任何新聞的文字敘述。在電視時代，人們對於當前事件的認知，實際上和它們在螢光幕上的形象密不可分。這些圖像的數量和傳送速度是新穎的，但日常生活中的電視革命不該讓我們忘記早期事件中，圖像多麼重要。

在電影時代，觀眾可以想像他們正看著希特勒興起。而在攝影機之前，木刻和雕版版畫已發揮了類似的功能。

【圖76】威廉‧基爾本（William Edward Kilburn），《肯寧頓公地的憲章運動者集會》（*The Great Chartist Meeting on Kennington Common*），1848年4月10日，銀版攝影。伯克郡溫莎堡。

時事圖像

　　本書稍早（導論）曾指出，印刷圖像最重要的結果之一是使人們能製作時事圖片，並且趁人們記憶猶新時販售它們，因此這些圖像等同於圖示版的報紙，或是十七世紀早期發明的新聞紙。我們可以在更早以前找到這類圖像，例如在沃爾姆斯議會（Diet of Worms）上的路德，或是在波隆那的查理五世加冕圖像。不過，由於在三十年戰爭期

間（1618–48），社會各階層的眾多歐洲人民都受波及，此類圖像製作於是大幅增加。雕版版畫可能在戰爭中的重大事件發生時作為報紙紀錄的插圖，或是作為單獨販售的圖像，例如一六二一年奧彭海姆（Oppenheim）遭焚城，或如一六三四年阿爾布雷希特‧馮‧華倫斯坦（Albrecht von Wallenstein）遭刺殺，這兩個事件都由當時代表性的平面藝術家之一馬特烏斯‧梅里安（Matthäus Merian，1593–1650）負責製作版畫。[1]

還有些畫作正是為了紀念時事而受委託製作。例如，一六四七年由漁夫馬薩涅洛（Masaniello）率領的拿坡里革命，便由米開朗基羅‧切爾科齊（Michelangelo Cerquozzi，1602–1660）的一幅畫作記錄下來，而這幅畫是同情革命且反西班牙的樞機主教斯帕達（Spada）所委託。荷蘭贊助者也委託大量的畫作，以紀念終於結束三十年戰爭的西發里亞（Westphalia）會議和明斯特（Münster）和約，這些畫作包括巴托洛梅烏斯‧范‧德‧赫爾斯特（Bartholomeus van der Helst）的《慶祝明斯特和約的官員》（*Officers Celebrating the Peace of Munster*）、科內利斯‧貝爾特（Cornelis Beelt）的《哈倫宣布明斯特和約》（*The Proclamation of the Peace of Munster in Haarlem*），以及格拉爾德‧特鮑赫（Gerard Ter Borch）的《明斯特和約的簽署宣誓》

1　William A. Coupe, *The German Illustrated Broadsheet in the Seventeenth Century* (2 vols, Baden-Baden, 1966).

【圖77】特鮑赫，《一六四八年五月十五日明斯特和約的簽署宣誓》（*The Swearing of the Oath of the Ratification of the Peace of Münster on 15 May 1648*），1648年，銅版油畫。倫敦國家藝廊。

（*The Swearing of the Oath of the Ratification of the Peace of Munster*，圖77）。可以看出，特鮑赫仔細地盡可能讓眾多參與者呈現在同一高度上，這個任務相當重要也相當困難，因為在十七和十八世紀期間，阻擾和平會議的衝突正是關於地位的優先次序。畫中文件被凸顯，也值得留意。

　　同樣地，美國畫家約翰・特朗布爾（John Trumbull，1756–1843）

在傑弗遜總統的鼓勵下，畢生致力於再現獨立奮鬥中的重大事件。例如，他的畫作《獨立宣言》（*The Declaration of Independence*）便利用親身參與事件的傑弗遜所提供的資訊。

在討論特朗布爾的另一幅歷史畫時，有人認為「它並不是、也不打算作為見證者的紀錄」，因為畫家接受了敘事畫的宏偉風格慣例，這意味著省略掉任何會降低場景莊嚴感的事物，例如戰役。[2]同樣觀點，可能也適用於和「歷史尊嚴」準則相關的文學慣例，因此數世紀以來這些慣例都未提及一般人民。

另一方面，特鮑赫肯定是用見證風格作畫（圖77，p235）。在和平會議期間，藝術家先後在荷蘭及西班牙使節的陪同下，在明斯特城市裡住了三年。他的《簽署》（*Ratification*）畫作為一個特殊的場合提供審慎的描述。當時這幅畫的雕版印刷在銘刻文字上寫著「最準確的一幅圖像」（*icon exactissima*）。[3]正如我們已見到的（導論），這種見證風格有自身語彙，而特鮑赫很可能把畫面安排得較有秩序，就像今日拍團體照的攝影師會做的，但他不讓自己擁有像特朗布爾那樣大的自由度。無論如何，比起戰役，和平會議破壞合宜慣例的機會要少得多。

2　Irma B. Jaffé, *John Trumbull: Patriot-artist of the American Revolution* (Boston, 1975), p. 89.

3　Alison Kettering, 'Gerard ter Borch's "Beschwörung der Ratifikation des Friedens von Münster" als Historiebild', in *1648: Krieg und Frieden in Europa*, ed. *Klaus Bussmann and Heinz Schilling* (Munich, 1998), pp. 605–14.

解讀敘事

敘事畫為畫家和讀者帶來的問題是——「閱讀」圖像的這種譬喻性說法，在此類狀況中格外適合。例如，要在一個靜止場景中呈現動態的順序，換句話說，就是要用空間去取代，或再現時間，這會是個問題。藝術家必須將連續動作濃縮進單一圖像中，這通常會是高潮的一刻，而觀者必須意識到這是經過濃縮的。問題在於如何呈現過程，同時又要避免造成同時性的印象。[4]

把順序減低為單一場景的做法，讓觀者面臨許多詮釋上的問題，例如，要區分究竟是抵達還是出發？或是像華鐸那幅關於畫商店鋪的知名畫作一樣。要區分畫中的動作究竟是把路易十四的肖像放進盒子裡，還是拿出來？有時，畫的脈絡可以提供答案，就像在華鐸的例子中，因為這幅作品是在國王駕崩後攝政時期的艱難氛圍中繪製。把路易十四收進地下室裡可以符合這樣的政治脈絡，反之，拿出來則不然。

在許多情況中，畫家已預料到這類困難，因此會用銘刻、題字或「字幕」（正式名稱叫做「*tituli*」）來提供解釋，讓這幅圖像進入藝術史學者魏格納所謂的「圖像文本」（第二章）。因此，在上一章討論的

4　Erwin Panofsky, 'Style and Medium in the Moving Pictures', *Transition* (1937) pp. 121–33; Arnold Hauser, *The Social History of Art* (2 vols, London, 1951), 關於 'the film age' 的最後一章; Otto Pächt, *The Rise of Pictorial Narrative in Twelfth-century England* (Oxford, 1962).

霍加斯《時髦的婚姻》第一幅場景中，女孩父親手裡的一張紙上寫著
「尊貴的斯夸德菲爾德（Squanderfield）子爵大人的婚姻協定」，不但
讓觀者可以識別眼前場景，同時也透過「斯夸德」（squander，原意為
揮霍）一詞，警覺到畫中存在諷刺。

　　圖像的閱讀者若來自不同於圖像製作時的文化或時期，那麼他們
就比和圖像同時代的讀者面對更尖銳的問題。在這些問題之中，其中
一個，就是要辨識出敘事的慣例或「論述」。比方說，主角是否可能
在同樣場景中出現一次以上，或是，故事敘述是從左至右，還是相
反？由左至右還是由右至左交替使用？就像在六世紀一部稱為〈維也
納創世紀〉（*Vienna Genesis*）的希臘手抄本中的情況。敘事的慣例也
包含刻板典型元素，根據艾伯特・羅德（Albert Lord）《故事的歌手》
（*The Singer of Tales*）這部關於口傳敘事的古典分析範本，這些元素可
能被稱為「公式」和「主題」。

　　我所謂的「公式」，指的是小規模輪廓概要，例如某個特定姿勢
的人物，一個「樣板」人物，代表這是藝術家作品集的一部分，在需
要時就可拿出來，套用在不同的任務上。舉個眾所熟悉的例子，正如
我們已見到的（第四章），基督從十架卸下的形體，便被十八世紀的
畫家套用在沃爾夫和馬拉的情況。相對地，主題則是大規模的輪廓概
要，是「樣板」場景，例如戰役、會議、聚會、啟程、宴會、行伍和
夢境，在長篇敘事中反覆出現的元素，例如下面將詳細討論的貝葉掛
毯。好萊塢電影也常被批評為套用公式，有時人們會以大量製造的角

度解釋這項特點。然而，我們應理解大多數（如果不是全部）的敘事其實都倚賴某種公式，即使那些試圖瓦解讀者期待的故事亦然。這一點，不僅適用於連續鏡頭敘事，也適用於在單一圖像中凝結動作，或試圖捕捉故事。

單一圖像

　　古羅馬錢幣通常指涉時事，有時它們更是事件僅存的見證（尤其在第三世紀中期，現存的文字資料相當稀少）。[5]無論是紀念事件，或是呈現事件，都見證了製造錢幣的政權本質。若就一段長時間裡的系列古錢幣進行分析，這就透露出人們在事件認知上並無意識（或至少是半意識）的轉變。

　　在十六及十七世紀的歐洲，我們有可能看出描繪公共生活的圖像數量增加。有種新的類型專門用於紀念重要的公共事件，也就是以古錢幣為模型的政治徽章。政府將這些徽章分派給使節和其他重要人物。徽章上的題字有效地指示當時觀者應如何解讀這些圖像，正如現在它們也讓歷史學者得以了解，製作這些徽章的政權如何自我觀看。雖然當時還沒創造出「宣傳」這個詞，但為了查理五世皇帝和路易十

5　A.H.M. Jones, 'Numismatics and History', *Essays in Roman Coinage presented to Harold Mattingly* (Oxford, 1956), pp. 13–33.

四國王等統治者大量製作的徽章，正可以形容為一種宣傳，因為它們替特定事件提供官方詮釋，也對統治者提供過往習以為常的模稜讚美。[6]這些徽章是用來紀念如查理五世在米赫爾貝格（Mühlberg）對抗新教徒王子們的勝利（1547），或是路易十四橫渡萊茵河（1672），勝利主義再明顯不過。同樣，荷蘭和英國也用徽章慶祝並詮釋西班牙無敵艦隊戰敗，徽章上宣告著「神一出氣，他們就四散」（Flavit et dissipati sunt）。

　　這類圖像在某種意義上是歷史中介，因為它們不僅記錄事件，也影響當時人們如何觀看那些事件。在革命的例子上，圖像作為中介的角色又更加明顯。若革命成功的話，人們常用圖像慶祝，如同一六八八、一七七六、一七八九、一八三〇、一八四八年的革命。[7]然而，或者可以說圖像功能在革命尚在進行時甚至更加重要。它們常有助讓一般人民更具政治意識，尤其是在識字能力有限的社會裡（但不僅如此）。

　　這種行動中的圖像有個知名例子，就是巴士底監獄被攻陷，這起事件幾乎立即就出現在廣泛流通的版畫上──它們很便宜，就算買不

6　Peter Burke, *The Fabrication of Louis XIV* (New Haven, ct, 1992) pp. 4–5.

7　David Kunzle, *The Early Comic Strip* (Berkeley, ca, 1973); James A. Leith, *The Idea of Art as Propaganda in France, 1750–1799* (Toronto, 1965); Leith, 'Ephemera: Civic Education through Images', in Robert Darnton and Daniel Roche, eds, *Revolution in Print* (Berkeley and Los Angeles, ca, 1989), pp. 270–89; Timothy J. Clark, *Image of the People: Gustave Courbet and the 1848 Revolution* (London, 1973).

起的人也可以在印刷店的櫥窗上看到。一七八九年七月二十八日，像
這樣的圖像已經開始販售，換句話說，僅在這場事件的兩週後，圖像
四周圍繞著文字，捍衛著攻擊這座堡壘的正當性。在稍後出現的一幅
木刻版畫裡，伴隨的文字更加強調自由與人民，這於是有助創造所謂
「佔領巴士底監獄的神話」，人們如今將巴士底視為專制舊政權的象
徵。這第二幅木刻（圖78）較不寫實、較為圖解意味，是幅左右相互
對稱的「分裂再現」（split representation，借用李維史陀的用語），有

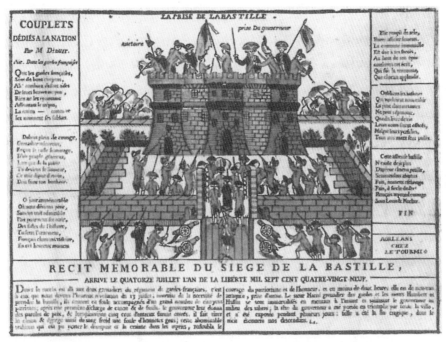

【圖78】〈佔領巴士底監獄的難忘故事〉，彩色木刻。巴黎法國國家圖書館。

人將它貼切地形容為「政治靈修圖像」，風格確實相當類似名為「埃皮納勒圖像」（*Images d'Épinal*）的法國聖人木刻，這種圖像在當時仍大量製造，一直維持到十九世紀。雖然和第一幅圖像相比，它對事件的描繪不那麼準確，但卻更為生動，作為神話的插圖而言，也無疑地更加有效。[8]

戰爭作品

在對各種事件的描繪中，戰爭作品有值得引以自豪的地位。有部分是因為戰爭圖像傳統可回溯到更長久以前，至少可以追溯到西元前七世紀亞述浮雕上呈現的蒂爾・圖巴（Til-Tuba）戰役。另外也因為數世紀以來，尤其從一四九四到一九一四年間，有太多的歐洲藝術家創作戰役圖像，通常是陸地戰爭，但有時也在海上，包括從勒潘托（Lepanto）到特拉法加海戰（Trafalgar）。要求製作此類圖像的通常是統治者、政府，以及也有報章雜誌。描繪戰役的油畫相對上較少人看到，即使是在十九世紀的公共藝術展覽年代亦然，但許多此類圖像依然以雕版複製品的形式廣泛流傳。

再現這類場景時，會引發一些兩難的問題，英國歷史學者約翰・

---

8 Rolf Reichardt, 'Prints: Images of the Bastille', in Darnton and Roche, *Revolution*, pp. 223–51; 比較 Hans-Jürgen Lüsebrink and Rolf Reichardt, *Die 'Bastille': Zur Symbolik von Herrschaft und Freiheit* (Frankfurt, 1990).

黑爾（John Hale）以洗練的警句形式表達這點：「戰役蔓延，藝術濃縮。」要解決蔓延問題的其中一種可能方案，是將注意力集中在少數個人的動作上，將宏大的敘事分散成較小的部分。詩人波特萊爾曾批評畫家賀拉斯・韋爾內（Horace Vernet，1789–1863）製作的戰爭場景：「只不過包含了一大堆有趣的軼事」。[9]

　　針對韋爾內的論點來說，未免不太公平，但它也的確強調出這種類型中一再出現的問題。由於近距離觀察戰鬥有其困難，加上想要製作英雄圖像的願望，這於是鼓勵了藝術家使用樣板人物，也就是取自古典雕塑（例如在圖拉真柱和君士坦丁拱門上呈現的戰役）以及早期繪畫裡的公式，黑爾把它們稱為「類型果實」（genre plums），藝術家們「幾乎是自動從視覺的老套派餅中挑揀出來」。[10]

　　若要同時在文學和視覺上舉出這種公式的範例，可以參考喬爾喬・瓦薩里（Giorgio Vasari，1511–1574）於一五五○年首度出版的《藝苑名人傳》（*Lives of the Artists*），留意他對達文西那幅現已遺失的安吉亞里（Anghiari）戰役壁畫所做的描述，其中的細節包括「交叉前腿的兩匹馬……也為軍旗而戰，牠們用牙齒驍勇戰鬥，絲毫不輸牠們的騎士」。而就在稍早幾年，佛羅倫斯的歷史學者弗朗切斯科・

9　John R. Hale, *Artists and Warfare in the Renaissance* (New Haven, CT, 1990), p. 137; Peter Paret, *Imagined Battles: Reflections of War in European Art* (Chapel Hill, NC, 1997), pp. 5, 22; 波特萊爾的引言來自 p. 81.

10　Arnold von Salis, *Antike und Renaissance* (Zürich, 1947), pp. 75–88; Hale, *Artists*, p. 191.

圭恰迪尼（Francesco Guicciardini，1483–1540）寫下關於另一場發生在福爾諾沃（Fornovo）的義大利戰役，記載中包含一小段生動的插曲：「馬匹又踢又咬又吐氣地戰鬥，絲毫不輸人類」。在同一世紀稍晚，詩人托爾夸托‧塔索（Torquato Tasso）在他的史詩《耶路撒冷的解放》（*Jerusalem Delivered*）中，描述了一場戰役的開場，並且用「每匹馬也準備戰鬥」這樣的字句。這類公式，意味著當時的畫家、詩人和歷史學者都有同樣的目標，就是盡可能以戲劇性的方式呈現戰鬥，而不是尋求某場特定戰役中的特殊性。

　　戰役圖像是種生動的宣傳形式，提供了以英雄風格描繪指揮官的機會。文藝復興時的戰役圖像常會呈現御駕親征的領袖。之後的圖像則呼應戰爭組織上的改變，較常呈現出指揮官於勝利後巡視戰場的模樣，如同安東萬－尚‧葛羅（Antoine-Jean Gros，1771–1835）畫作《埃勞戰役》（*The Battle of Eylau*）中的拿破崙。[11]

　　或者，就如在路易十四所委託的數幅戰爭場景中，畫家呈現出指揮官正從小丘上觀察戰役的進展，同時根據他所接收的戰鬥消息下達指令。他在字面和象徵意義中，都是位於戰役之上。在軍事背景或前景中的權威男性肖像，已取代了敘事本身。[12]

　　十八世紀末，興起一種全景畫繪畫類型，這種類型是設計在圓形

11　Christopher Prendergast, *Napoleon and History Painting* (Oxford, 1997).

12　Matthew P. Lalumia, *Realism and Politics in Victorian Art of the Crimean War* (Epping, 1984), pp. 22, 35; Paret, *Battles*, p. 41.

的建築內展示。在最受歡迎的全景畫中，戰役場景很快便佔有一席之
地，例如羅伯特·巴克（Robert Barker，1739–1806）的《阿布基爾
戰役》（*Battle of Aboukir*，1799），或是他的兒子亨利·阿斯頓·巴克
（Henry Aston Barker，1774–1856）所做的《滑鐵盧戰役》（*Battle of
Waterloo*）。如今人們終於找到適合的方法，將戰役上的些許複雜感受
傳達給觀者，如果不是困惑感的話。[13]

　　至於戰役圖像作為證據的價值，任何相關討論都需要加以區分。
有些藝術家嘗試只再現普遍化戰役場景。其他像賀拉斯·韋爾內（約
瑟夫·韋爾內之子，見先前章節討論）這樣的藝術家，則是在繪製戰
役場景之前，不厭其煩地和瓦爾米（Valmy）戰役的參與者談話，詢
問他們關於戰鬥的印象。亨利·巴克在他對滑鐵盧戰役的研究上也採
取相同做法。

　　同樣地，有些藝術家缺乏個人戰鬥經驗，而另外一些藝術家本
身從軍過，像是瑞士的尼克勞斯·曼努埃爾（Niklaus Manuel，約
1484–1530）。還有一些是專門被送往前線，負責見證和記錄所發生
的事實。法蘭德斯畫家揚·維爾邁恩（Jan Vermeyen，1500–1559）
就是基於這樣的理由，受命隨查理五世皇帝加入北非遠征隊，而另
一名法蘭德斯畫家亞當·范·德·莫伊倫（Adam van der Meulen，
1632–1690）則是隨路易十四前往戰場。在十九和二十世紀時，戰爭

13　Bernard Comment, *The Panorama* (1993: English trans. London, 1999).

藝術家成了固定制度，就像戰地攝影師一樣。

例如，路易－弗朗索瓦・勒喬納（Louis-François Lejeune）便是一八〇〇年義大利北方馬倫哥（Marengo）戰役的見證者，拿破崙在此擊敗奧地利人，而勒喬納將他的印象記錄在現場寫生的草稿上。[14]攝影師馬修・布雷迪（Mathew Brady）見證了美國內戰，並拍了一整系列的作品，他形容為「國家奮鬥史的完整圖像版」。布雷迪在當時因為這些作品備受讚揚，正如一名同時代的人所預見的：「不僅是最詳盡的敘述，更讓那場短暫戰役的場景永遠留存」。另一名同代人則如此評斷布雷迪：「之於合眾國戰役的意義，就像范・德・莫伊倫之於路易十四戰爭的意義一樣。」[15]

同樣地，克里米亞戰爭（1853–6）也在視覺上被法國畫家蓋斯「報導」，實際上，還有報紙、畫商和出版商派出的一大群英國藝術家，包括愛德華・阿米蒂奇（Edward Armitage）、喬瑟夫・克洛（Joseph Crowe）、愛德華・古道爾（Edward Goodall）和威廉・辛普森（William Simpson）。[16]攝影師羅傑・芬頓（Roger Fenton）也出席其中。從此時起，沒有一場重大戰爭是不帶攝影團隊，或者，更近期的

---

14 Michael Marrinan, *Painting Politics for Louis Philippe* (New Haven, CT, and London, 1988), p. 187.

15 Alan Trachtenberg, *Reading American Photographs: Images as History, Mathew Brady to Walker Evans* (New York, 1989), p. 72.

16 Lalumia, *Realism*, 過分強調克里米亞戰爭在這部分發展上的位置, pp. 54–5, 69, 107.

話就是電視團隊。

　　回顧十六至二十世紀的西方戰役圖像，我們會發現有兩項主要變化特別突出。第一項變化從十六世紀開始，但在十七世紀變得更加明顯：從呈現「一場」戰爭、任何戰爭，轉移到對於獨特事件的關注，例如白山戰役或是滑鐵盧戰役的特殊策略和戰術。這樣的轉變有部分是源於人們對視覺紀錄的興趣逐漸增加，例證便是範圍廣大的各種圖像，從植物素描到對其他文化中日常生活的速寫都有。

　　這項改變也呼應戰術的變化，也就是所謂的「軍事革命」。隨著演習發明，戰役變得越來越不像許多單獨格鬥的合併，而較像是集體行動，士兵軍團在其中動作一致地行進、衝鋒或射擊。而新的繪畫潮流則和軍事發展同步，畫中目的在於展現一幅可視為圖解的場景——實際上也的確受到戰術書籍裡印行的圖解所影響。[17]另一種描述這種風格變化的方式，可以說是「熱」圖像被「冷」圖像取代（或至少是補充），熱圖像是要煽動觀者的情緒，冷圖像的目的則是告知訊息。

　　戰爭作品的新風格提高了易讀性，但這不應該等於其中的寫實性也同樣提高。確實，這樣的結果可能是透過犧牲寫實性而達成，畫家刻意拒絕記錄真正戰爭中的混亂或「蔓延」。這類在視覺敘事慣例的改變，使畫家對某種類型能傳遞更多資訊，但代價便是讓另一種類型

---

17 Charles C. Oman, 'Early Military Pictures', *Archaeological Journal*, XCV (1938), pp. 337–54, at p. 347; Olle Cederlöf, 'The Battle Painting as a Historical Source', *Revue Internationale d'Histoire Militaire*, XXVI (1967), pp. 119–44.

的資訊較從前少見，使預計應該發生的事優先於實際發生的事。同樣
地，歷史學者必須留意，不能將理想化的圖像，當作所聲稱的現實。

　　西方戰役圖像的第二種主要變化，是從「英雄」風格轉移到「事
實」或反英雄風格。轉移期不應太過精確，比方不應說「從」克里米
亞戰爭開始，因為數世紀以來，各樣風格便已在不同環境中共存。例
如，在十七世紀中葉的拿坡里，已有人製作「沒有英雄的戰役場景」。
我們最多可以說，對於美國作家史蒂芬·克萊恩（Stephen Crane，
1871–1900）所謂「數世代以來戰役畫作的浪漫扭曲」，人們已逐漸產
生反感，克萊恩最知名的作品，也是他的非英雄式戰爭紀錄《紅色英
勇勳章》（The Red Badge of Courage），他同時也是名攝影師。18

　　藝術家們有時用落敗方的視覺反攻，強調戰爭的恐怖，卡洛和
哥雅的蝕刻版畫便以生動細節展示出這點。在卡洛於一六三三年出
版的系列蝕刻《戰爭的苦難與不幸》（Les misères et les malheurs de la
guerre）中，藝術家呈現的場景包括女修道院傾毀、劫掠農舍和焚燒
村莊，再加上違紀的士兵被行刑隊綁在木樁和輪子上受絞刑處決。

　　在一八〇〇年之後，恐怖感侵入戰役場景本身，如同在《埃勞戰
役》中那知名的垂死普魯士擲彈兵特寫，或是在美國內戰時那張攝自
蓋茨堡戰役的知名照片《死亡收割》（圖7，p48），或是由親自觀察

18　Fritz Saxl, 'A Battle Scene without a Hero', *Journal of the Warburg and Courtauld Institutes*,
　　III (1939–40), pp. 70–87; Stephen Crane 的引言出於 C. Walcutt, *American Naturalism*
　　(London, 1956), p. 89.

克里米亞戰爭的英國藝術家所做的一些圖像。有些藝術家和攝影師維持在英雄風格的範圍內，但其他一些則呈現出普通士兵、傷殘軍人或是在不英勇姿態下捕捉到的將軍身影。[19]

　　在某些地方，英雄風格繼續在二次世界大戰中留存，例如由英國軍官食堂或由蘇聯政府所委託的畫作。然而此時，大多數的二十世紀戰爭藝術家和攝影師都開始以選項替代風格，表達市民、民主或民粹主義文化的價值。藝術家越來越常以人民角度觀看戰役。約翰・薩金特（John Sargent's）的《毒氣》（Gassed，1919）就像卡帕知名的西班牙共和國步兵照片（圖8，p48）一樣，代表一般士兵的悲劇，而黃公崴（Hung Cong Ut）同樣備受稱譽的照片《燒夷彈攻擊》（Napalm Attack）則展示出戰爭對市民造成的後果，照片中的越南兒童，其中一個全身赤裸，尖叫著跑在路上（圖79）。[20]

　　歷史學者在使用這些圖像作為證據時，也面臨常見的一連串問題。例如，本書先前討論過（第一章）基於軍事和其他例子上的照片有杜撰問題。在英雄式戰役畫作的情形中，我們必須記得有來自贊助者（通常是王子或將軍）的壓力，而在反英雄式照片的情形中，歷史學者們也不能忘記來自報紙編輯和電視台的壓力，他們關注的是「人類利益」的故事。儘管如此，圖像經常透露出口頭報導所忽略的重要

19　Lalumia, *Realism*, pp. 67, 71.

20　Caroline Brothers, *War and Photography: A Cultural History* (London, 1997), pp. 178–85.

【圖79】黃公崴，《燒夷彈攻擊》（*Napalm Attack*），1972年，攝影。

細節。它們為時空上遙遠的觀者，帶來不同時期中對某些戰役的經驗感受，並用生動的方式見證對戰爭的態度變化。

系列圖像

試圖把故事轉變為單一場景時，可以藉由展示同一事件的兩張或多張圖像，避免掉可能碰到的問題。對偶畫作（antithesis）是老克拉納赫有效運用過的方法（第三章），或是如霍加斯在《啤酒街》（*Beer*

Street）和《琴酒巷》（*Gin Lane*）之間、或在勤勞和怠惰學徒之間的
對照，這樣的方式也可以套用在「之前」和「之後」的敘事畫上。這
類技巧在後來的廣告史上很常見，在一七八九年時便已用於說明法國
大革命的結局。在一對作者不詳的版畫中，第一幅畫顯示一名農夫在
神父和貴族的重量下蹣跚前進。而在第二幅中，他騎在他們背上，宣
告著他早知道有天會輪到他（就像在徽章的例子中，這裡值得注意文
字作為政治版畫的解讀指南）。像這類對偶圖像急需從二元對立的角
度進行結構分析，儘管我們同樣可以認為，這些版畫的存在，意味著
結構主義並不完全是新的想法（第十章）。

　　關於再現荷蘭起義（1568–1609）和法國宗教戰爭（1562–89）等
事件的政治圖片，則稍微複雜一點。例如，在法國亨利三世國王的命
令下，富有權勢的吉斯（Guises）家族遭到「殘忍而野蠻」的暗殺，
而呈現這個事件的圖畫將故事分成八個場景，包括兩幅吉斯兄弟被匕
首和戟刺穿身體的特寫畫面。這類版畫讓身為歷史學者的觀者敏感地
注意到，畫中試圖喚起當時一般人民的情感，「仇恨的修辭」也出現
在當時小冊子使用的語言中，從而揭示這場衝突的重要層面。[21]

　　至於更複雜的敘事畫，我們可以參考描繪戰爭或政權中不同階段
的系列圖像。例如，卡洛在一六二八年出版六幅蝕刻版畫描繪西班牙

---

21 Kunzle, *Comic Strip*; Sydney Anglo, 'A Rhetoric of Hate', in Keith Cameron, ed., *Montaigne and his Age* (Exeter, 1981), pp. 1–13.

對荷蘭布雷達的圍城，在一六三一年又出版了另外六幅描繪路易十三
國王的軍隊，對法國新教城市拉洛歇爾圍城。

　　為了宣傳目的所做的圖像，經常採用系列畫。例如，維爾邁恩在
掛毯的設計圖中，呈現了查理五世在北非的戰役，他所呈現的事件
包括皇帝在巴賽隆納集結軍隊、拉古萊特（La Goleta）要塞淪陷、襲
擊突尼斯以及釋放兩萬名基督徒俘虜。類似的做法，有一系列掛毯也
是為了慶賀路易十四的勝利所製作，當時這一系列被稱為「國王的故
事」（L'Histoire du roi）。（路易的敵人英國和荷蘭則訂製一系列與之
競爭的掛毯，描繪勝利的馬爾博羅公爵〔Duke of Marlborough〕）。當
時為了頌揚路易十四王朝時的事件，總共發行了三百多枚徽章，這些
徽章的雕版圖片都收錄在一部題為王朝「徽章」（或「金屬」）史的書
中。它們生動見證了在路易統治之下「官方版」的法國歷史，也就是
這個王朝希望人們用什麼角度理解並記得這些事件。[22]

敘事連環畫

　　從一系列明確的圖像到連環圖畫之間，只有一步之遙，例如在尼
尼微的亞述浮雕、帕德嫩神殿橫飾帶上的行伍，或是像羅馬的圖拉

22　Hendrik J. Horn, *Jan Cornelisz Vermeyen: Painter of Charles v and his Conquest of Tunis* (2
　　vols, Doornspijk, 1989); Burke, *Fabrication* p. 97.

真柱，柱上的浮雕繞著圓柱盤旋，訴說羅馬對抗大夏的戰役（西元 101–106 年）。自從文藝復興起，圖拉真柱上的雕刻不僅作為戰役歷史的資料，也作為羅馬軍隊服飾和裝備的資料來源。十六世紀時，由於遊行隊伍在政治和在宗教生活中的重要性，加上雕版藝術的發展，於是促進不少印刷連環畫的製作，描繪不同事件。例如查理五世為了加冕典禮抵達波隆那（1530），以及威尼斯總督在重大節慶場合上環繞城市街頭遊行。在皇家進入波隆那的例子中，甚至還出現類似背景音樂，因為在圖像伴隨的文字中提到旁觀民眾喊出「凱薩」（Cesare）。

像這類圖像，無論是雕版或是繪畫，例如描繪一五一一年西敏寺騎士比武大會那樣的畫卷（the Great Tournament Roll），在重建過去發生的事實時都格外有用，儘管無法假定它們是事件的完整紀錄還是摘要。在重建理應發生的事件時，它們甚至更加有用，因為儀式不總是按照計畫進行。就像所有其他的例子一樣，圖畫紀錄中的理想化成分不應被遺忘，宣傳成分也同樣不該被遺忘。因為就像查理加冕典禮的雕版版畫，是由他姑姑奧地利的瑪格麗特所訂製。波隆那是座教宗城，而皇家和教宗隨扈的相對重要性在當時是個微妙的議題，這幅版畫給人的印象是皇帝主導活動的進行。但要在這麼具有爭議性的問題上相信他們的見證，用最保守的用語來說：未免有點草率。[23]

---

23 Sydney Anglo, ed., *The Great Tournament Roll of Westminster* (Oxford, 1968), 尤其是 pp. 75–9; Jean Jacquot, ed., *Fêtes et Céremonies au temps de Charles Quint* (Paris, 1960).

貝葉掛毯

　　貝葉掛毯是特別重要的連環敘事畫，大約七十公尺長，歷史學者常把它的見證用在關於諾曼人征服英格蘭（Norman Conquest of England）及導致其發生的事件。例如，在關於黑斯廷斯之戰（Battle of Hastings）的現代紀錄中，通常將哈羅德國王（King Harold）的死因描述為一支箭射入他的眼中。這個細節首次出現，不是來自文學資料，而是來自貝葉掛毯上的一個場景（圖1，p24），其中，一名戰士試著將一只箭拔出他的眼睛，而上方題字寫著「哈羅德國王在此遭害」（HIC HAROLD REX INTERFECTUS EST）。大約在一一〇〇年，這段故事首次出現在文字中，但書寫的版本很可能是從對圖像的解讀中獲得靈感，畢竟這是一幅令人印象深刻的圖像。正如近日一名評論家所說，即使連題字都被「諾曼人的長矛和箭猛烈地刺穿了」，因為儘管有著題字，這幅場景的意義仍舊不完全清楚。有些學者認為這幅圖像根本沒有呈現出哈羅德，垂死的國王實際上是倒在戰士右方地上的那個人物。或者，兩個人物可能都代表哈羅德，因為他的弟弟內夫溫（Leofwine）和格斯（Gyrth）的死亡也被呈現兩次。這類雙重圖像式常見的敘事技法，呈現出時間「過去」了，兩次「中箭」代表的是同一個故事中，兩個完全不同的時刻。

　　掛毯上的見證當然不能照單全收。一方面，正如我們所見的，若不使用視覺公式，要用圖像訴說故事是不可能的。它們的功能是要省

下觀者和敘述者的工作，讓某些動作變得較可辨識，代價是國家的特殊性被抹去。此外，也有必要把敘事還原於脈絡下。換句話說，歷史學者必須提問，是誰用這種方式在對誰說故事，還有他們這樣做的目的又可能是什麼。

　　貝葉掛毯是在英國編織，但可能接受了來自諾曼第的指示。根據傳統，征服者威廉的弟弟貝葉主教厄德（Bishop Odo of Bayeux）訂製了這幅掛毯，而厄德在敘事中佔有鮮明地位來支持這樣的故事。在呈現出哈羅德對威廉的使命的場景中，最終的高潮一幕知名場景是他以聖物宣誓效忠，有人形容這是受「刻意陷害」，故意展現威廉的權力，而哈羅德臣服於他。我們所見到的是帶有寓意的故事，「背信的哈羅德遭受報應的故事」。換句話說，雖然這幅掛毯看來是由英國針線所編織，但寫的卻是勝利者的輝煌歷史範例。[24]

影片作為證據

　　若想見到更流暢的敘述，以及更宏大的「寫實效果」或「真實幻象」，我們或許可以來到電影院，來到如波耳戰爭（Boer War）和第

---

24 C. H. Gibbs-Smith, 'The Death of Harold', *History Today* (1960), pp. 188–91; 比較 Suzanne Lewis, *The Rhetoric of Power in the Bayeux Tapestry* (Cambridge, 1999), pp. 127–8; Frank Stenton, 'The Historical Background', in *The Bayeux Tapestry: A Comprehensive Survey*, ed. F. Stenton (London, 1957), pp. 9–24; Pächt, *Narrative*, p. 9.

一次世界大戰時期的電影中，以及在一九一○到一九五○年代間蓬勃
發展的每週新聞影片，直到電視以每日播放的頻率取代它們的功能。
就像靜態攝影一樣，人們早已發現電影作為歷史資料的潛力。例如，
在一九二○年，荷蘭學院就一項紀錄片檔案庫的計畫，請赫伊津哈給
予評價建議。而赫伊津哈儘管在歷史上使用視覺研究方法（導論），
卻提出反對這項計畫的建議，理由是電影並未對歷史知識帶來嚴謹的
貢獻，因為所呈現的影像要不是不重要，就是已經廣為人知。[25]

　　若要駁倒赫伊津哈的反對意見，最好的方式就是提供明確範例。
帝國戰爭博物館（Imperial War Museum）的一名檔案管理員在評論一
部關於一九一六年四月都柏林復活節起義（Easter Rising）的影片時
說：「人們可以看到破壞的程度、受牽連部隊的行動和裝備，甚至是
都柏林民眾的態度」。英國的新聞影片已作為西班牙內戰歷史的參考
資料，而英國軍隊在一九四五年貝爾森（Belsen）集中營拍攝的一段
影片，也在紐倫堡大審時作為證據。當時有些區域否認有過納粹大屠
殺，此時影片的見證值得記憶。

　　同樣地，若錄音的口述歷史可以作為資料來源認真對待的話，那
麼，不那麼認真看待錄影帶就很奇怪了，像是馬塞爾‧奧菲爾斯
（Marcel Ophuls）在一九六○年代期間，收集關於第二次世界大戰期

---

25 Christoph Strupp, *Johan Huizinga: Geschichtswissenschaft als Kulturgeschichte* (G.ttingen, 1999), p. 249.

間發生在克萊蒙－費朗（Clermont-Ferrand）的合作與抵抗見證，其中有些就用在他的電影《悲哀和憐憫》（*Le chagrin et la pitié*，1971）中。至於社會史方面，人類學影片的範例顯示從二十世紀早期開始，新媒材如何運用於紀錄社會習俗。例如，法蘭茲・鮑亞士（Franz Boas）在一九三〇年用影片記錄了瓜基烏圖族（Kwakiutl）的舞蹈，而格雷戈里・貝特森（Gregory Bateson）和瑪格麗特・米德（Margaret Mead）則在數年後拍攝了峇里人。民族誌影片的重要製作人羅伯特・加德納（Robert Gardner）主張，他們提供的證據是「直接不含糊，即時捕捉真實，也不受視力、記憶或語意詮釋之誤的類型」。[26]

　　又一次，問題在於如何評價這種形式的證據，以及發展出可以考量到這種媒材特色的來源批評，也就是屬於電影語言的特色。就像在其他類型文獻的情況，歷史學者必須面對真實性。某部影片或是出自某段影片中的場景，是否是真實拍攝，還是演員或模特兒在攝影棚中製造的呢（例如在一棟燃燒的房子裡）？即使是實地拍攝的影片可能也不完全是可靠的紀錄。例如，基於技術性理由，鮑亞士不得不在白天拍攝瓜基烏圖族的夜間舞蹈，因此我們如今看見的紀錄並不是一場典型舞蹈，而是一場特別的「專場演出」。

---

26 Christopher H. Roads, 'Film as Historical Evidence', *Journal of the Society of Archivists*, III (1965–9), pp. 183–91, at p. 187; Anthony Aldgate, *Cinema and History: British Newsreels and the Spanish Civil War* (London, 1979), 尤其是 pp. 1–16; Jay Ruby, *Picturing Culture: Explorations of Film and Anthropology* (Chicago, il, 2000), p. 97.

　　在影片中，若考慮到蒙太奇的運用，以及不同地點或事件的圖像可置於連續鏡頭中的相對容易性，要察覺有加油添醋的問題會格外尖銳。影片拍攝者這樣做是為了誘導觀者，例如使其產生克虜伯（Krupp）軍火製造公司的老闆是皇帝的朋友的印象。另一方面，加油添醋也可能是出自好意。加德納拍攝的關於新幾內亞達尼族（Dani）儀式戰爭的影片，讓人有種記錄了某場特定戰鬥的印象，儘管他驕傲地聲稱「這是即時捕捉真實」，它們實際上是由不同的戰鬥鏡頭組成，再集結成一場完整的戰役。即使在某種意義上影片本身是真實的，因為是由現場的拍攝組合而成，但問題依然存在。例如，二十世紀早期很難拍攝到快速動作的照片，因此英國陸軍（War Office）拍攝關於索姆河戰役（Battle of the Somme）的影片，便用了「之前」與「之後」的場景，以取代動作本身。[27]

　　在戰爭影片中，地點正確相當關鍵。片中向觀眾展示的是戰爭前線，還是戰線後方？攝影團隊的動作有受限嗎？至於影像本身，聚焦、光線和框架……都是用來強調主題某些特點的眾多方式，代價是犧牲其他部分。

　　另一種關於選擇和闡述的過程則是發生在製片廠裡。就像記者

27 Ruby, *Picturing Culture*, pp. 97–100; William Hughes, 'The Evaluation of Film as Evidence', in Paul Smith, ed., *The Historian and Film* (London, 1976), pp. 49–79; Nicholas Pronay, 'The Newsreels: The illusion of Actuality', in Smith, *Historian and Film*, pp. 95–119; Paret, *Battles*, p. 84.

（歷史學者也是），電影導演們會編輯他們的「文本」，選出其中一些影像，省略掉其他的。就像在貝葉掛毯的例子中，製作者可能選擇了公式化的元素，因為這些元素讓觀者更容易理解故事。導演也可能受迫於外在壓力，無論是來自審查者的政治壓力，或是來自票房經濟壓力。

在某種意義上，這種媒材本身就有偏見，因為它非常適合再現事件表面，而不是事件背後的決策過程。無論如何，影片製作者對於事件有自己的主張。就以《意志的勝利》為例，萊芬斯坦在一部關於一九三四年紐倫堡黨代會（Nuremberg Rally）的電影中，聲稱她製作的是一部紀錄片，但影片中的修辭是再明顯不過。導演本人是希特勒的崇拜者，她用了各種視覺技巧（如前面第四章所述），將領導展現在英雄式的燈光下。下一章將更深入探討這種影像製作者作為往時詮釋者的概念。

9

從見證者到歷史學者

我的首要任務，是試著讓你們看見它。

大衛・沃克・格里菲斯（D. W. Griffith）

電影應該像其他任何書寫歷史的方式一樣，
搞不好，它還比其他任何方式更有價值。

羅伯托・羅塞里尼（Roberto Rossellini）

在上一章中，我們思考了視覺敘事作為歷史證據的用法，作為歷史學者寫書時的資料來源。有些視覺敘事可能也被視為歷史本身（如本章引言中，導演羅塞里尼在受訪時所說的），它們透過圖像重新創造過去，並且以不同的方式解讀。以下我將從這樣的觀點思考兩種類型：歷史畫和歷史電影。

畫家作為歷史學者

雖然，以圖像再現歷史事件的傳統相當漫長，一如我們已看見的，在法國大革命和第一次世界大戰之間的西方世界，畫家們對於精確重建起過去場景的興趣格外強烈。[1]這種意義相對嚴格的歷史畫，它們興起的時間和華特·司各特爵士（Sir Walter Scott，1771–1832）及曼佐尼風格的歷史小說興起時間不謀而合。在後者這種歷史小說的文學類型中，作者不僅訴說一個發生在近日或是遙遠過去的故事，同時也試圖描述，生活在該時期人們的生活方式和心態。

許多藝術家承認，這類的歷史畫需要大量的研究。例如，前拉斐爾派畫家威廉·霍爾曼·亨特（William Holman Hunt，1827–1910）便在一八五〇年代前往巴勒斯坦，為的是替他的聖經場景賦予適當的「當地色彩」。畫家若選擇軍事題材（這在十九世紀時相當流行），

---

1 Peter Paret, *Imagined Battles: Reflections of War in European Art* (Chapel Hill, nc, 1997), p. 65.

他們有時會對自己正描繪的士兵制服和裝備進行仔細研究，就像特別擅長拿破崙年代的法國畫家厄尼斯・梅森尼葉（Ernest Meissonier，1815–91）、專注在腓特烈大帝時期的德國畫家阿道夫・門采爾（Adolph Menzel，1815–1905），或是畫出塞瓦斯托波爾（Sebastopol）戰役全景畫，和博羅金諾（Borodino）戰役全景畫的弗朗茨・魯鮑德（Franz Roubaud，1856–1928）。[2]

這些畫家本身或許就可以被視為歷史學者。在十九世紀的大學裡，專業歷史學者人數不斷增加，畫家們於是從他們的著作中學習，但也同樣對詮釋過去做出自己的貢獻。在愛國主義的驅使下，他們再現的歷史通常是國家歷史。梅森尼葉畫了法國的勝利（或者雖敗猶榮的戰役，但較不常見），而門采爾則是畫德國的勝利。瑞典畫家古斯塔夫・塞德斯特倫（Gustaf Cederström，1845–1933）和卡爾・赫爾維斯特（Carl Hellqvist，1851–1890）呈現了兩名瑞典知名君主的生平與逝世場景，卡爾十二世（Karl XII）和古斯塔夫二世・阿道夫（Gustav Adolf）。波蘭畫家揚・馬泰伊科（Jan Matejko，1838–1893）呈現出波蘭歷史中最知名的幾段場景，包括一幅知名的十六世紀宮廷弄臣斯坦奇克圖像，這幅畫似乎是在畫作所能達到的範圍內盡可能地詮釋歷史，而不是單純展示過去的場景。宮廷的其餘成員都為即將向莫斯科

2　Paret, *Battles*, p. 85; Bernard Comment, *The Panorama* (1993: English trans. London, 1999), pp. 232–40.

大公國開戰的消息感到雀躍，實際上這場戰爭將導致波蘭戰敗，但斯
坦奇克憂鬱地坐在角落裡，因為只有他能預見這場戰爭將帶來的後
果，同時，馬泰伊科在此替斯坦奇克加上了畫家自己的五官。

在這些詮釋過去的繪畫中，有兩項特色值得強調。首先是過去與
現在之間隱含的相似之處。例如，在一八三一年的巴黎沙龍中，法
國畫家保羅‧德拉羅什（Paul Delaroche，1797–1856）展出一幅克倫
威爾和查理一世屍首的畫作，拐彎抹角地暗指法國的歷史，因為路易
十六明顯相似於查理一世。克倫威爾更像是個謎，因為有著法國和英
國歷史之間的分歧。我們應該像當時一些同時代的人一樣，認為他
是拿破崙嗎？或是如哈斯基爾曾主張的，他應該是革命後的國王路
易－菲利普？[3]第二項特色在於，十九世紀的歷史畫逐漸轉移到社會
歷史，或者說是政治的社會層面上。因此，在威爾基最知名的其中一
幅畫作中，他並未選擇再現滑鐵盧戰役本身，而是切爾西退役軍人們
（Chelsea Pensioners）聽到戰役消息時歡欣鼓舞的樣子。有人將這幅
畫形容為吸收了歷史畫模式的流行風俗畫，於是使它更廣為大眾所接
受。[4]

3　Francis Haskell, 'The Manufacture of the Past in Nineteenth-century Painting', *Past and Present*, LIII (1971), pp. 109–20, at pp. 111–12.

4　Edward D. H. Johnson, *Paintings of the British Social Scene from Hogarth to Sickert* (London, 1986), p. 152.

影片作為詮釋

早在一九一六年，一本題為《作為歷史學者的攝影機》（*The Camera as Historian*）的著作便已在英國出版。[5]有鑒於持攝影機的手以及在背後引導的眼與腦，有其重要性，我們或許最好將影片製作者當作歷史學者，或者用複數的「影片製作者們」來思考會更好，因為影片是一項集體企業的成果，演員和攝影團隊要在導演身旁一同扮演他們的角色，更不用提劇本作者以及經常用來改編成電影的小說作者，因此歷史事件唯有在通過文學和電影的雙重過濾後，才能呈現在觀眾眼前。此外，影片是種圖像文本，展示著印製的訊息，以幫助或影響觀眾對影像的詮釋。在這些圖像文本中，最重要的就是影片影響標語，觀眾們看見一幅影像之前的期待。《一個國家的誕生》（*Birth of a Nation*，1915）是個驚人的例子，這是一部關於美國內戰的知名電影。在影片中，有個句子出現在螢幕上，強化了片名：「南方所承受的痛苦，可能造成一個國家的誕生。」

影片的力量給予觀眾見證事件的感受，但這也是這種媒材的危險之處，就像快照一樣，因為這種見證感是個幻象。導演形塑出經驗，同時保持自身不被看見。而導演所關注的不僅在於真實發生的事件，同時也在於訴說一個具有藝術形式的故事，並且還要能吸引眾多觀

5　H. D. Gower, L. Stanley Jast and W. W. Topley, *The Camera as Historian* (London, 1916).

者。「劇情式紀錄片」（docudrama）這個混合詞生動地提醒人們戲劇與紀實兩種概念之間的張力，還有在「反高潮及不完整的過去」與「導演對於形式的需求」兩者之間的張力，就像作者或畫家的需求一樣。[6]

　　關鍵要點在於，就像畫中的歷史或是書寫的歷史一樣，影片中的歷史也是一種詮釋。例如，若把格里菲斯（1875-1948）的《一個國家的誕生》和《亂世佳人》（*Gone with the Wind*，1939）並置看待的話，就是用兩種截然不同的方式看待美國內戰和接續而至的重建時期，即使這兩部片都是以南方白人的觀點呈現事件（格里菲斯來自肯塔基州，他的電影改編自南方新教牧師小托馬斯・迪克遜〔Thomas Dixon〕的小說《同族人》〔*The Clansman*〕，迪克遜把自己視為面對「黑禍」的十字軍戰士）。[7]

　　同樣地，羅伯特・恩里柯（Robert Enrico）和理查德・赫夫龍（Richard Heffron）執導的《法國大革命》（*La Révolution française*，1989）是兩百週年慶典活動的一部分，片中對法國大革命所投射

6　David Herlihy, 'Am I a Camera?', *American Historical Review*, XCIII (1988), pp. 1186–92; Robert A. Rosenstone, 'History in Images/History in Words' (1988: 重新收錄於 Rosenstone, *Visions of the Past*, Cambridge, MA, 1995), pp. 19–44; Hayden V. White, 'Historiography and Historiophoty', *American Historical Review*, XCIII (1988), pp. 1193–9.

7　比較 Michael Rogin, '"The Sword Became a Flashing Vision": D. W. Griffith's The Birth of a Nation', *Representations*, IX (1985), pp. 150–95.

出的光榮形象，正和安德烈‧華依達（Andrzej Wajda）的《丹頓》
（*Danton*）背後的觀點形成強烈對比，《丹頓》悲觀地回應卡萊爾所
說的，革命「吞噬了自己的子女」，並且為了對權力的欲望而犧牲理
想。他選擇以恐怖統治時期開場，而不是大革命較為正面的早期階
段，他的詮釋重點再清楚不過。

　　若改寫愛德華‧霍列特‧卡爾（E. H. Carr）的引言（導論），我
們或許可以說，開始研究電影前，應該先研究導演。華依達是波蘭
人，有相當多電影作品都評論當代事件，從以一九四五年為背景的
《灰燼與鑽石》（*Ashes and Diamonds*，1958），到處理戰後波蘭斯達漢
諾夫勞動者的《大理石人》（*Man of Marble*，1977）皆然。就像先前
討論過德拉羅什和其他藝術家的歷史畫，他的歷史片也可以解讀為對
當代的間接評論。在他的《丹頓》中，秘密警察的角色、肅清和革命
法庭的作秀公審，都使他的寓意目的相當清楚。片中甚至提到為了政
治因素而改寫歷史，在這場戲中，畫家大衛正把法布列（Fabre）從
頌讚大革命的濕壁畫中移除，因為這名革命者已開始變得無足輕重。

　　歷史片是對歷史的詮釋，無論是像一般情況由專業導演所拍攝，
或是由專業的歷史學者拍攝，例如安東尼‧阿爾德加特（Anthony
Aldgate）為愛丁堡大學執導了一部關於西班牙內戰的影片，或像
是來自里茲大學的團隊拍攝的《慕尼黑危機》（*The Munich Crisis*，
1968），團隊中包括約翰‧格倫維爾（John Grenville）和尼古拉斯‧

普羅內（Nicholas Pronay）。[8]就像在柏拉圖的哲學家皇帝例子中，理想的歷史片製作人需要對兩種實質上旗鼓相當的角色感到同樣自在。儘管有這樣的問題，影片中的歷史仍對我們在本書稍早提到，將圖像轉為文字的問題上，提供了引人注意的解決方法。美國評論家海登・懷特（Hayden White）所謂的「影視史學」（historiophoty）正補充了書寫史學（historiography），影視史學的定義便是「在視覺圖像與電影論述中，歷史再現以及我們如何思考它」。[9]

當然，如同我們已見，許多歷史學者把圖像視為文字的附屬，雖然沒有完全忽略它們。既然歷史學者們有更多機會使用圖像本身，圖像的見證是否會受到更認真的對待呢？有跡象指出事實的確如此，包括在歷史期刊裡的電影評論，以及一九八八年刊載在《美國歷史評論》（*American Historical Review*）上一篇關於歷史與電影的議論（先前已引用過其中的文章）。例如，一九九八年《美國歷史期刊》（*Journal of American History*）在他們定期的單元〈電影評論〉中，收錄關於史蒂芬・史匹柏（Steven Spielberg）兩部電影《勇者無懼》（*Amistad*）和《拯救雷恩大兵》（*Saving Private Ryan*）的評論。兩位評論者都對史匹柏的影像印象深刻，但也同時都注意到其中的不實陳

---

8   Anthony Aldgate, *Cinema and History: British Newsreels and the Spanish Civil War* (London, 1979); John Grenville, 'The Historian as Film-maker', in Paul Smith, ed., *The Historian and Film* (London, 1976), pp. 132–41.

9   White, 'Historiography'.

述，一個是關於歷史人物，另一個是關於呈現出「無紀律」和「畏縮」形象的美國軍隊。[10]

　　電影有潛能將過去變得看起來像是現在，並能透過表面與空間喚起某段過去的時代精神，這點已經夠明顯。但就像在歷史小說中的情況一樣，問題在於這種潛能是否已被開發，又達成多大的成功。在這種連結中，若把背景設定在相對遙遠時期的電影（相當於司各特爵士的《撒克遜英雄傳》〔*Ivanhoe*〕）和關於近代的電影（相當於他的《威弗萊》〔*Waverley*〕）進行比較和對照，或許會有所啟發。電影的背景若設在相對接近的過去，通常在歷史方面會更為精確，尤其是時代風格。例如，在盧契諾‧維斯康堤（Luchino Visconti）的《浩氣蓋山河》（*The Leopard*，1963）裡，時髦城市巴勒莫（Palermo）的場景中令人目眩的時尚，喚回十九世紀上流社會的物質文化；或是在馬丁‧史柯西斯（Martin Scorsese）的《純真年代》（*The Age of Innocence*，1993）裡的時髦紐約場景；以及在BBC的《傲慢與偏見》（*Pride and Prejudice*，1995）裡的鄉紳場景；還有在費德里柯‧費里尼（Federico Fellini）的《羅馬》（*Roma*，1972）餐廳場景中，關於一九三〇年代的工人階級場景。

---

10 Herlihy, 'Camera'; Rosenstone, 'History'; White, 'Historiography'; Bertram Wyatt-Brown and Lawrence H. Suid, *Journal of American History*, LXXXV (1998), pp. 1174–6 (*Amistad*) and 1185–6 (*Ryan*). 關於《勇者無懼》的部分，比較Natalie Z. Davis, *Slaves on Screen: Film and Historical Vision* (Toronto, 2000), pp. 69–93.

另一方面，如果是關於十八世紀之前的時期，就很難找到有哪部電影認真地嘗試喚起過去的時代，並用和我們截然不同的物質文化、社會組織和心態（或各種心態），把它當做異國一樣呈現。在我自己的經驗中，看一部背景設定在一七〇〇年之前的電影時，身為一名歷史學者，的確，不去意識到其中不合時的背景和動作、語言或想法，很痛苦也很難。

有些不合時宜可能是有必要的，這是讓現代人能立即理解過去的方法。另一些則可能是刻意的，就像在稍早提到的歷史畫家風格中，點出古老和近期事件之間的相似性，一如在謝爾蓋·愛森斯坦（Sergei Eisenstein）的《恐怖的伊凡》（*Ivan the Terrible*）第二部中（一九四六年拍攝，但直到一九五八年去史達林化時期才發行）。同樣地，即使在最好的歷史電影中也會發現不合時宜，這似乎，要不就是出於草率，就是並未留意到長期以來人們的態度和價值觀產生了多大的改變。

有些背景設在數世紀以前的電影，多少可以免去這種批評。例如，凱文·布朗洛（Kevin Brownlow）的《溫斯坦利》（*Winstanley*，1975）營造出英國內戰時期挖掘派（Diggers）的世界。布朗洛的劇情改編自歷史學者大衛·考特（David Caute）的《雅各同志》（*Comrade Jacob*），但照他的說法，他想拍出一部「根據事實」的電影，因此他讀過當時發行的小冊子，並就歷史觀點諮詢過克里斯多

福・希爾（Christopher Hill），也從倫敦塔上借出盔甲。[11]

　　日本導演黑澤明拍攝的幾部電影，場景設定在十九世紀晚期明治維新之前的日本，片中也提供了對於過去的嚴謹詮釋。一位評論家指出黑澤明「對於維新前日本的濃厚情感」，以及對「武士世界的特殊聯繫」（他年輕時曾學過傳統劍道）。大部分的武士電影處理的都是德川時代（1600–1868），在這個和平時代，武士比較屬於官僚而不是軍事的功能，但黑澤明偏好動作。他說道：「我想我是唯一一個拍攝關於十六世紀內戰電影的人。」

　　例如，在《七武士》（1954）和《戰國英豪》（1958）中，黑澤明生動地傳達出德川幕府統一日本之前的不安與混亂感。他呈現出一名才德兼備富有同情心的武士，理想且生動的形象，這種理想武士的寧靜專注主要來自於禪宗傳統。然而，黑澤明也顯示了火藥新技術如何寫下傳統武士階級的終結，以及如何有助從封建制度到現代化的進程。此處，正如他一貫的作品，他有意識地為觀眾們提供了關於日本歷史的詮釋。[12]

11　John C. Tibbetts, 'Kevin Brownlow's Historical Films', *Historical Journal of Film, Radio and TV*, XX (2000), pp. 227–51.

12　David Desser, *The Samurai Films of Akira Kurosawa* (Ann Arbor, MI, 1983); Stephen Prince, *The Warrior's Camera: The Cinema of Akira Kurosawa* (Princeton, NJ, 1991), pp. 200–249, 尤其是pp. 202–5.

羅塞里尼的路易十四

　　羅塞里尼的《路易十四的崛起》（*La Prise de pouvoir par Louis XIV*，1966），是另一個認真喚起遙遠年代感的嘗試。羅塞里尼使用法國歷史學者菲利普・厄爾蘭格（Philippe Erlanger）於一九六五年出版的路易傳記作為電影基礎，更聘請厄爾蘭格為歷史顧問。他也使用當時的文獻，例如路易在讀的拉羅希福可（La Rochefoucauld）箴言集，還有聖西蒙公爵（Saint-Simon）的回憶錄，書中描述的宮廷儀式也相當生動地呈現在電影中。《路易十四》是以所謂的「目擊風格」拍攝，例如片中拒用蒙太奇剪輯，並讓業餘演員扮演主角。片中也有效運用十七世紀的圖像證據，尤其是主角們當時的肖像畫，儘管導演似乎用了一幅十九世紀德拉羅什的繪畫，作為馬薩林樞機主教（Cardinal Mazarin）的臨終場景。[13]

　　在他職業生涯的此時，羅塞里尼剛決定拍攝歷史片作為一種公眾教育的形式，好幫助人們藉由過去了解現在。當時他已經拍攝了《鐵器時代》（*L'Età del ferro*），並準備要繼續拍攝關於笛卡兒、帕斯卡、蘇格拉底、十二使徒、奧古斯丁，以及《美第奇時代》（*L'età di Cosimo de' Medici*）。在《路易十四》的例子中，導演的教育意圖格外

---

13 Stephen Bann, 'Historical Narrative and the Cinematic Image', *History & Theory Beiheft*, XXVI (1987), pp. 47–67, at p. 67.

明顯，他用了傳統的手法，讓一個陌生人向法庭提問，詢問他所見所聽的意義是什麼，例如，皇后在王室寢宮裡拍手，代表的是國王已履行了婚姻義務。

作為歷史，有兩點理由使《路易十四》格外值得注意。首先，它關注日常生活，但在當時，六○年代的專業歷史學者們尚未認真看待「日常生活史」。它清楚說明了科拉考爾的觀點，也就是「日常生活的整個面向，包括其中極微小的動作和無數短暫的行動，除了在銀幕上以外，無法在任何地方顯露……電影照亮了瑣事的領域、微小事件的領域」。[14]

例如，電影以一幕虛構場景開頭，場景中是一般平民在河岸旁討論著政治事件。片中除了展現已完工的產物，也不時展現出正在進行的工程，例如施工中的凡爾賽宮。我們不僅看到富麗堂皇的王室膳食，也瞥見正在準備這些料理的廚房。船夫、廚師、泥水匠和僕役們，在電影和在歷史中都有自己的角色，就和國王及朝臣一樣。動物亦然，尤其是犬類，在室內和室外場景都有（比較一下本書在稍早第一章中引用的評論，關於十七世紀在牛津與劍橋大學內出現的狗）。夜壺或是有蓋的盤子這類實質器物，有時更成為注意的焦點。

其次，導演專注於路易用以掌握權力的方式，並聚焦在凡爾賽宮廷的劇院上，以及路易如何使用劇院降服貴族。在厄爾蘭格的傳記

14　Siegfried Kracauer, *History: The Last Things before the Last* (New York, 1969).

中，有一段威尼斯使節對國王為朝臣設計的外袍做出簡短評論，而這段話成就電影中的著名場景。在這一幕中，路易指示他的裁縫師關於朝臣們之後應該穿著昂貴浮誇衣服。而電影的終場或許是受小說家威廉・薩克萊（William Thackeray）一幅知名的路易十四素描所啟發，片中的路易在書房內脫下了他的華麗服裝和假髮，一步步轉變成一個沉思自己死亡的普通人。換句話說，羅塞里尼用華麗場景來分析其政治用途與效果。[15]

至於另一部丹尼爾・維格尼（Daniel Vigne）所拍攝的嚴謹歷史片《馬丹・蓋赫》（*Martin Guerre*，1982），訴說一則發生在十六世紀法國南部的真實故事，一名農夫為了成為軍人而拋下他的妻子與農地。數年後，一名男人回來了，宣稱自己就是馬丹。一開始馬丹的妻子貝彤黛（Bertrande）接受了他是自己的丈夫，只是他的故事並未說服家中每個人。又過了一陣子，另一名聲稱自己是馬丹的人抵達，第一個男人的身份於是被揭穿，他其實名叫阿爾諾・居・逖勒（Arnaud du Tilh），並且因此被判處死刑。在這部電影拍攝時，美國歷史學者娜塔莉・戴維斯（Natalie Davis）是導演的歷史顧問。作為回饋，她也利用觀察電影製作過程的機會來學習。有些演員讀了關於片中時期的書，請教她關於自己所扮演角色的問題。「我無法想像，為何貝彤黛

---

15 比較 Peter Brunette, *Roberto Rossellini* (New York, 1987), pp. 281–9; Peter Bondanella, *The Films of Roberto Rossellini* (Cambridge, 1993), pp. 125–37.

等了這麼久，才在審判上反對這個冒牌貨，一個農家婦女為何要冒這種險？」其中一名演員說道。而歷史學者對這個問題的回答是：「真正的貝彤黛並沒有等那麼久。」

雖然戴維斯對電影一些違背「歷史記載」感到煩惱，但她也如此記錄道：「看著傑哈・德巴狄厄（Gérard Depardieu）揣摩假馬丹的角色，讓我對於歷史上阿爾諾那名冒牌貨的作為有新的思考觀點，」這於是也為她的研究著作《馬丹・蓋赫返鄉記》（*The Return of Martin Guerre*，1983）有所貢獻。[16] 作為一名單純的觀眾，我也應該對德巴狄厄表達類似的敬意，我承認，看著他在上面討論過的華依達電影中演出丹頓時，的確幫助我進入這名偉大革命者的角色，包括他的慷慨、他的溫暖、他的貪欲和他的自負，並且也更了解他在法國歷史中所佔有的地位。

當代歷史

大部分優質歷史片，處理的都是相對近代的過去。於是，接下來我將集中討論二十世紀的歷史，以及幫助當代人解讀自己親身經歷過的事件中，電影導演們扮演怎樣的角色；一九一七、一九三三、一九

---

16 Natalie Z. Davis, 'Who Owns History?', in *Historical Perspectives on Memory*, ed. Anne Ollila (Helsinki, 1999), pp. 19–34, at p. 29; Natalie Z. Davis, *The Return of Martin Guerre* (Cambridge, ma, 1983), p. viii.

四五、一九五六年的事件等，並且把焦點放在兩部電影上，分別由吉洛・彭特克沃（Gillo Pontecorvo）與揚喬・米克洛什（Miklós Jancsó）所執導。

　　彭特克沃的《阿爾及爾之戰》於一九六六年問世，就在它所記述的事件不久之後。這部電影並未使用任何新聞片段，但卻給人新聞般的印象。換句話說，是種目擊記錄，多虧風格攝影，還有啟用許多非專業演員（圖80）。關於法國人刑求並殺害恐怖份子嫌疑犯的場景，是根據對警方檔案的研究，這是因為有阿爾及爾政府的合作才成為可能。就像導演另一部背景設定在十九世紀早期加勒比海的《奎馬達政變》（*Queimada*，1969），《阿爾及爾之戰》（*The Battle of Algiers*）同樣提供強烈的形象，詮釋出馬克思主義式的歷史進程，也就是壓迫者

【圖80】《阿爾及爾之戰》（*The Battle of Algiers*）（1966）劇照。

和被壓迫者之間的鬥爭，而後者注定勝利。同時，彭特克沃也避免了誘惑，不將所有的反叛份子呈現為善、所有殖民政權的支持者則為惡，銀幕上清楚地展示了雙方在鬥爭中犯下的暴行。

彭特克沃把故事變得更加複雜，因為他把主要角色放在一個富有同情心的反方人物上：馬修上校（Colonel Mathieu）是個勇敢優秀的軍人（這個角色有部分是出自真實歷史人物馬絮將軍〔General Massu〕）。導演的另一個安排是結尾的設計，這是個模稜的結局，而不是勝利的。在電影結束時，觀眾了解到，在他們戰勝法國的一刻，反叛份子們正分裂成敵對的團體，每個團體都企圖從他人手中奪權。[17]

就像《阿爾及爾之戰》一樣，匈牙利導演揚喬・米克洛什（Jancsó Miklós）的《紅與白》（*The Red and the White* 為英文譯名，原名標題為《眾星，士兵》〔*Csillagosok, katonák*〕，1967），成功避免以單方說詞呈現俄國內戰，即使這部電影是由蘇維埃政府受俄國革命的五十週年慶委託而拍攝。拍攝技法選擇當地觀點，一個先後被紅軍（包括一群匈牙利志願兵）和反對派的白軍佔領的村莊。在這連續的潮起潮落中，這個地區（包括村莊、周圍的林地、以及當地一座修道院和戰地醫院在內）提供唯一的固定視角。從這個中心看來，雖然雙方的暴行看來同樣可怕，但風格在細節上截然不同：例如，白軍通常是專業軍

---

17 John J. Michalczyk, *The Italian Political Film-makers* (London, 1986), pp. 190–99; Davis, *Slaves*, pp. 43–4.

人，和非專業的紅軍相比，他們的暴力看來較不那麼隨機行動，也較有紀律。

就像揚喬的早期作品《圍捕》（*The Round-Up*，原名標題為《可憐年輕人》〔*Szegénylegények*〕，1965），這部片是關於鎮壓一群參與一八四八年革命的非法之徒（也間接暗指人們記憶猶新的一九五六年匈牙利起義）。《紅與白》的寬螢幕畫面與大量長鏡頭，同樣讓個人角色看來相對不那麼重要，這也因此促使觀眾將注意力集中在歷史進程上。但多虧了它在村莊裡或在村莊附近的地點，這部電影也為「微觀史」（microhistory）做出貢獻——這個詞在一九七〇年代後為歷史學者通用，但其實在一九六〇年代時，電影史學者兼評論家科拉考爾已使用過了。

波·維德伯格（Bo Widerberg）的《阿達倫事件》（*Ådalen 31*，1969）提供另一段微觀史，這部片是關於一九三一年瑞典一座小村莊裡的造紙廠罷工事件，這場罷工持續了二十五週，最後以悲劇收場。軍隊開進村莊裡保護工廠，向這場和平示威開火，並在過程中射擊五名罷工者。維德伯格對這部電影的安排，是透過對特定事物的銳利關注從而顯示整體。他將雙方的連結與衝突體現在個人之間的爭論，例如和工廠經理的女兒安娜（Anna）暗通款曲的工人克杰爾（Kjell）。而在愛德嘉·萊茲（Edgar Reitz）的《故鄉》（*Heimat*，1984）中，當地觀點也佔了中心位置，這部長片（替德國電視台所製作）的背景設定在萊茵蘭（Rhineland）的一座村莊裡。《故鄉》投入大幅片長刻

畫希特勒時代，以及當時的地方觀點如何理解納粹政權與第二次世界大戰。這部片橫跨一九一九至八二年的時期，對於社會的轉變、現代化的來臨，以及隨之而來的社群喪失，同時提供了印象與詮釋。[18]

　　就像書寫的歷史，在電影裡也一樣，對於當地的銳利關注既會得到理解，但同時也會喪失理解。有人可能會說，在這兩種類型中，我們期望看到在微觀層次與宏觀層次之間的橋樑。柏納多·貝托魯奇（Bernardo Bertolucci）的《一九零零》（*Novecento*，1976）便提供了這樣的橋樑，這部片的片名就透露了導演預計詮釋歷史的抱負。就像羅塞里尼，貝托魯奇在一九六五年簽署一項義大利導演的宣言，主張他們的抱負是要拍攝能向人類展示基本歷史趨勢的電影。《一九零零》發生在貝托魯奇家鄉艾米利亞（Emilia）的一處莊園內，影片集中在兩家人的衝突上，這部片結合對地主與對農工間的關係研究，並漸次展開掃視二十世紀前半的義大利歷史。

　　所有這些電影用各自不同的方式，說明在視覺敘事中「觀點」的重要性。它們之所以達成最生動、最值得記憶的效果，是透過特寫與長鏡頭的轉換、民間與官方視點的轉換、與特定角色思維相關畫面以及無關畫面的轉換。若所有這些電影提出一個共同教訓的話，就是不同的個人或群體看待同樣事件的方法也會不同。在《斧鬥》（*The Ax*

18　Timothy Garton Ash, 'The Life of Death' (1985: 重新收錄於 Timothy Garton Ash, *The Uses of Adversity*: 2nd edn Harmondsworth, 1999), pp. 109–29.

Fight，1971）這部關於亞諾瑪米人（Yanomamo）的非劇情片中，導演蒂姆・阿施（Timothy Asch）達成的方式，是藉由在影片本身討論對事件的替代詮釋。這個教訓有時被形容為「羅生門效果」，這個詞是對黑澤明的電影《羅生門》（1950）的致敬。這部片將芥川龍之介的兩則短篇故事轉譯成令人難忘的視覺語彙，在這兩則故事中，不同的參與者從幾個歧異觀點來敘事，講述一段關於一名武士之死以及他的妻子遭人侵犯。[19]

　　在路易斯・普恩佐（Luis Puenzo）的電影《官方說法》（La historia oficial，1984）中，是在阿根廷的近代歷史脈絡下，對過去可能產生的各種觀點表達類似看法，片中的主角是布宜諾斯艾利斯一所學校的中產階級歷史教師艾莉夏（Alicia），她向學生們講述光榮國家歷史的官方說法，其中有些學生表示懷疑。普恩佐講述的這個故事，是關於一位教師逐漸意識到國家政權所犯下的酷刑與謀殺，同時也暗示一段非官方說法的阿根廷歷史。藉由這樣的方式，影片本身鼓勵觀眾更加意識到其他版本的歷史，在過程中，也展現電影有去除迷思與激發意識的力量。

　　還有一個去除電影本身迷思的問題，就是抗拒「真實效果」，這

---

19 Ian C. Jarvie, 'Rashomon: Is Truth Relative?', in I. C. Jarvie, *Philosophy of the Film* (London, 1987), pp. 295–307; K. G. Heider, 'The Rashomon Effect', *American Anthropologist*, XC (1988), pp. 75–81; Jay Ruby, *Picturing Culture: Explorations of Film and Anthropology* (Chicago, IL, 2000), pp. 125–9.

在電影中比在快照或寫實繪畫裡更為強烈。劇作家布萊恩・弗雷爾（Brian Friel）曾觀察，與其說是「現在和未來塑造過去」，不如說是「語言所體現的過去形象」，而體現於電影中的形象又更加有力。若要從這種力量中解放出來，其中一種方式或許是鼓勵電影學生們開始掌握並製作電影，以此作為理解過去的方法。例如，在一九七〇年代，樸茨茅斯大學的歷史教師羅伯特・斯克里布納（Bob Scribner）便鼓勵學生製作關於德國宗教改革的電影。而歷史期刊上的電影評論也往同樣的方向前進，這種做法已逐漸變得越來越常見。歷史學者和導演間的平等合作，就像人類學者和導演在一些民族誌影片裡的合作路線一樣，可能會是另一種用電影來激發人們思考過去的方式。

雖然潘諾夫斯基在〈電影中的風格與媒材〉（1937）一文中證實他對電影的興趣，但電影詮釋的問題似乎已讓我們遠離了和他相關的圖像誌研究方法，即第二章所討論的方法。本書最後幾章的主題，便在於究竟在多大程度、以及在何種方向上，歷史學者們有必要使用圖像作為證據，並以此超越圖像學。

10

超越圖像學？

我閱讀文字、圖像、城市、臉孔、姿態、場景。

羅蘭‧巴特

　　在依次檢驗過不同類型的圖像之後（包括宗教圖像、權力圖像、社會圖像、事件圖像），該是時候回到先前在圖像學章節裡提出的研究方法論了。潘諾夫斯基出版過一篇著名文章，有關「十字路口上的赫丘利的」（Hercules at the Cross-Roads）圖像誌，其中面對的是即將影響他往後職業生涯的決定。近期的一部論文集就以他的標題，套用於「十字路口上的圖像誌」的討論上，當中討論的問題正是圖像歷史學者是否應該繼續跟隨潘諾夫斯基的腳蹤。[1]

　　之前已經提過一些對於潘諾夫斯基方法的批評（第二章）。而此處和第十一章裡所要討論的，就是有沒有任何能替代圖像誌及圖像學的研究方法。有三種明顯的可能性：精神分析的方法、結構主義或符號學的方法，以及藝術社會史的方法（更正確地說，是複數形的各種方法）。所有這些方法都在前幾章中出現過不只一次，所有方法也都在文學批評史中有類似對應。我稱它們為「研究方法」（approaches）而不是「解決辦法」（methods），因為它們代表的不僅是新的調查程序，而是新的興趣與新的觀點。

精神分析

　　圖像的精神分析研究方法，重點不在於潘諾夫斯基具優勢的意識

1　Brendan Cassidy, ed., *Iconography at the Cross-roads* (Princeton, NJ, 1993).

意義，而是在於無意識的記號和無意識的聯想，也就是佛洛伊德在
《夢的解析》（*Interpretation of Dreams*，1899）裡所指出的，這種研
究方法的確相當誘人。很難否認，無意識在圖像或文字的創作中扮演
了一部分角色。除了他所寫關於達文西那篇備受稱讚又頗具爭議的文
章以外，佛洛伊德並未提供對特定圖像的詮釋，但如同金茲堡所指出
的，他對於小細節的關注就像莫雷利一樣（第一章），尤其是在《日
常生活的精神病理學》（*Psychopathology of Everyday Life*）裡。[2]佛洛伊
德對於夢境的一些評論，也提供了關於繪畫詮釋的線索。例如，佛洛
伊德在發展「夢的作用」的分析過程中，「轉移」（displacement）和
「凝縮」（condensation）的概念同樣和視覺敘事相關。[3]陽具象徵的概念
也和一些圖像有明顯關聯。例如，德・約恩便主張，在十六和十七世
紀法蘭德斯和荷蘭風俗畫中，頻繁出現的鳥、防風草和紅蘿蔔，都應
該用這樣的方式解讀。[4]

　　尤其，在面對像第七章裡討論的範例時，一名精神分析學者可能
會認為，像後宮這樣的刻板印象圖像就是性幻想視覺化，而其他如食
人族或女巫的圖像，則是自我壓抑的慾望投射於「他者」。我們幾乎
不需是忠誠的佛洛伊德信徒，就可以用這樣的方式處理圖像。正如

2　Carlo Ginzburg, 'Clues: Roots of an Evidential Paradigm' (1978: 重新收錄於C. Ginzburg, *Myths, Emblems, Clues* (London, 1990), pp. 96–125).

3　Louis Marin, *Etudes sémiologiques* (Paris, 1971), pp. 36–7.

4　Eddy de Jongh, 'Erotica in vogelperspectief ', *Simiolus*, iii (1968), pp. 22–72.

先前提及（第二章），人們有時將態度和價值觀投射在風景上（無論是土地本身或是畫出的風景圖像），就像它們投射在羅夏克墨漬測驗（Rorschachtest）上的墨跡一樣。而關於討論宗教圖像，同樣引發無意識幻想和無意識說服。同樣地，在關於物質文化的章節中，對於廣告的討論也指出「潛意識」，換句話說，觀者或多或少都對性和權力懷有無意識的夢想，而廣告就是試圖在產品和觀者的無意識夢想間創造連結。

儘管如此，即使我們把基於精神分析科學地位的爭論和不同分析學派間的衝突（從卡爾・榮格〔Carl Gustav Jung〕到拉岡）放在一邊，希望依循這種研究方法處理圖像的歷史學者仍面臨嚴重的障礙。人們應該用什麼標準決定一件物品是不是陽具象徵呢？而陽具本身不能作為其他東西的象徵嗎？十九世紀的瑞士語文學者約翰・雅各布・巴霍芬（Johann Jakob Bachofen）便將它視為一種神聖圖像，至少在古典藝術中是如此。

歷史性的精神分析尤其會碰到兩種障礙，問題不限於圖像，但卻說明要實踐所謂「精神史」普遍困難。首先，精神分析學者處理的是有生命的個人，而歷史學者無法將死去的藝術家們放在躺椅上，聆聽他們的自由聯想。我們可能像西班牙導演路易斯・布紐爾（Luis Buñuel）一樣，將貝尼尼的《聖德蘭》（第三章）視為以性的角度詮釋宗教狂喜，但我們有的證據都限制在大理石之內。德・約恩在有關荷蘭藝術中的性象徵知名文章裡，使用的資料來源主要是來自箴言與

詩句，換句話說，是出自意識所表達的態度。但無論他的結論相去多遠，他並沒有遠離潘諾夫斯基的方法。

　　第二，歷史學者主要關注文化和社會，關注集體欲望勝過個人欲望，但自從佛洛伊德起，精神分析學者和其他心理學者們在這個領域上則不太成功，或至少也是較為推測性質的。例如，佛洛伊德有篇關於達文西的文章，主要專注在藝術家的「戀母」和微笑女性畫作之間的關係，而不去考慮十五世紀文化的本質。比方說，佛洛伊德對達文西性格的結論，是來自於他將童貞女瑪利亞的母親聖安妮再現為和他女兒相仿的年紀，但卻沒有理解到這是當時的文化慣例。一九五〇年，人類學者奧騰斯・鮑德梅克（Hortense Powdermaker）將好萊塢形容為一座「夢工廠」，但這些幻夢的製作過程和接受度仍有待分析。很少有人撰寫關於圖像作為集體欲望或恐懼的歷史，雖然如我們已見的（第三章），若從這個觀點檢視有關天堂與地獄的圖像變化，或許會有所啟發。[5]

　　就此處的結論看來，似乎只要是關於歷史學者的圖像使用，那麼精神分析的研究方法是既必要卻又不可能實現。之所以必要，是因為人們的確將無意識的想像投射在圖像上，但根據一般性學術標準，又不可能證明這種研究方法在過去同樣合理，因為關鍵證據已經遺失。用這樣的觀點詮釋圖像，注定是推測性質的。當然，在所有圖像學分

5　Walter Abell, *The Collective Dream in Art* (Cambridge, MA, 1957).

析的嘗試中，都無法避免推測成分，在圖像誌研究分析中亦然。但在討論圖像的無意識意義時，推測的成分甚至更大了。最好的方法，或許就是繼續放手推測，但要試著記住，我們所做的也就是推測而已。

結構與後結構主義研究方法

在合理的嚴謹意義上，最適合被稱為「解決辦法」的詞彙就是結構主義，或者也稱為「符號學」（semiology 或 semiotics）。後者一詞的發明，是為了描述二十世紀初有些語言學者所夢想的普遍「符號科學」。在一九五○和六○年代，結構主義運動變得更廣為人知，尤其多虧人類學者克勞德・李維史陀（Claude Lévi-Strauss）和評論家羅蘭・巴特，他們兩人都對圖像極感興趣。例如，李維史陀寫過關於加拿大蒂姆西人（Tsimshian）等美洲印第安人藝術的文章，尤其是有關「對摺」現象，例如一幅動物圖片的一邊其實是另一邊的鏡像。

至於羅蘭・巴特，在他的《神話學》（Mythologies，1957）中所收錄的文章，評論範圍廣泛的圖像，從有關古羅馬的電影、肥皂粉的廣告、駭人事件的照片，到當代雜誌中的插圖，包括在一期《巴黎競賽》（Paris-Match，1955/6/25-7/2）的封面上，被他稱為「視覺神話」的一幅黑人士兵向三色旗敬禮的圖像。「我在理容院裡，」巴特告訴我們，「然後他們給我一本《巴黎競賽》」（當時稍微有自視的法國知識份子大概不會讓人看見他在買這種流行刊物）。「封面上，一名穿

著法國制服的年輕黑人正在行舉手禮，眼光朝上看，可能注視著一面三色旗。」巴特解讀了這幅圖像（並未複製在書中），稱它代表的是「法國是個偉大的帝國，所有的子民不分膚色，全都忠誠追隨她的旗幟」。[6]

　　從本章的觀點看來，結構主義學者有兩項主張或觀點格外重要。第一，套用他們最喜歡的用語，人們可以將一段文字或一幅圖像視為「符號系統」，強調美國藝術史學者邁耶・夏皮羅（Meyer Schapiro）提出所謂的「非模仿成分」。[7]這樣的關注將人的注意力從作品與所再現之外在現實的關係上轉移，也從它的社會脈絡上轉移，以及從圖像誌學者主張要解碼或詮釋的成分上轉移。就正面的看法來說，用這樣的方式思考圖像或文字，意味著將注意力集中在作品的內在組成，尤其是在成份的二元對立上，或是，其成分可能彼此呼應或反轉的不同方式上。

　　第二，我們可將符號系統視為一個更大整體的次系統。語言學者們會形容為「語言」（langue）的整體，是個別說話者從中選擇用語（parole）的資料庫。因此俄國民俗學者弗拉基米爾・普羅普

6　Claude Lévi-Strauss, 'Split Representation in the Art of Asia and America', *Structural Anthropology* (1958: English trans. New York, 1963), pp. 245–68; Roland Barthes, *Mythologies* (1957: English trans. London, 1972), pp. 116, 119; 關於這幅圖像，見Steve Baker, 'The Hell of Connotation', *Word and Image*, I (1985), pp. 164–75.

7　Meyer Schapiro, 'On Some Problems in the Semiotics of Visual Art', *Semiotica*, 1 (1969), pp. 223–42.

（Vladimir Propp，1895–1970）將俄國民間傳說分析成三十一種基本元素的排列組合，例如「英雄獲得魔法中介的使用權」。根據普羅普的說法，這在結構上都是同樣的功能，無論是公主送給英雄一只戒指，或是國王賞賜他一匹馬。

如果把圖像視為「象徵性文字」或是「符號系統」來處理，會有什麼樣的結果？別的不提，結構主義的方法鼓勵人們對於相對或反轉產生敏感度。例如，關於「他者」的圖像可能解讀為觀察者或畫家自我形象的反轉。當我們戴上結構主義的鏡片，畫作間的二元對立便具有新的重要性，無論是成對畫作之間的對立，例如老克拉納赫在基督與教宗之間的「對偶」例子（圖23，p100），或是在單一圖像內的對立，例如稍早提到的霍加斯《加萊城門》例子，以及老布勒哲爾的《狂歡節與四旬齋》（*Carnival and Lent*）等。

用結構主義的術語分析視覺敘事時，又格外具啟發性，無論是掛毯、雕版版畫或影片。若回到貝托魯奇的《一九零零》（圖81），片中關於地主與農工兩家人的描繪，便是一種相似與對立的複雜結合。兩名主角阿弗列多（Alfredo）與歐爾默（Olmo）在同一天出生、一起長大，彼此感情深厚，但卻命中註定發生衝突。就某方面來說，他們的關係是他們祖父老阿佛列多和列歐涅（Leone）的翻版，但就其他方面來說又完全相反。

結構主義的研究方法也和記號與記號之間的聯繫有關，例如，透過將一台車和一名美女頻繁地並置，觀者的腦海中便創造出這兩個元

【圖81】貝托魯奇的電影《一九零零》（1976）劇照，根據朱塞佩‧佩利扎‧達‧沃爾佩多（Giuseppe Pelizza da Volpedo）畫作《第四階級》（*Il quarto stato*）為題，約1901年。

素。結構主義強調系統，正如我們先前分析的（第五章）廣告例子，指出每個新的範例是如何指涉到先前的範例，接著又在共同系統寶庫裡添加新的成分。至於其他的圖像集合，或許也可以有類似要點。例如，十七世紀時，為了榮耀路易十四而製作的所有繪畫、雕刻、版畫、徽章和其他圖像，形成一套自我指涉的系統。打造一枚徽章，是為了紀念一座國王雕像被豎立，而這枚徽章圖像，又收錄在一本雕版版畫的書裡，諸如此類。8

8　Barthes, *Mythologies*; Judith Williamson, *Decoding Advertisements: Ideology and Meaning in Advertising* (London, 1978); Peter Burke, *The Fabrication of Louis XIV* (New Haven, CT, 1992), p. 15.

　　若要一個明確的範例，我們可以用第五章已經討論過的艾可對佳美廣告的結構主義分析（圖50，p162）。艾可形容那名女性是美麗的（「根據當前的符碼」）、北歐外貌（「地位的象徵」，因為這是義大利的廣告），富裕且具有文化素養（因為她去蘇富比拍賣）；「若她不是英國人，那她一定是上流社會的觀光客」。而那名男性具有男子氣概、有自信，但「不具備英國外貌」。他是個國際旅客、富裕、具文化素養，是個有品味的男人。他認為她極具魅力，而圖像上的文字意味著廣告中的肥皂品牌正是這種魅力的來源。⁹

　　傅柯也是某種結構主義者，但不是李維史陀的路線。他對於「再現」的系統感興趣，正如他對思想的系統感興趣一樣。傅柯所謂的「再現」，指的是某件物品的文字或圖畫形象，是根據某一系列的慣例所製作，這套慣例比人們在描述或描繪物件時，或多或少展現出的忠誠度更令他感興趣。他在一篇關於維拉斯奎茲《宮女》（Las Meninas）畫作的知名分析便是依循這些路線，在當時，符號及所指物件之間的連結已被打破，他將這幅畫作形容為「古典再現……的再現」。在傅柯作品之後的一九六〇與七〇年代，學者們紛紛接續再現的概念，包括藝術史學者、文學批評家、哲學家、社會學者、人類學者與歷史學者。這個術語的成功，無疑也對跨領域期刊《再現》

9　Umberto Eco, *La struttura assente: Introduzione alla ricerca semiologica* (Milan, 1968), pp. 174–7.

（*Representations*，1983年創刊）的成功有所貢獻，反之亦然。[10]

　　結構主義研究方法的另一種層面，也值得在此強調。這種方法關注的是從視覺資料庫中做選擇，這不僅突顯了視覺公式與主題的重要性（第八章），同時也將焦點集中在那些未被選擇的、被排除的事物上——這個主題對傅柯來說倍感親切。在本書研究的過程中，我們已經有些機會留意到這類盲點的重要性，這等同於口頭論述中的噤聲之處；例如，中世紀圖像中孩童的缺席（第六章）、科林・麥卡洪（Colin McCahon）風景畫中紐西蘭原住民的缺席（第二章），以及路易－菲利普肖像中，缺少王冠與權杖等傳統王室配件（第一章）等。這些盲點應該要有別於圖像製造者刻意留下讓觀者自行填上的「空白」，就像在巴特所分析的《巴黎競賽》封面例子中，觀者從行禮動作中自行推測出缺席的是三色旗。詮釋圖像的人需要對多種不同的缺席保持敏銳度。[11]

　　但問題仍在，最傑出的結構主義方法實踐者自己也承認。有關圖像「語言」的概念，或是關於繪畫作為「文本」的概念，是否只不過是種生動的譬喻而已？既然有藝術和語言之間的類比，那麼是否也有「非類比」（disanalogy）存在？是否只有一種圖像的語言或「符碼」，

10　Michel Foucault, *The Order of Things* (1966: English trans. London, 1970), pp. 3–16; 比較 Svetlana Alpers, 'Interpretation without Representation', *Representations*, I (1983), pp. 30–42.

11　Wolfgang Kemp, 'Death at Work: A Case Study on Constitutive Blanks in Nineteenth-century Painting', *Representations*, X (1985), pp. 102–23.

還是有數種不同體系，像是（隨意舉例）英文、阿拉伯文或中文？而符碼是有意識還是無意識的？若是無意識的，那麼這是關於在嚴謹的佛洛伊德意義下受壓抑的部分，還是在普通語言意義下習以為常的部分？對一些評論者而言，這種結構性的方法似乎簡化得令人難以忍受，其中沒有任何模稜性或人為介入的空間。這些評論中最知名也最有力的，是美國人類學者克利福德・格爾茨（Clifford Geertz）所做的結論：「符號學若要在藝術研究中發揮有效作用，就不能只將符號視為溝通的手段、待解的符碼，而是必須進一步將符號視為思考的模式、待解的成語。」[12]

　　這個具爭議的議題，我個人的觀點在於，把圖像結構分析的實踐當作圖像誌研究的替代方法，的確如上摘錄般有待評論，但結構主義學者的確藉由強調形式上的對偶與對立，為詮釋的共同寶庫做出重要貢獻，這一點引領我們來到本書研究所提出的創新性問題。結構主義的分析在文學敘述的例子上，的確比在圖像的例子上來得更為創新，也更令人震撼。就像德國批評家戈特霍爾德・埃弗拉伊姆・萊辛（Gottfried Ephraim Lessing）在《拉奧孔》（*Laokoön*，1766）所解釋的，文學是種時間的藝術，但結構主義者刻意忽視這點，以逆向操作閱讀文學敘述，就像李維史陀對伊底帕斯神話的分析例子，他把整個文本簡化為單一原點一再重複。

12　Clifford Geertz, *Local Knowledge* (New York, 1983), p. 120.

　　另一方面，在繪畫的例子上，這是種空間的藝術，傳統上是對內在關係的關注，藝術家和評論家稱為「構圖」，這是種順向而非逆向的解讀。若結構存在於文學作品的表面下，我們是一字一字的閱讀或聆聽它們，那麼在圖像中，結構就是存在於表面之上，至少從一段距離以外觀看時是如此。在一九〇〇年左右，對於內在關係的關注的確是當時盛行的「形式」或是「形式主義」的分析法，而潘諾夫斯基針對這種方法的回應是強調意義本身（他的文章選集標題便是《視覺藝術的意義》〔*Meaning in the Visual Arts*〕）。就像形式主義者一樣，結構主義者不同於潘諾夫斯基的地方在於，他們對於圖像中特定元素的解碼較不感興趣，而較關注元素之間的關係，他們強調的是評論家懷特所謂「形式的內容」。

　　無論如何，就他們確實分析圖像中部分特定元素而言，李維史陀、巴特和艾可或許都在執行圖像誌的方法，而不是打破它。貝娜黛特・布歇（Bernadette Bucher）一系列關於新世界版畫的結構分析，便是受到李維史陀和潘諾夫斯基兩人的啟發。對李維史陀而言，他有次形容潘諾夫斯基是個「偉大的結構主義者」。同樣地，我們可以想像潘諾夫斯基對佳美廣告會說什麼。他的圖像誌和圖像學，和艾可的符號學會相去多遠？而巴特關於文化解讀的看法，在他的《神話學》中一篇知名文章獲得出色的體現，文中將摔角視為痛苦與正義的演出，這樣的觀點和格爾茨的詮釋學傳統不謀而合。在格爾茨一篇同樣知名的文章中，他便用這種方法解讀峇里島的鬥雞。兩位詮釋者都

將運動場合視為一種文本,並將它們比喻為戲劇,但其中一人(照理說)採用的是結構主義的研究方法,而另一人則是詮釋學方法。[13]

正如我們已見,有人批評結構主義者缺乏對特定圖像的興趣(他們將圖像簡化為單純的圖案),並且也不太關注變化。在針對他們研究方法的反動中,發展出一種名為「後結構主義」的運動。若圖像誌研究者強調的是有意識的意義製造,而結構主義者則像佛洛伊德學派一樣,強調的是無意識,那麼後結構主義者的焦點便落在不確定性上,「多義性」(polysemy)或是如雅克·德希達(Jacques Derrida)所謂的「意義的無限遊戲」,關注的是意義的不穩定性或多重性,以及圖像製造者如何透過標籤或其他「圖像文本」(見第二章)等方法,並試圖掌控這樣的多重性。[14]

就像專制政治和無政府狀態一樣,結構主義和後結構主義的研究方法可能也會有相對的優缺點。結構主義研究方法的弱點在於,他們傾向假設圖像只有「一種」意義,沒有其他模稜性,這個謎題只有單一解答,只有一組符碼待破解。而後結構主義研究方法的弱點則正相反,他們假設任何賦予圖像的意義都和其他意義一樣有效。

---

13 Bernadette Bucher, *Icon and Conquest: A Structural Analysis of the Illustrations of de Bry's Great Voyages* (1977: English trans. Chicago, IL, 1981), pp. xiii–xvi; Claude Lévi-Strauss, *Structural Anthropology*, II (1973: English trans. London, 1977), p. 276; Barthes, *Mythologies*, pp. 15–25; Clifford Geertz, 'Deep Play', in his *The Interpretation of Cultures* (New York, 1973), pp. 412–53.

14 Peter Wagner, *Reading Iconotexts: From Swift to the French Revolution* (London, 1995).

　　關於後結構主義研究方法中這種對於模稜性的強調，還有另一個
問題需提及，就是這個方法真的是新的嗎？或者更精確地問，它究竟
在怎樣的程度與方式上有別於先前的運動？至少有些「古典」圖像誌
研究的實踐者早已意識到多義性或「多音性」（multivocality）。[15]實際
上羅蘭・巴特便是如此，儘管接受多義性這項事實，會動搖結構主義
者對圖像的解碼，或至少動搖這種方法中更宏大的主張。同樣地，在
宣傳方面的研究，也早已注意到例如羅馬硬幣或是文藝復興勳章上的
題字，是用來作為引導觀者以正確方法「閱讀」圖像。

　　我們今日的新概念，基本上是對於不確定的強調，並且主張圖像
的製造者無法固定或控制它們的意義，無論他們多麼努力地藉由題字
或其他方式試圖做到。這種強調原則上相當符合後現代運動，尤其是
對於圖像「接收度」的分析，這種研究方法將在下一章繼續討論。

---

15 Sydney Anglo, *Spectacle, Pageantry and Early Tudor Policy* (Oxford and London, 1969), p. 81.

11
圖像的文化史

對於電視傳播的圖像所做的分析，該用另一種研究來補充。

這種研究，是關於文化消費者以這些圖像所建構的事物。

米歇爾・德・塞都（Michel de Certeau）

討論圖像意義，至今很少涉及一個基本問題：對誰的意義？正如我們已見，潘諾夫斯基並未花太多時間在藝術社會史上，在他的時代，藝術社會史是由弗雷德里克‧安塔爾（Frederick Antal）和阿諾德‧豪澤爾（Arnold Hauser）等馬克思主義學者所進行，重點放在從工作室到藝術市場的製作與消費情形。但反對古典圖像誌研究和後結構主義者，可能合理地聲稱，圖像的意義取決於它們的「社會脈絡」。我在此使用的是這個詞的廣義定義，當中涵蓋了一般文化與政治背景，以及圖像獲得委託時的真正環境及其物質脈絡，換句話說，就是人們最初期待看到圖像的物理位置。這項調查是關於還算是新穎的圖像研究方法，而社會或文化史在其中佔有一席之地。

藝術社會史

「藝術社會史」一詞，其實就像一把矗立的大傘，傘下是各種相互競爭或補充的研究方法。有些像豪澤爾這樣的學者，將藝術視為整個社會的反映。而像哈斯基爾等其他學者，則將注意力集中在藝術的小世界裡，特別是關於藝術家與贊助者之間的關係。還有兩種較近期的圖像研究方法，是受女性主義理論與接收理論所啟發，它們或許也可容納在這把大傘之下。

我所謂「女性主義研究方法」，是指就性別而非社會階級層面所做的藝術社會史分析，無論這裡所著重的性別，是藝術家、贊助者、

作品本身所呈現的人物，或是在於預設或實際觀者。在這擴展領域裡
的兩名先驅人物，包括琳達・諾克林（Linda Nochlin）和葛莉賽達・
波洛克（Griselda Pollock），就像研究想像與幻想的社會史學者一
樣，她們提問的是「誰的想像？」或「誰的幻想？」為了回答這些問
題，她們致力於揭發並攻擊具侵略性或「主宰」的男性凝視，她們認
為這和「陽具中心文化」相關。

　　就和結構主義者一樣，女性主義者也為詮釋的共同寶庫添加新成
分，事實上如今在分析圖像時，若忽略了性別議題，這已變成無法想
像的事，正如過去很難忽略階級的問題一樣。在先前討論過的關於女
性讀者、女性作品，以及關於女巫和後宮的再現中，已經闡述過就性
別所進行的圖像研究方法或系列方法（第六及第七章）。[1]

　　第二種近期的藝術社會史研究方法，集中在人們對圖像的反應，
或對如何接收藝術品的歷史，類似於文學研究中稱為「接收理論」和
「讀者反應」（reader-response）的運動。「反應」是大衛・弗里德伯格
（David Freedberg）《圖像的力量》（*The Power of Images*，1989）等著

1　Griselda Pollock, 'What's Wrong with Images of Women?', 重新收錄於 *Framing Feminism*,
　　ed. Rozsika Parker and Griselda Pollock (London, 1977), pp. 132–8; Pollock, *Vision and
　　Difference* (London, 1988); Pollock, 'What Difference does Feminism make to Art History?',
　　in Richard Kendall and Griselda Pollock, eds, *Dealing with Degas* (London, 1992), pp. 22–39;
　　Linda Nochlin, 'Women, Art and Power', in Norman Bryson, Michael Holly and Keith
　　Moxey, eds, *Visual Theory* (Cambridge, 1991), pp. 13–46; Nochlin, *Representing Women*
　　(London, 1999).

作中的主題。在這種藝術社會史的形式中，馬克思在某種意義上被完全改變。這種研究針對的是圖像在社會中的效用，它實際上已取代社會對圖像影響的分析。觀者和圖像之間的物理關係史也已有人研究，最著名的是邁克爾·弗雷德（Michael Fried）的《專注性與劇場性》（*Absorption and Theatricality*，1981）

　　這個團體或學派中有些歷史學者和評論者，關注的是藝術家心中的觀者形象，也就是文學批評家稱為「隱含讀者」（implicit reader）的視覺版。他們檢驗巴特所形容的「圖像修辭」，檢驗它用何種方法說服或強迫觀者進行某個特定的詮釋，並鼓勵他們認同某個勝利者或受害者；或者另一種做法（如同有人在某些十九世紀歷史畫的例子中所主張）是將觀者放在所呈現事件的目擊者位置。[2]

　　包括弗雷德在內的其他學者，透過研究文字，調查觀者對圖像的真正反應，而不是預期反應：例如透過靈修手記、旅行者日記，或是對朝聖者行為的敘述，又或，對於觀看電影或政治漫畫的群眾行為。在我的觀點中，這種研究方法有望在未來幾年中成為最有價值的方法。人們可能會形容它是「圖像的文化史」或甚至「圖像的歷史人類學」，因為它關注的是重建起有意識或無意識的規則或慣例，在某個

2　David Freedberg, *The Power of Images* (Chicago, IL, 1989); Michael Fried, *Absorption and Theatricality: Painting and Beholder in the Age of Diderot* (Berkeley and Los Angeles, CA, 1980); Wolfgang Kemp, 'Death at Work: A Case Study on Constitutive Blanks in Nineteenth-century Painting', *Representations*, X (1985).

既定文化中掌控著圖像的認知和詮釋。其中首要重點在於，重建起英國藝術史學者巴克桑德爾所謂的「時代之眼」（the period eye）。在他關於十五世紀義大利繪畫和十六世紀德國雕塑的研究中，也探索了當代文化實踐對於圖像認知的影響，例如測量桶、舞蹈和書法。[3]

　　巴克桑德爾所研究的實踐，是那些決定人們如何感知圖像形式的實踐。其他的文化實踐對於觀者如何觀看圖像內容（圖像的訊息）的方式，還有更大的影響。讓我們舉一個較接近本書中心主題的例子，也就是有自覺的目擊之下的文化實踐。坎特伯雷基督教會（Christ Church Canterbury）的教士約翰·巴爾格瑞夫（John Bargrave，1610–1680）是名學者、旅行家兼收藏家。一六五五年，他在因斯布魯克見證了瑞典的克莉絲汀娜女王受接納進天主教會，並將女王出席記錄在製成版畫的草圖上。一六六〇年，他在羅馬買了一系列教宗亞歷山大七世及其樞機主教們的雕版版畫，將它們貼在一本書裡，並加上自己的註釋，通常是關於「這張畫很像他」或是「酷似本人」之類的印象。由於提到了一六四七年的拿坡里革命，促使他寫下「在拿坡里寫下最後這段話的我，是個目擊者」。巴爾格瑞夫對於當代事件的興趣，和他對收藏版畫的興趣緊密結合，他將這些圖像嚴謹地視為近代的見證。[4]

3　Michael Baxandall, *Painting and Experience in Fifteenth-century Italy* (Oxford, 1972); Baxandall, *Lime-wood Sculptors in Renaissance Germany* (New Haven, CT, 1980).

4　John Bargrave, *Pope Alexander VII and the College of Cardinals*, ed. James C. Robertson

　　對圖像的負面回應，也提供和正面回應一樣有價值的證據。正如我們已見，直到史達林死前，政府都禁止愛森斯坦的《恐怖的伊凡》第二部公開放映。哥雅那幅關於一八○八年五月三日處決的知名畫作，由於政治因素，好幾年都放在普拉多博物館的地下室裡。類似的狀況，像德拉克羅瓦的《自由領導人民》這類畫作，當時的命運（第四章）就是某種溫度計，用來探測政治溫度。一八三一年，政府買下了這幅畫；一八三三年，畫被藏在地下室裡；一八四九年，它短暫重現了一陣子，但在路易‧拿破崙掌權後再度遭禁。重點在於，對於一些當時的觀者來說，這幅圖像令人想起一七九二年在國王路易十六被處決以後所建立的共和國，因此這對君主政權來說相當難堪。一八三二年，杜米埃由於畫了一幅國王路易－菲利普的諷刺漫畫，因此受審並遭拘禁六個月，這也讓人了解當時的道德與政治態度，就像福樓拜因為出版《包法利夫人》（*Madame Bovary*，1857）而受審一樣。[5]

　　電影的歷史提供一些當代反應的類似例子，說明人們對某些電影最初的接受方式。美國一些州禁止放映《一個國家的誕生》，這也有助後世理解當時人們如何解讀格里菲斯的影像。美國全國有色人種協

(London, 1862), pp. 8, 41; 比較 Stephen Bann, *Under the Sign: John Bargrave as Collector, Traveler and Witness* (Ann Arbor, MI, 1994), 尤其是 pp. 106, 115–16.

5　Gwyn A. Williams, *Goya and the Impossible Revolution* (London, 1976), p. 5; Maurice Agulhon, *Marianne into Battle: Republican Imagery and Symbolism in France, 1789–1880* (1979: English trans. Cambridge, 1981), pp. 38–61.

進會（National Association for the Advancement of Coloured People）對
《亂世佳人》中被視為「種族歧視」的場景所提出的抗議也是如此。[6]

　　有時，這些文字會顯示出某個既定圖像的意義，其實是被「誤
解」。圖像的接收歷史就像文字的接收歷史一樣，動搖了「誤解」一
詞的常識，因為它們顯示出對同一物件或同一事件的不同詮釋，這種
狀況其實是正常，而不是異常。更何況，若要把一種詮釋形容為「正
確」、另一種是「錯誤」，其實很難找到好的理由這麼做。儘管如此，
誤解的概念可能仍然有用，有時還是很精準的，可以用來形容意圖和
效果之間的差異，也就是由（由政府、宣教士、畫家等）傳播的訊息
和不同族群的觀者、讀者或聽者，所接收到的訊息之間的差異。在這
樣的意義下，像達伽馬就把印度廟宇「誤解」為基督教的教堂（第七
章）。

　　我們已見（第二章），觀看王室進城這類公開場面的編年史家和
使節們，並不總是照活動設計者的意圖去詮釋。他們會漏掉典故，或
是把某個古典女神當成另一個。如前所述（第四章；圖27），一九八
九年天安門廣場上的著名「民主女神」，便有官方與非官方、外國人
與中國人等幾種不同版本的解讀。

　　對於接收圖像證據，不只是文字上的，同時也有圖畫上的。畫中
畫告訴了我們關於圖像的使用和社會品味史，無論是出現在會客室裡

6　Peter Noble, *The Negro in Films* (London, 1948).

的畫作，或是在酒館牆上的版畫。就連畫中遭抹除的部分也有故事可說。例如有個惡名昭彰的例子，就是維拉斯奎茲所繪的王儲巴爾塔沙・卡洛斯（Baltasar Carlos）親王在馬術學校中的畫像。在這幅畫的第一個版本中，可以看到首相奧利瓦雷斯伯－公爵（Count-Duke of Olivares）出現在中央距離外的畫面右方，但在他一六四三年遭免職與流放之後，奧利瓦雷斯成了無名小卒，於是從畫面中被抹除。更正確地說，這幅畫的第二個版本單純把他忽略，這個版本如今藏於華勒斯典藏館（Wallace Collection）。同樣地，大衛也必須重畫《拿破崙加冕》，因為「根據判斷，不要畫出拿破崙加冕自己的樣子，這樣比較審慎」。在一八一五年波旁復辟後，萬神殿圓頂上的拿破崙畫像被取代為國王路易十八。而在一八四八年革命的過程中，路易・赫森（Louis Hersent）的路易－菲利普國家肖像則遭到破壞。[7]

　　觀者反應的見證，也包括各式各樣的聖像破壞或公物破壞，這些舉動讓後代不禁思考引發這種暴力反應的圖像特色。有些是基於虔誠而破壞公物，例如不知名的觀眾從中世紀「最後晚餐」的描繪中將猶大的雙眼挖去。也有些是基於神學性質，例如拜占庭人或新教徒毀壞宗教圖像，認為它們是基督徒與上帝之間的障礙物，而不是溝通管道（第三章）。有些則是基於政治性質，無論針對的是一七九二年路易十

7　Enriqueta Harris, 'Velázquez's Portrait of Prince Baltasar Carlos in the Riding School', *Burlington Magazine*, CXVIII (1976), pp. 266–75; John H. Elliott, *The Count-Duke of Olivares* (New Haven, CT, 1986), p. 676; Anita Brookner, *David* (London, 1980), p. 153.

四的公共雕像、一九六〇年代在布拉格被破壞的史達林雕像，或是一九六六年在都柏林遭到愛爾蘭共和軍（IRA）炸毀的納爾遜紀念柱，因為行動者認為這位海軍上將是英國霸權的象徵。

　　還有基於女性主義，例子便是在一九一四年的倫敦國家藝廊，有人對維拉斯奎茲那幅人稱「鏡前的維納斯」（Rokeby Venus）畫作進行的攻擊惡名昭彰，這是一名婦女參政運動者的傑作，她希望把人們的注意力引到這個目標上，另外也有基於美學性質的，如同對現代雕塑所做的攻擊，包括從羅丹的《沉思者》（Thinker）到雷格・巴特勒（Reg Butler）的《無名政治犯》（Unknown Political Prisoner）。此外，也有溫和版的圖像破壞，人們將雕像從公共廣場上移開，改為展示於博物館或雕塑公園。這是在一九八九年匈牙利政權轉移後，布達佩斯的共產主義英雄圖像所遭遇的命運（布達佩斯的雕塑公園於一九九三年開幕），類似情形，也在一九四七年印度獨立後發生在維多利亞女王雕像上。[8]

　　就像塗鴉，圖像破壞的行動為圖像反應的歷史提供豐富證據脈絡。「反紀念像」在漢堡豎立後（第四章），雕塑者邀請大眾在柱上寫下回應，他們原本期待的是團結簽名，但實際上卻引發更廣大範圍的回應，從「法西斯別再來」到「外國人滾出去」還有「我愛所有女

8　David Freedberg, *The Power of Images* (Chicago, IL, 1989), pp. 378–428; Dario Gamboni, *The Destruction of Art: Iconoclasm and Vandalism since the French Revolution* (London, 1997).

生」。[9]

　　不意外地，圖像製作者為了試圖掌控大眾加諸在作品上的詮釋，提供各式各樣線索。有些掌控試圖以圖畫形式呈現，例如設計框架，或是透過尺寸及色彩差異強調某個人物與眾不同。另一種設計則是畫中畫，就像把佈道家薩謝弗雷爾（Sacheverell）和強盜麥基斯（MacHeath）並置的霍加斯版畫一樣，邀請觀者在兩人之間做個比較。

　　此外，觀者的反應也可能受文字手段的影響或操弄，從徽章上的銘刻到照片上的圖說。本書已討論過這類圖像文字，從貝葉掛毯上的銘文，讓人可以將眼睛中箭的戰士辨識為哈羅德國王，到里維拉壁畫上的題字，讓人清楚勞動者場景的濕壁畫是為了鼓勵觀者努力工作。在徽章的例子中，由於圖像很小，觀者很難用肉眼「閱讀」，因此銘刻就格外重要。在我所著關於路易十四官方圖像的書中，提過用來紀念某個統治時期事件的徽章銘刻，在形式和功能方面都可以比喻為報紙標題。例如「皇太子在一個月內拿下萊茵河畔二十城鎮」（1686），以及「閃電擊中阿爾及爾」（*Algeria Fulminata*），指的是一六八三年法國轟炸該城，並將法國的行動呈現為某種自然力量。[10]

9　James E. Young, 'The Counter-monument: Memory against Itself in Germany Today', in *Art and the Public Sphere*, ed. William J. T. Mitchell (Chicago, IL, 1992), pp. 49–78.

10　Peter Wagner, *Reading Iconotexts: From Swift to the French Revolution* (London, 1995); Maren Stange, *Symbols of Social Life: Social Documentary Photography in America, 1890–1950* (Cambridge, 1989), pp. 44, 117–18; Peter Burke, *The Fabrication of Louis XIV* (New Haven, CT, 1992), pp. 97–8, 102.

　　上面幾頁已說明，潘諾夫斯基以後的學者不僅指出他圖像誌與圖像學研究方法的弱點，同時也接而提出了有建設性的建議。很難說是否應該將他們的正面建言視為一種或多種替代方案。我自己的答案則是「不應該」，因為在圖像誌研究方法的元素和替代方案的元素之間，有可能進行綜合。我撰寫這部研究的立足點，在於圖像並不是社會現實的反映，但也不是一套和社會現實無關的符號系統，而是在兩種極端間佔據各樣的位置。它們證明著個人或群體看待社會世界的方式，包括他們想像的世界，這些方式雖有刻板印象，但也正逐漸地改變。

　　現在，對於這本有關圖像作為證據的書，該是時候總結一下書中的訊息了。這些圖像見證常被忽略，有時被否認。評論家班恩表達一種較普遍的懷疑主義態度，他最近寫道「視覺圖像證實不了什麼——或者說，無論它證明了什麼，都太瑣碎了，無法算作歷史分析的一部分」。[11] 圖像的見證有時會被駁回，理由是它們所呈現的都是在某個既定文化中所流行的再現慣例。有些人是「實證主義者」，他們相信圖像能傳達關於外界的可靠資訊，有些人則是懷疑論者或結構主義者，他們斷定圖像辦不到這點，而這兩種人間一直都有衝突。後者注意力集中在圖畫本身，在圖畫的內在組成、畫裡的各部分，以及這幅畫與其他同類型畫作之間的關係上。而實證主義者則嘗試透過圖畫，一窺

11　Bann, *Under the Sign*, p. 122.

畫作背後的現實世界。

有時候，這種辯論在我聽來像是對牛彈琴，或者套用一個更視覺圖像的例子，這就像是所謂的「鴨兔錯覺」，一幅可以同樣視為兔子或是鴨子的素描，但並不是同時發生的。然而，我相信會有「第三條路」開放給任何想嘗試的人。走上這第三條路，意味的並不是走在中間選項，而是做出仔細分辨，就像我在這整本書裡試圖做到的，避免單一的二擇一選項，採取對傳統歷史操作最深入批評，並且為了考慮到這種批評，重新制定起歷史方法規則。

依循第三條路的人，並不是將圖像形容為可信賴或不可信賴，而是關注在信賴的程度或模式上，以及就不同目的上的信賴程度。他們拒絕單一對立，一方面拒絕將圖像視為「鏡像」或「快照」，另一方面也反對將圖像視為單純符號或慣例系統。他們主張，圖像的情況就像文字，其中的慣例過濾掉外部世界的資訊，但並未完全排除。只有像在「怪物種族」這種少見的例子中（第七章），刻板印象粗糙到排除了所有訊息。

例如，當我們閱讀一名十九世紀的西方旅行者或歷史學者，或觀看同時期的畫家作品時，我們很可能清楚意識到其中個別或集體的慣例，這三者全都根據這些慣例再現異國文化，比如中國文化，但這並不妨礙我們接收到關於這個帝國文化的許多細節，以及關於十九世紀在態度、價值觀與偏見上的資訊。

換句話說，圖像提供有關過去的見證，它們具有真正的價值，補

充且支持書寫文獻的證據。的確，尤其在事件的歷史裡，對於原本熟悉文獻的歷史學者們，圖像見證經常告訴他們已知的事。然而，即使是在這些情況，圖像也有可補充的。它們對於過去所提供的接觸，是其他來源無法觸及的層面。而在文字稀缺的例子中，圖像見證格外有價值，例如在非正式經濟、或是人民史觀，以及敏感度變化的情況。與加冕典禮或是和平協定有關的繪畫及版畫，傳達場合上的莊嚴感，以及官方期望人們看待這些典禮的方式，但對於十七世紀圖像中強調儀式事件或儀式化，則提醒我們在當時人民眼中儀式的重要性。

　　在經濟與社會歷史的例子中，圖像對於街頭貿易這類操作提供格外有價值的證據，因為它們的本質較不正式因此很少被記錄下來，圖像對於工會而言成為補充紀錄見證。而如同我們一再見到的，關於其他文化的圖像可能不正確且有偏頗，但作為印證偏見本身是再好不過了。正如美國歷史學者彼得・帕雷特（Peter Paret）所指出，使用圖像證據的其中一項優點在於，「讀者和作者可以共同檢視」。文獻證據通常只有準備前往檔案存放庫的人才會看到，可能還需要數個鐘頭閱讀，但一幅畫或一張照片通常很容易取得，尤其是複製畫，而圖像中的訊息也可能相對快速地一掃而知。[12]

　　當然，在文字的例子中，任何希望使用圖像作為證據的人都需要

12　Peter Paret, *Imagined Battles: Reflections of War in European Art* (Chapel Hill, NC, 1997), p. 14.

不斷地意識到，大部分圖像都不是為了這個目的而製作——這點雖然相當明顯，但有時卻又被忘記。如同我們已見，有些的確是為了這個目的，但大多數圖像製作是為了展現各種功能，宗教的、美學的、政治的……它們經常扮演著社會中「文化建設」的角色。正是基於這樣的理由，圖像見證在過去的社會如何被安排，更重要的，是觀看與思考方式的見證。

這裡還有如何解讀這些見證的問題。我希望本書的讀者不至於期待看到一部關於圖像解碼的「操作指南」論文，彷彿它們是只有單一明確解答的謎題一樣。相反地，本書所試圖展現的，正是圖像常是模稜且多義的。事實證明，概括不該用於解讀圖像的方法，以及等待我們解決的陷阱，這樣做要簡單得多。多樣性一直是個重複出現的主題，包括圖像及其用途的多樣性，具有不同關注的歷史學者都可以提出它們的見證——關注科學、性別、戰爭、政治思想……的歷史學者。

即使是文化史學者，對視覺證據的使用上也彼此分歧。例如，布克哈特在《君士坦丁大帝時代》（*Age of Constantine*）和《義大利文藝復興時代的文化》（*Civilisation of the Renaissance*）中都使用風格和圖像誌的見證，幫助他描述當時的時代精神特性，例如將當時越來越豐富的裝飾詮釋為頹廢的象徵，或是將肖像畫的興起詮釋為個人主義。其他歷史學者則藉由檢驗圖像，尋找關於社會生活中微小細節的線索，較不是關於整個時代。

　　就以十七世紀荷蘭藝術家奧赫特弗特的入口和門廊畫作系列為例。在一名音樂史學者的眼中，有著街頭音樂家的圖畫對於當時音樂在荷蘭生活中的地位，是個有價值的證據（圖43，見p150）。對於一名經濟史學者而言，小販們在門邊販售的商品是有意思的，多半是魚和水果（葡萄和櫻桃）這類容易腐壞的食物。這些畫作見證著這類物品是挨家挨戶兜售，這在其他類型文獻中並未紀錄。對於一名社會史學者而言，小販的身份格外有意思，因為販售魚和家禽的男性和販售水果的女性，意味著基於性別的勞動分工。如同先前已見（第五章），沙瑪在《財主的尷尬》中，詮釋這些畫作為格局內與格局外、私密與公眾、房屋與街道的邊界象徵。關於邊界這點，和他書裡的其中一個主題有關，也就是十七世紀荷蘭認同的建立。[13]

　　不過，沙瑪很小心地不從個別畫作直接跳入對「荷蘭性」（Dutchness）的概括。他的分析強項在於對特定圖像仔細解讀。相反地，同一位作者的《風景與記憶》（*Landscape and Memory*）是一連串令人著迷的清單，羅列關於沉積在森林、河流和岩石的歷史記憶，而書中引用圖像時則傾向單純用於展現概括化，就像布克哈特所做的，雖然這些概括是有關於人類記憶而不是特定的時期。

　　儘管在不同歷史學者之間有分析技法和目的上的對比，但在先前

---

13 比較Francis Haskell, 'Visual Sources and The Embarrassment of Riches', *Past and Present*, CXX (1988), pp. 216–26.

章節的特定案例分析中，我們還是歸納出幾項概括重點，仔細在處理之後，我們可以在此重新表述這幾點，不是用來當作最高準則，而是單純作為詮釋問題的摘要，這些問題在不同脈絡中固定地重複出現。[14]當然，這些問題不限於圖像的見證，例如，在檢驗圖像而非文字時，「脈絡」多少有著不同的意義。

1. 圖像並未直接給予通往社會世界的管道，而是通往當時人們對那個世界的觀點，男性對於女性的觀點、中產階級對於農民的觀點、市民對於戰爭的觀點等。歷史學者絕不能忘記，圖像製造者在呈現世界時會採取理想化和諷刺化兩種相對傾向。他們所面對的問題，是要區分典型再現與反常圖像。

2. 圖像的見證需要放置在「脈絡」下，更妥善的是，放置在複數形的系列脈絡下（文化的、政治的、物質的等等），包括在某個特定時間地點呈現（比方說）孩童的藝術慣例、藝術家與當初贊助者或顧客的興趣，以及圖像所預設的功能等。

3. 一系列的圖像所提供的見證，比個別圖像提供的更加可靠，無論歷史學者是集中在某個特定時間地點內觀者所見的所有現存圖像（用桑克的說法，「當時人所能經驗的圖像整體」），或是觀察

---

14 Robert M. Levine, *Images of History: 19th and Early 20th-century Latin American Photographs as Documents* (Durham, NC, 1989), pp. 75–146, 書中以回應問卷的形式，討論了方法上的問題。

長期以來關於（比方說）煉獄的圖像變化。法國人所謂的「系列史」有時顯得格外實用。[15]

4. 就像文字一樣，在圖像中，歷史學者需要讀出言外之音，留意那些微小卻重要的細節——包括關鍵的「缺席」，用它們作為線索，找出圖像製作者不知道自己知道的資訊，或是他們並未意識到自己所持的假設主場。莫雷利研究耳或手的相關描繪，便能藉此分別出特定畫作的作者（第一章），這對歷史學者們別具意義。

例如，在大約一八六五年，攝影師奧古斯托・斯塔爾（Augusto Stahl）拍攝了一張里約熱內盧的街道照片，當中顯示一間商店外有一群人（圖82）。由於這間店只佔了照片的一小部分，在靠近照片的左邊邊緣，因此攝影師不太可能特地告訴這群人應該如何站或如何穿（如同先前已見，這種情形有時會出現在十九世紀的社會攝影中）。於是，這群人其中之一戴著帽子卻不穿鞋，或許可以作為在這個特定時間地點中，在他的社會階層中服裝慣例的證據。

在今日的歐洲人眼中來說，這些慣例很可能顯得有些怪異，因為對他來說，帽子可能顯得多餘，但鞋子是必要的。然而，在十九世紀的巴西，由於不同氣候和社會因素，情況卻是相反。草帽很便宜，但

15 Paul Zanker, *Augustus and the Power of Images* (1987: English trans. Ann Arbor, MI, 1988); Michel Vovelle and Gaby Vovelle, *Vision de la mort et de l'au-delà en Provence* (Paris, 1970); Michel Vovelle, ed., *Iconographie et histoire des mentalités* (Aix, 1979).

【圖82】斯塔爾，《里約熱內盧，森林街》（*Rua da Floresta, Rio de Janeiro*），1865年，蛋白印相。私人收藏。

皮鞋則相對昂貴。我們讀到非裔巴西人會買鞋子當做地位象徵，但卻寧願不穿它們，而是把鞋提在手上走過街頭。於是，這張照片為這部研究中一再反覆的主題提供最終範例。就像潘諾夫斯基曾說的（引用福樓拜和瓦堡）：上帝就在細節中（Le bon Dieu est dans le *détail*）。

致謝

　　據說，一位中國畫竹名家曾受同行建議，觀察竹子要數日，但完成畫作只需數分鐘。本書的寫作時間相對快速，但我對於這個主題的關注可回溯到三十多年前，那時我正在研究關於歐洲文化中出現的時代錯置感。我當時意識到，即使文字中或許不會顯現出過去有多遙遠，但是畫家卻無法避免這類議題，他們必須決定（比方說）是否該將亞歷山大大帝畫成身穿他們自己年代服裝的樣子，或是另一種樣子。可惜的是，我當時寫作的系列並沒有收錄插圖。

　　從那時起，我有很多把圖像當作歷史證據的機會，甚至為劍橋的大一生開了一堂關於這個主題的課程。該課程由已故的鮑勃·斯克里布納（Bob Scribner）策劃並共同執教，這本書也從中催生而出，成了鮑勃所編輯的書系其中一本。我們曾希望能一起撰寫這類著作，如今我謹以此書獻上緬懷。

　　我也要感謝我的妻子瑪麗亞·露西亞（Maria Lúcia），她讓我懂得什麼是「我最好的批評者」，另外也感謝史蒂芬·班恩（Stephen Bann）和羅伊·波特（Roy Porter）對本書初稿的建設性評論，還有荷西·貢薩雷茲（José García González）讓我留意到法哈爾多對於政治馬術的見解。

攝影致謝

作者和出版商願對以下插圖資料的來源及複製許可表達謝意（除了圖說中已標記完整的圖片來源以外的）。

參考書目

- Abell, Walter, *The Collective Dream in Art* (Cambridge, ma, 1957)
- Ades, Dawn, et al., eds, *Art and Power* (London, 1996)
- Agulhon, Maurice, *Marianne into Battle: Republican Imagery and Symbolism in France, 1789–1880* (1979: English trans. Cambridge, 1981)
- Aldgate, Anthony, 'British Newsreels and the Spanish Civil War', *History*, lviii (1976), pp. 60–63
  ——, *Cinema and History: British Newsreels and the Spanish Civil War* (London, 1979)
- Alexandre-Bidon, Daniele, 'Images et objets de faire croire', *Annales Histoire Sciences Sociales*, liii (1998), pp. 1155–90
- Alpers, Svetlana, *The Art of Describing: Dutch Art in the Seventeenth Century* (Chicago, il, 1983)
  ——, 'Interpretation without Representation', *Representations*, I (1983), pp. 30–42
  ——, 'Realism as a Comic Mode: Low-life Painting seen through Bredero's Eyes', *Simiolus*, VIII (1975–6), pp. 115–39
- Anderson, Patricia, *The Printed Image and the Transformation of Popular Culture, 1790–1860* (Oxford, 1991)
- Andersson, Lars M., Lars Berggren and Ulf Zander, eds, *Mer an tuisen ord. Bilden och de historiska vetenskaperna* (Lund, 2001)
- Aries, Philippe, *Centuries of Childhood* (1960: English trans. London, 1965)
  ——, *The Hour of Our Death* (1977: English trans. London, 1981)
  ——, *Un historien de Dimanche* (Paris, 1980)
  ——, *Images of Man and Death* (1983: English trans. Cambridge, MA, 1985)
- Armstrong, C. M., 'Edgar Degas and the Representation of the Female Body', in *The Female Body in Western Culture*, ed. S. R. Suleiman (New York, 1986)
- Atherton, Herbert M., *Political Prints in the Age of Hogarth: A Study of the Ideographic Representation of Politics* (Oxford, 1974)

- Baker, Steve, 'The Hell of Connotation', *Word and Image*, I (1985), pp. 164–75
- Bann, Stephen, 'Face-to-face with History', *New Literary History*, xxix (1998), pp. 235–46
  ——, 'Historical Narrative and the Cinematic Image', *History & Theory Beiheft*, xxvi (1987), pp. 47–67
- Barnouw, Dagmar, *Critical Realism: History, Photography and the Work of Siegfried Kracauer* (Baltimore, md, 1994)
- Barnouw, Eric, *Documentary: A History of the Non-fiction Film* (New York, 1974)
- Barrell, John, *The Dark Side of the Landscape* (Cambridge, 1980)
- Barthes, Roland, *Camera Lucida* (1980: English trans. London, 1981)
  ——, *Image, Music, Text*, ed. Stephen Heath (New York, 1977), pp. 32–51
  ——, *Mythologies* (1957: English trans. London, 1972)
  ——, 'The Reality Effect' (1968: English trans. in Barthes, *The Rustle of Language*, Oxford, 1986), pp. 141–8
- Baxandall, Michael, *Limewood Sculptors in Renaissance Germany* (New Haven, ct, 1980)
  ——, *Painting and Experience in Fifteenth-century Italy* (Oxford, 1972)
- Behringer, Wolfgang, and Bernd Roeck, eds, *Das Bild der Stadt in der Neuzeit, 1400–1800* (Munich, 1999)
- Beller, Manfred, and Joseph Leersen, *Imagology* (Amsterdam, 2007)
- Belting, Hans, *An Anthropology of Images* [2001] (Princeton, nj, 2011)
  ——, *Likeness and Presence* (1990: English trans. London, 1994)
- Benedict, Philip, *Graphic History: The Wars, Massacres and Troubles of Tortorel and Perrissin* (Geneva, 2007)
- Benjamin, Walter, 'The Work of Art in the Age of Mechanical Reproduction' (1936: English trans. in *Illuminations*, London, 1968), pp. 219–44
- Berggren, Lars, and Lennart Sjöstedt, *L'ombra dei grandi: Monumenti e politica monumentale a Roma (1870–1895)* (Rome, 1996)
- Bermingham, Ann, *Landscape and Ideology: The English Rustic Tradition, 1740–1860* (London, 1986)
- Białostocki, Jan, 'The Image of the Defeated Leader in Romantic Art' (1983:

reprinted in Bialostocki, *The Message of Images*, Vienna, 1988), pp. 219–33

- Binski, Paul, *Medieval Death: Ritual and Representation* (London, 1996)
- Blunt, Antony, *Poussin* (2 vols, London, 1967)
- Boehm, Gottfried, et al., eds, *Zeigen. Die Rhetorik des Sichtbaren* (Munich, 2010)
- Boime, Albert, *The Unveiling of the National Icons* (Cambridge, 1994)
- Bondanella, Peter, *The Films of Roberto Rossellini* (Cambridge, 1993)
- Borchert, James, *Alley Life in Washington: Family, Community, Religion and Folklife in an American City* (Urbana, il, 1980)
  ——, 'Historical Photo-analysis: A Research Method', *Historical Methods*, xv (1982), pp. 35–44
- Bredekamp, Horst, *Florentiner Fussball: Renaissance der Spiele* (Frankfurt, 1993)
  ——, 'The Picture Act: Tradition, Horizon, Philosophy', in *Bildakt at the Warburg Institute*, ed. Sabine Marienberg and Jürgen
- Brettell, Richard R., and Caroline B. Brettell, *Painters and Peasants in the Nineteenth Century* (Geneva, 1983)
- Brilliant, Richard, 'The Bayeux Tapestry', *Word and Image*, VII (1991), pp. 98–126
  ——, *Portraiture* (London, 1991)
  ——, *Visual Narratives: Storytelling in Etruscan and Roman Art* (Ithaca, ny, 1983)
- Brothers, Caroline, *War and Photography: A Cultural History* (London, 1997)
- Brown, Patricia F., *Private Lives in Renaissance Venice* (New Haven, ct, 2004)
  ——, *Venetian Narrative Painting in the Age of Carpaccio* (New Haven, ct, 1988)
- Brubaker, Leslie, 'The Sacred Image', in *The Sacred Image. East and West*, ed. Robert Ousterhout and L. Brubaker (Urbana and Chicago, il, 1995), pp. 1–24
- Brunette, Peter, *Roberto Rossellini* (New York, 1987)
- Bryson, Norman, *Vision and Painting: The Logic of the Gaze* (London, 1983)
- Bucher, Bernadette, *Icon and Conquest: A Structural Analysis of the Illustrations of de Bry's Great Voyages* (1977: English trans. Chicago, il, 1981)
- Burke, Peter, *The Fabrication of Louis xiv* (New Haven, ct, 1992)
- Cameron, Averil, 'The Language of Images: The Rise of Icons and Christian Representation', in *The Church and the Arts*, ed. Diana Wood (Oxford, 1992), pp.

1–42

- Camille, Michael, *Mirror in Parchment: The Luttrell Psalter and the Making of Medieval England* (London, 1998)
  ——, 'The *Tres Riches Heures:* An Illuminated Manuscript in the Age of Mechanical Reproduction', *Critical Inquiry*, xvii (1990–91), pp. 72–107
- Carteras, S. P., *Images of Victorian Womanhood in English Art* (London, 1987)
- Cassidy, Brendan, ed., *Iconography at the Cross-roads* (Princeton, nj, 1993)
- Cederlöf, Olle, 'The Battle Painting as a Historical Source', *Revue Internationale d'Histoire Militaire*, xxvi (1967), pp. 119–44
- Censer, Jack, and Lynn Hunt, 'Imaging the French Revolution: Depictions of the French Revolutionary Crowd', *American Historical Review*, 110 (2005), pp. 38–45
  ——, eds, *Imaging the French Revolution*, chnm.gmu.edu/revolution/imaging/essays.html
- Christin, Olivier, *Une revolution symbolique: L'iconoclasme huguenot et la reconstruction catholique* (Paris, 1991)
- Clark, Timothy J., *The Absolute Bourgeois: Art and Politics in France, 1848–1851* (London, 1973)
  ——, *Image of the People: Gustave Courbet and the 1848 Revolution* (London, 1973)
  ——, *The Painting of Modern Life: Paris in the Art of Manet and his Followers* (New Haven, ct, 1985)
- Clark, Toby, *Art and Propaganda in the 20th Century: The Political Image in the Age of Mass Culture* (London, 1977)
- Clayson, Hollis, *Painted Love: Prostitution in French Art of the Impressionist Era* (New Haven, ct, 1991)
- Collinson, Patrick, *From Iconoclasm to Iconophobia: The Cultural Impact of the Second Reformation* (Reading, 1986)
- Comment, Bernard, *The Panorama* (1993: English trans. London, 1999)
- Cosgrove, Denis, and Stephen Daniels, eds, *The Iconography of Landscape* (Cambridge, 1988)
- Coupe, William A., *The German Illustrated Broadsheet in the Seventeenth*

Century (2 vols, Baden-Baden, 1966)

- Cousin, Bernard, *Le Miracle et le Quotidien: Les ex-voto provencaux images d'une societe* (Aix, 1983)
- Curtis, L. Perry Jr, *Apes and Angels: The Irishman in Victorian Caricature* (Newton Abbot, 1971)
- Curtis, Neal, ed., *The Pictorial Turn* (London, 2010)
- Davidson, Jane P., *David Teniers the Younger* (London, 1980)
  ——, *The Witch in Northern European Art* (London, 1987)
- Davis, Natalie Z., *Slaves on Screen: Film and Historical Vision* (Toronto, 2000)
- Delage, Christian, *La verite par l'image: de Nuremberg au proces Milošević* (Paris, 2006)
  ——, and Vincent Guigueno, *L'historien et le film* (Paris, 2004)
- Desser, David, *The Samurai Films of Akira Kurosawa* (Ann Arbor, mi, 1983)
- Dillenberger, John, *Images and Relics: Theological Perception and Visual Images in Sixteenth-century Europe* (New York, 1999)
- Dowd, D. L., *Pageant-master of the Republic: Jacques-Louis David and the French Revolution* (Lincoln, ne, 1948)
- Duffy, Eamon, *The Stripping of the Altars* (New Haven, ct, 1992)
- Duprat, Annie, *Les rois de papier, la caricature de Henri iii a Louis xvi* (Paris, 2002)
- Durantini, Mary Frances, *The Child in Seventeenth-century Dutch Painting* (Ann Arbor, mi, 1983)
- Eco, Umberto, *La struttura assente: Introduzione alla ricerca semiologica* (Milan, 1968)
- Edgerton, Samuel Y., *Pictures and Punishment: Art and Criminal Prosecution during the Florentine Renaissance* (Ithaca, ny, 1985)
- Elkins, James, *Visual Culture: A Sceptical Introduction* (London, 2003)
- Elsner, Jas, *Art and the Roman Viewer* (Cambridge, 1995)
  ——, *Imperial Rome and Christian Triumph: The Art of the Roman Empire, ad 100–450* (Oxford, 1998)
- Etlin, R., ed., *Nationalism in the Visual Arts* (London, 1991)

- Ferro, Marc, *Cinema and History* (English trans. London, 1988)
- Forsyth, Ilene H., 'Children in Early Medieval Art: Ninth through Twelfth Centuries', *Journal of Psychohistory*, iv (1976), pp. 31–70
- Foucault, Michel, *The Order of Things* (1966: English trans. London, 1970) Fox, Celina, 'The Development of Social Reportage in English Periodical Illustration during the 1840s and Early 1850s', in *Past and Present*, lxxiv (1977), pp. 90–111
- Franits, Wayne, ed., *Looking at Seventeenth-century Dutch Art: Realism Reconsidered* (Cambridge, 1997)
  ——, *Paragons of Virtue* (Cambridge, 1993)
- Freedberg, David, *The Power of Images* (Chicago, il, 1989) Fried, Michael, *Absorption and Theatricality: Painting and Beholder in the Age of Diderot* (Berkeley and Los Angeles, ca, 1980)
- Friedman, John B., *The Monstrous Races in Medieval Art and Thought* (Cambridge, MA, 1981)
- Gamboni, Dario, *The Destruction of Art: Iconoclasm and Vandalism since the French Revolution* (London, 1997)
- Garton Ash, Timothy, 'The Life of Death' (1985: reprinted in Timothy Garton Ash, *The Uses of Adversity:* 2nd edn Harmondsworth, 1999), pp. 109–29
- Gaskell, Ivan, 'Tobacco, Social Deviance and Dutch Art in the Seventeenth Century' (1987: reprinted in Franits, 1997), pp. 68–77
  ——, 'Visual History', in *New Perspectives on Historical Writing*, ed. Peter Burke (1991: 2nd edn, Cambridge 2000), pp. 187–217
- Gattrell, Vic, *City of Laughter: Sex and Satire in 18th-century London* (London, 2006)
- Gell, Alfred, *Art and Agency: Towards a New Anthropological Theory* (Oxford, 1998)
- Gentile, Emilio, *Fascismo di pietra* (Rome, 2007)
- George, M. Dorothy, *English Political Caricature: A Study of Opinion and Propaganda* (2 vols, Oxford, 1959)
- Gervereau, Laurent, *Une siecle de manipulations par l'image* (Paris, 2000)
  ——, *Le monde des images: comprendre les images pour ne pas se faire*

manipuler (Paris, 2004)

- Gilman, Sander L., *Health and Illness: Images of Difference* (London, 1995)
  ——, *The Jew's Body* (New York, 1991)
- Ginzburg, Carlo, 'Clues: Roots of an Evidential Paradigm' (1978: reprinted in C. Ginzburg, *Myths, Emblems, Clues* [London, 1990]), pp. 96–125
- Goffman, Erving, *Gender Advertisements* (London, 1976)
- Golomstock, Igor, *Totalitarian Art: In the Soviet Union, the Third Reich, Fascist Italy and the People's Republic of China* (London, 1990)
- Gombrich, Ernst H., 'Aims and Limits of Iconology', in *Symbolic Images* (London, 1972), pp. 1–25
  ——, *The Image and the Eye* (London, 1982)
  ——, 'Personification', in *Classical Influences on European Culture*, ed. Robert R. Bolgar (Cambridge, 1971), pp. 247–57
  ——, *In Search of Cultural History* (Oxford, 1969)
  ——, 'The Social History of Art' (1953: reprinted in E. Gombrich, *Meditations on a Hobby Horse* [London, 1963]), pp. 86–94
- Gossman, Lionel, *Figuring History* (Philadelphia, pa, 2011)
- Grabar, André, *Christian Iconography: A Study of its Origins* (Princeton, nj, 1968)
- Graham-Brown, Sarah, *Images of Women: Photography of the Middle East, 1860–1950* (London, 1988)
  ——, *Palestinians and their Society, 1880–1946: A Photographic Essay* (London, 1980)
- Grenville, John, 'The Historian as Film-maker', in *The Historian and Film*, ed. Paul Smith (London, 1976), pp. 132–41
- Grew, Raymond, 'Picturing the People', in *Art and History: Images and their Meanings*, ed. Robert I. Rotberg and Theodore K. Rabb (Cambridge, 1988), pp. 203–31
- Gruzinski, Serge, *La guerre des images* (Paris, 1990)
- Gudlaugsson, S. J., *De comedianten bij Jan Steen en zijn Tijdgenooten* (The Hague, 1945)

- Gustafsson, Tommy, 'Filmen som historisk källa', *Historisk Tidskrift*, 126 (2006), pp. 471–90
- Haldar, Piyel, 'Law and the Evidential Image', *Law, Culture and the Humanities*, 4 (2008), pp. 139–55
- Hale, John R., *Artists and Warfare in the Renaissance* (New Haven, ct, 1990)
- Harley, J. B., 'Deconstructing the Map' (1989: reprinted in *Writing Worlds*, ed. T. J. Barnes and James Duncan [London, 1992]), pp. 231–47
- Harris, Enriqueta, 'Velazquez's Portrait of Prince Baltasar Carlos in the Riding School', *Burlington Magazine*, cxviii (1976), pp. 266–75
- Haskell, Francis, *History and its Images* (New Haven, ct, 1993)
  ——, 'The Manufacture of the Past in Nineteenth-century Painting', *Past and Present*, liii (1971), pp. 109–20
- Hassig, Debra, 'The Iconography of Rejection: Jews and Other Monstrous Races', in *Image and Belief*, ed. Colum Hourihane (Princeton, nj, 1999), pp. 25–37
- Hauser, Arnold, *The Social History of Art* (2 vols, London, 1951)
- Held, Jutta, *Monument und Volk: Vorrevolutionare Wahrnehmung in Bildern des ausgehenden Ancien Regime* (Cologne and Vienna, 1990)
- Herbert, Robert L., *Impressionism: Art, Leisure and Parisian Society* (New Haven, ct, 1988)
- Herding, Klaus, and Rolf Reichardt, eds, *Die Bildpublizistik der Franzosischen Revolution* (Frankfurt, 1989)
- Herlihy, David, 'Am I a Camera?', *American Historical Review*, xciii (1988), pp. 1186–92
- Higonnet, Anne, *Berthe Morisot's Images of Women* (Cambridge, ma, 1992)
  ——, *Pictures of Innocence: The History and Crisis of Ideal Childhood* (London, 1998)
- Hirsch, Julia, *Family Photographs: Content, Meaning and Effect* (New York, 1981)
- Holliday, Peter J., ed., *Narrative and Event in Ancient Art* (Cambridge, 1993)
- Honig, Elizabeth A., 'The Space of Gender in Seventeenth-century Dutch Painting', in Franits (1997), pp. 187–201

- Honour, Hugh, *The First Golden Land: European Images of America* (London, 1975)
- Hope, Charles, 'Artists, Patrons and Advisers in the Italian Renaissance', in *Patronage in the Renaissance*, ed. Guy F. Lytle and Stephen Orgel (Princeton, nj, 1981), pp. 293–343
- Horn, Hendrik J., *Jan Cornelisz Vermeyen: Painter of Charles v and his Conquest of Tunis* (2 vols, Doornspijk, 1989)
- Howells, Richard, *Visual Culture* (Cambridge, 2003)
- Hughes, Diane O., 'Representing the Family', in *Art and History*, ed. Robert I. Rotberg and Theodore K. Rabb (Cambridge, 1988), pp. 7–38
- Hughes, William, 'The Evaluation of Film as Evidence', in *The Historian and Film*, ed. Paul Smith (London, 1976), pp. 49–79
- Huizinga, Johan, *The Autumn of the Middle Ages* (1919: English trans. Chicago, il, 1996)
- Hülsen-Esch, Andrea von, and Jean-Claude Schmitt, eds, *Methodik der Bildinterpretation* (Göttingen, 2002)
- Hults, Linda C., 'Baldung and the Witches of Freiburg: The Evidence of Images', *Journal of Inter-disciplinary History*, xviii (1987–8), pp. 249–76
- Hurley, F. J., *Portrait of a Decade: Roy Stryker and the Development of Documentary Photography* (London, 1972)
- Ivins, William H. Jr, *Prints and Visual Communication* (Cambridge, ma, 1953)
- Jaffé, Irma B., *John Trumbull: Patriot-artist of the American Revolution* (Boston, ma, 1975)
- Jarvie, Ian C., 'Seeing through Movies', *Philosophy of Social Science*, viii (1978)
- Johns, Elizabeth, *American Genre Painting* (New Haven, ct, 1991)
- ——, 'The Farmer in the Works of William Sidney Mount', in *Art and History*, ed. Robert I. Rotberg and Theodore K. Rabb (Cambridge, 1988), pp. 257–82
- Johnson, Edward D. H., *Paintings of the British Social Scene from Hogarth to Sickert* (London, 1986)
- Jongh, Eddy de, 'Erotica in Vogelperspectief ', *Simiolus*, iii (1968), pp. 22–72
- ——, 'The Iconological Approach to Seventeenth-century Dutch Painting', in

The Golden Age of Dutch Painting in Historical Perspective, ed. Franz

- Grijzenhout and Henk van Veen (1992: English trans. Cambridge, 1999), pp. 200–223

——, 'Realism and Seeming Realism in Seventeenth-century Dutch Painting' (1971: English trans. in Franits (1997)), pp. 21–56

- Jouve, Michel, 'Naissance de la caricature politique moderne en Angleterre (1760–1800)', in *Le journalisme d'ancien regime*, ed. Pierre Rétat (Paris, 1981), pp. 167–82

- Kagan, Richard, *Urban Images of the Hispanic World, 1493–1793* (New Haven, ct, 2000)

- Keller, Ulrich, *The Ultimate Spectacle: A Visual History of the Crimean War* (New York, 2001)

- Kemp, Wolfgang, 'Death at Work: A Case Study on Constitutive Blanks in Nineteenth-century Painting', *Representations*, x (1985), pp. 102–23

- Kern, Stephen, *Eyes of Love: The Gaze in English and French Paintings and Novels, 1804–1900* (London, 1996)

- Kestner, Joseph, *Masculinities in Victorian Painting* (Aldershot, 1995)

- King, David, *The Commissar Vanishes: The Falsification of Photographs and Art in Stalin's Russia* (New York, 1997)

- Kinmonth, Claudia, *Irish Rural Interiors in Art* (New Haven, ct, 2006)

——, 'Irish Vernacular Furniture: Inventories and Illustrations in Interdisciplinary

- Methodology', *Regional Furniture*, x (1996), pp. 1–26

- Klein, Robert, 'Considérations sur les fondements de l'iconographie' (1963: reprinted in *La Forme et l'intelligible*, Paris 1970), pp. 353–74

- Kohle, Hubertus, *Digitale Bildwissenschaft* (Glückstadt, 2013)

- Kossoy, Boris, *Realidades e Ficcoes na trama fotografica* (Sao Paulo, 1999)

- Kracauer, Siegfried, 'History of the German Film' (1942: reprinted in his *Briefwechsel*, ed. V. Breidecker, Berlin 1996), pp. 15–18

——, *History: The Last Things before the Last* (New York, 1969)

- Kunzle, David, *The Early Comic Strip* (Berkeley, ca, 1973)

- Kuretsky, Susan D., *The Paintings of Jacob Ochtervelt* (Oxford, 1979)

- Lalumia, Matthew P., *Realism and Politics in Victorian Art of the Crimean War* (Epping, 1984)
- Landau, David and Peter Parshall, *The Renaissance Print, 1470–1550* (New Haven, ct, 1994)
- Lane, Richard, *Masters of the Japanese Print* (London, 1962)
- Lawrence, Cynthia, *Gerrit Berckheyde* (Doornspijk, 1991)
- Leith, James A., 'Ephemera: Civic Education through Images', in *Revolution in Print*, ed. Robert Darnton and Daniel Roche (Berkeley and Los Angeles, ca, 1989), pp. 270–89

   ——, *The Idea of Art as Propaganda in France, 1750–1799* (Toronto, 1965)
- Levine, Robert M., *Images of History: 19th and Early 20th Century Latin American Photographs as Documents* (Durham, NC, 1989)
- Lévi-Strauss, Claude, 'Split Representation in the Art of Asia and America', in *Structural Anthropology* (1958: English trans. New York, 1963), pp. 245–68
- Lewis, Suzanne, *Reading Images: Narrative Discourse and Reception in the 13th-century Illuminated Apocalypse* (Cambridge, 1995)

   ——, *The Rhetoric of Power in the Bayeux Tapestry* (Cambridge, 1999)
- Link, Luther, *The Devil: A Mask without a Face* (London, 1995)
- Lüsebrink, Hans-Jürgen, and Rolf Reichardt, *Die 'Bastille': Zur Symbolik von Herrschaft und Freiheit* (Frankfurt, 1990)
- MacKenzie, John M., *Orientalism: History, Theory and the Arts* (Manchester, 1995)
- Mâle, Emile, *L'art religieux de la fin du Moyen Age en France* (Paris, 1908)

   ——, *L'art religieux de la fin du seizieme siecle: Etude sur l'iconographie apres le concile de Trente* (Paris, 1932)

   ——, *The Gothic Image: Religious Art in France of the Thirteenth Century* (1902: English trans. New York, 1913)
- Marin, Louis, *Etudes semiologiques* (Paris, 1971)
- Marrinan, Michael, *Painting Politics for Louis Philippe* (New Haven, ct, and London, 1988)
- Mason, Peter, 'Portrayal and Betrayal: The Colonial Gaze in Seventeenthcentury

Brazil', *Culture and History*, vi (1989), pp. 37–62

- Matless, David, *Landscape and Englishness* (London, 1998)
- Meiss, Millard, *Painting in Florence and Siena after the Black Death* (Princeton, nj, 1951)
- Mellinkoff, Ruth, *Outcasts: Signs of Otherness in Northern European Art of the Later Middle Ages* (Berkeley, ca, 1993)
- Merback, Mitchell B., *The Thief, the Cross and the Wheel: Pain and the Spectacle of Punishment in Medieval and Renaissance Europe* (London, 1999)
- Michalczyk, John J., *The Italian Political Film-makers* (London, 1986)
- Mignemi, Adolfo, *Lo sguardo e l'immagine: la fotografia come documento storico* (Turin, 2003)
- Miles, Margaret R., *Image as Insight* (Boston, ma, 1985)
- Mitchell, William J. T., *Iconology* (Chicago, il, 1986)
  ——, ed., *Landscape and Power* (Chicago, il, 1994)
- Mitter, Partha, *Much Maligned Monsters: History of European Reactions to Indian Art* (Oxford, 1977)
- Monaco, James, *How to Read a Film* (New York, 1977)
- Morgan, David, *Visual Piety: A History and Theory of Popular Religious Images* (Berkeley, ca, 1998)
- Newman, Edgar, 'L'image de foule dans la révolution de 1830', *Annales Historiques de la Revolution Francaise*, lii (1980), pp. 499–509
- Nochlin, Linda, *Representing Women* (London, 1999)
  ——, 'Women, Art and Power', in *Visual Theory*, ed. Norman Bryson, Michael Holly and Keith Moxey (Cambridge, 1991), pp. 13–46
- Novak, Barbara, *Nature and Culture: American Landscape and Painting, 1825–1875* (1980, rev. edn New York 1995)
- Pächt, Otto, *The Rise of Pictorial Narrative in Twelfth-century England* (Oxford, 1962)
- Palos, Joan Lluís, and Diana Carrió-Invernizzi, eds, *La historia imaginada: construcciones visuales del passado en la Edad Moderna* (Barcelona, 2008)
- Panofsky, Erwin, *Early Netherlandish Painting* (2 vols, Cambridge, ma, 1953)

——, *Gothic Architecture and Scholasticism* (1951: reprinted New York)

——, *Studies in Iconology* (New York, 1939)

——, 'Style and Medium in the Moving Pictures', *Transition* (1937), pp. 121–33

• Paret, Peter, *Art as History: Episodes from 19th-century Germany* (Princeton, nj, 1988)

——, *Imagined Battles: Reflections of War in European Art* (Chapel Hill, nc, 1997)

• Pfitzer, Gregory M., *Picturing the Past* (Washington, dc, 2002)

• Pickering, Frederick P., *Literature and Art in the Middle Ages* (London, 1970)

• Pollock, Griselda, *Vision and Difference* (London, 1988)

——, 'What Difference does Feminism make to Art History?', in *Dealing with Degas*, ed. Richard Kendall and Griselda Pollock (London, 1992), pp. 22–39

——, 'What's Wrong with Images of Women?', reprinted in *Framing Feminism*, ed. Rozsika Parker and Griselda Pollock (London, 1977), pp. 132–8

• Pomian, Krzysztof, *Collectors and Curiosities* (1987: English trans. Cambridge 1990)

• Porter, Roy, 'Seeing the Past', *Past and Present*, cxviii (1988), pp. 186–205

• Prendergast, Christopher, *Napoleon and History Painting* (Oxford, 1997)

• Prince, Stephen, *The Warrior's Camera: The Cinema of Akira Kurosawa* (Princeton, nj, 1991)

• Pronay, Nicholas, 'The Newsreels: The Illusion of Actuality', in *The Historian and Film*, ed. Paul Smith (London, 1976), pp. 95–119

• Prown, Jules David, *Art as Evidence* (New Haven, ct, 2001)

• Qaisar, Ahsan Jan, *Building Construction in Mughal India: The Evidence from Painting* (Delhi, 1988)

• Rabb, Theodore K., and Jonathan Brown, 'The Evidence of Art: Images and

• Meaning in History', in Rotberg and Rabb, pp. 1–7

• Reichardt, Rolf, 'Prints: Images of the Bastille', in Robert Darnton and Daniel Roche, *Revolution in Print* (Berkeley and Los Angeles, ca, 1989), pp. 223–51

——, and Hubertus Kohle, *Visualizing the Revolution: Politics and the Pictorial Arts in Late Eighteenth-century France* (English trans., London, 2008)

• Ringbom, Sixten, *From Icon to Narrative* (Abo, 1965)

- Roads, Christopher H., 'Film as Historical Evidence', *Journal of the Society of Archivists*, iii (1965–9), pp. 183–91
- Rochfort, Desmond, *The Murals of Diego Rivera* (London, 1987) Roeck, Bernd, *Das historische Auge: Kunstwerke als Zeigen ihrer Zeit* (Göttingen, 2004)
- Rogin, Michael, '"The Sword Became a Flashing Vision": D. W. Griffith's *The Birth of a Nation*', *Representations*, ix (1985), pp. 150–95
- Rose, Margaret, *Parodie, Intertextualitat, Interbildlichkeit* (Bielefeld, 2006)
- Rosenberg, Pierre, *Le Nain* (Paris, 1993)
- Rosenstone, Robert A., 'The Visual Media and Historical Knowledge', in *Companion to Western Historical Thought*, ed. Lloyd Kramer and Sarah
- Maza (Oxford, 2008), pp. 466–81
  ——, *Visions of the Past* (Cambridge, ma, 1995)
- Rosenthal, Donald A., *Orientalism: The Near East in French Painting, 1800–80* (Rochester, ny, 1982)
- Rotberg, Robert I., and Theodore K. Rabb, eds, *Art and History: Images and their Meanings* (Cambridge, 1988)
- Ruby, Jay, *Picturing Culture: Explorations of Film and Anthropology* (Chicago, il, 2000)
- Ryan, J. R., *Picturing Empire* (London, 1997)
- Rydén, Reine, 'Hur skall vi använda bilder?', *Historisk Tidskrift*, 126 (2006), pp. 491–500
- Said, Edward, *Orientalism* (1978: 2nd edn London, 1995)
- Samuel, Raphael, 'The Eye of History', in his *Theatres of Memory*, vol. i (London, 1994), pp. 315–36
- Saxl, Fritz, 'A Battle Scene without a Hero', *Journal of the Warburg and Courtauld Institutes*, iii (1939–40), pp. 70–87
- Schama, Simon, 'The Domestication of Majesty: Royal Family Portraiture, 1500–1850', in Rotberg and Rabb, pp. 155–84
  ——, *The Embarrassment of Riches: An Interpretation of Dutch Culture in the Golden Age* (London, 1987)
  ——, *Landscape and Memory* (London, 1995)

- Schapiro, Meyer, 'On Some Problems in the Semiotics of Visual Art', *Semiotica*, i (1969), pp. 223–42
- Schön, Erich, *Die Verlust der Sinnlichkeit oder die Verwandlungen des Lesers* (Stuttgart, 1987)
- Schulz, Jürgen, 'Jacopo Barbari's View of Venice: Map Making, City Views and Moralized Geography', *Art Bulletin*, lx (1978), pp. 425–74
- Schwartz, Gary, and Marten J. Bok, *Pieter Saenredam: The Painter and his Time* (1989: English trans. Maarssen, 1990)
- Screech, Timon, *The Western Scientific Gaze and Popular Imagery in Later Edo Japan* (Cambridge, 1996)
- Scribner, Robert W., *For the Sake of Simple Folk* (1981: 2nd edn Oxford, 1995)
- Seidel, Linda, *Jan van Eyck's Arnolfini Portrait: Stories of an Icon* (Cambridge, 1993)
- Seta, Cesare de', ed., *Citta d'Europa: Iconografia e vedutismo dal xv al xviii secolo* (Naples, 1996)
- Shawe-Taylor, Desmond, *The Georgians: Eighteenth-century Portraiture and Society* (London, 1990)
- Skinner, Quentin, 'Ambrogio Lorenzetti: The Artist as Political Philosopher', *Proceedings of the British Academy*, lxxii (1986), pp. 1–56
- Smith, Bernard, *European Vision and the South Pacific* (1960: 2nd edn New Haven, ct, 1985)
- Smith, David, 'Courtesy and its Discontents', *Oud-Holland*, c (1986), pp. 2–34
- Smith, Lesley, 'Scriba, Femina: Medieval Depictions of Women Writing', in Lesley Smith and Jane H. M. Taylor, eds, *Women and the Book: Assessing the Visual Evidence* (London, 1996), pp. 21–44
- Sprigath, Gabriel, 'Sur le vandalisme révolutionnaire (1792–94)', *Annales Historiques de la Revolution Francaise*, lii (1980), pp. 510–35
- Stange, Maren, *Symbols of Social Life: Social Documentary Photography in America, 1890–1950* (Cambridge, 1989)
- Sullivan, Margaret, *Brueghel's Peasants* (Cambridge, 1994)
- Sutton, Peter C., *Pieter de Hooch* (Oxford, 1980)

- Tagg, John, *The Burden of Representation: Essays on Photographies and Histories* (Amherst, ma, 1988)
- Taylor, R., *Film Propaganda* (London, 1979)
- Thomas, Keith, *Man and the Natural World* (London, 1983)
- Thomas, Nicholas, *Possessions: Indigenous Art and Colonial Culture* (London, 1999)
- Thompson, Paul, and Gina Harkell, *The Edwardians in Photographs* (London, 1979)
- Thornton, Dora, *The Scholar in his Study* (New Haven, ct, 1998)
- Thornton, Peter, *The Italian Renaissance Interior* (London, 1991)
  ——, *Seventeenth-century Interior Decoration in England, France and Holland* (New Haven, ct, 1978)
- Trachtenberg, Alan, *Reading American Photographs: Images as History, Mathew Brady to Walker Evans* (New York, 1989)
- Trachtenberg, Joshua, *The Devil and the Jews: The Medieval Conception of the Jew and its Relation to Modern Antisemitism* (New York, 1943)
- Trachtenberg, Marvin, *The Statue of Liberty* (1974: reprinted Harmondsworth, 1977)
- Trexler, Richard, 'Florentine Religious Experience: The Sacred Image', *Studies in the Renaissance*, xix (1972), pp. 7–41
- Vecchi, Alberto, *Il culto delle immagini nelle stampe popolari* (Florence, 1968)
- Vovelle, Gaby, and Michel Vovelle, *Vision de la mort et de l'au-dela en Provence* (Paris, 1970)
- Vovelle, Michel, ed., *Iconographie et histoire des mentalites* (Aix, 1979)
  ——, ed., *Images de la Revolution Francaise* (Paris, 1988)
- Wagner, Peter, *Reading Iconotexts: From Swift to the French Revolution* (London, 1995)
- Warburg, Aby, *The Renewal of Pagan Antiquity* (1932: English trans. Los Angeles, ca, 1999)
- Warnke, Martin, *Political Landscape: The Art History of Nature* (1992: English trans. London, 1994)

- Welch, David, *Propaganda and the German Cinema, 1933–1945* (Oxford, 1983)
- Welch, Evelyn, *Shopping in the Renaissance* (New Haven, ct, 2005)
- White, Hayden, 'Historiography and Historiophoty', *American Historical Review*, xciii (1988), pp. 1193–9
- Williamson, Judith, *Decoding Advertisements: Ideology and Meaning in Advertising* (London, 1978)
- Wimböck, Gabriele, Karin Leonhard and Markus Friedrich, eds, *Evidentia: Reichweiten visuellen Wahrnehmung in der Fruhen Neuzeit* (Berlin, 2007)
- Wind, Edgar, *Pagan Mysteries in the Renaissance* (1958: 2nd edn Oxford, 1980)
- Wirth, Jean, *L'image medievale: Naissance et developpement* (Paris, 1989)
- Wood, Marcus, *Blind Memory: Visual Representations of Slavery in England and America, 1780–1865* (Manchester, 2000)
- Yarrington, Alison, *The Commemoration of the Hero, 1800–1864: Monuments to the British Victors of the Napoleonic Wars* (New York, 1988)
- Yates, Frances A., *Astraea: The Imperial Theme in the Sixteenth Century* (London, 1975)
- Yeazell, Ruth B., *Harems of the Mind: Passages of Western Art and Literature* (New Haven, 2000)
- Zanker, Paul, *Augustus and the Power of Images* (1987. English trans. Ann Arbor, mi, 1988)
- Zelizer, Barbie, *Remembering to Forget: Holocaust Memory through the Camera's Eye* (Chicago, il, 1998)
- Zeman, Zbynek, *Selling the War: Art and Propaganda in World War ii* (London, 1978)
- Zika, Charles, *The Appearance of Witchcraft: Images and Social Meaning in 16th century Europe* (London, 2007)
  ——, 'Cannibalism and Witchcraft in Early Modern Europe: Reading the Visual Evidence', *History Workshop Journal*, xliv (1997), pp. 77–106
- Zimmer, Heinrich, *Myths and Symbols in Indian Art and Civilisation* (1946: 2nd edn New York, 1962)

【Act】MA0051
歷史的目擊者：以圖像作為歷史證據的運用與誤用
Eyewitnessing: The Uses of Images as Historical Evidence

作　　　者❖彼得・柏克 Peter Burke
譯　　　者❖郭書瑄
封 面 設 計❖楊啟巽工作室
內 頁 排 版❖張彩梅
總 編　　輯❖郭寶秀
責 任 編 輯❖張釋云
行 銷 業 務❖許芷瑀

發　　行　人❖涂玉雲
出　　　　版❖馬可孛羅文化
　　　　　　10483台北市中山區民生東路二段141號5樓
　　　　　　電話：(886)2-25007696
發　　　　行❖英屬蓋曼群島商家庭傳媒股份有限公司城邦分公司
　　　　　　10483台北市中山區民生東路二段141號11樓
　　　　　　客服服務專線：(886)2-25007718；25007719
　　　　　　24小時傳真專線：(886)2-25001990；25001991
　　　　　　服務時間：週一至週五9:00～12:00；13:00～17:00
　　　　　　劃撥帳號：19863813 戶名：書虫股份有限公司
　　　　　　讀者服務信箱：service@readingclub.com.tw
香港發行所❖城邦（香港）出版集團有限公司
　　　　　　香港灣仔駱克道193號東超商業中心1樓
　　　　　　電話：(852)25086231　傳真：(852)25789337
　　　　　　E-mail：hkcite@biznetvigator.com
馬新發行所❖城邦（馬新）出版集團【Cite (M) Sdn. Bhd.(458372U)】
　　　　　　41, Jalan Radin Anum, Bandar Baru Seri Petaling,
　　　　　　57000 Kuala Lumpur, Malaysia
　　　　　　電話：(603)90578822　傳真：(603)90576622
　　　　　　E-mail：services@cite.com.my

輸 出 印 刷❖前進彩藝有限公司
初 版 一 刷❖2022年3月
定　　　　價❖680元

Eyewitnessing: The Uses of images as Historical Evidence by Peter Burke was first published by Reaktion
Books, London, 2001, new ed. 2019. Copyright © Peter Burke, 2001, 2019
This edition arranged with Reaktion Books
through Big Apple Agency, Inc., Labuan, Malaysia.
Traditional Chinese copyright © MARCO POLO PRESS, A DIVISION OF CITE PUBLISHING LTD., 2022.
cover: Jacques-Louis David, *The Emperor Napoleon in His Study at the Tuileries*, 1812, oil on canvas (detail);
Courtesy National Gallery of Art, Washington, DC/Samuel H. Kress Collection

ISBN：978-986-0767-65-0
ISBN：(EPUB) 9789860767735
城邦讀書花園
www.cite.com.tw

國家圖書館出版品預行編目資料

歷史的目擊者；以圖像作為歷史證據的運用與誤用
／彼得・柏克（Peter Burke）作；郭書瑄譯. -- 初
版. -- 臺北市：馬可孛羅文化出版：英屬蓋曼群島
商家庭傳媒股份有限公司城邦分公司發行, 2022.03
　　面；　公分. --（Act；MA0050）
譯自：Eyewitnessing: the uses of images as historical
evidence
ISBN 978-986-0767-65-0（平裝）

1.史學方法　2.影像分析　3.圖像學　4.視覺藝術

603.107　　　　　　　　　　　　　　　110021514